Sommaire

Chapitre 4. Psychologie cognitive et psycholinguistique 84

Chapitre 5. L'acquisition d'une langue étrangère : processus cognitifs et situations d'acquisition 123

Introduction

La didactique des langues étrangères se réfère à des pratiques et à une théorisation autonome, qui ont déjà une longue histoire. Les relations entre cette discipline et des disciplines dites « fondamentales » qui lui sont liées sont complexes, souvent conflictuelles, et l'enthousiasme de certaines allégeances peut tout autant étonner que la passion de certains rejets. Prétendre que la psychologie, et en particulier les théories d'apprentissage développées dans le cadre de cette discipline, sont susceptibles d'apporter quelque chose à la didactique des langues, ne va pas de soi. Nous pensons que beaucoup des difficultés du dialogue entre le psychologue et le didacticien ou l'enseignant de langues proviennent de malentendus quant au statut et au rôle des théories, et quant à la nature des relations entre théorie et pratique.

Il n'existe pas d'« applications » des théories de l'apprentissage à l'enseignement des langues étrangères. Cela signifie pour nous un refus catégorique de la hiérarchisation entre disciplines dites fondamentales et disciplines dites appliquées. Ce refus trouvera sa justification dans plusieurs des analyses proposées dans ce livre :

-les prétentions de courants théoriques qui, tel le Behaviorisme, visent à définir l'ensemble des déterminismes des comportements les plus complexes, et donc à en manipuler les conditions de production, ne résistent pas à l'analyse (cf. Chapitre 1) ;

- il est des cas où les « applications » semblent précéder la « théorie » : le développement autonome de certaines analyses didactiques repose parfois sur des aspects peu développés, négligés ou passés inaperçus des analyses théoriques ; la prise en compte du caractère global de la situation de communication, par exemple, a largement précédé les élaborations théoriques de la linguistique textuelle ou de la psychologie cognitive (cf. Chapitre 3).

La vigueur de la représentation militaire des rapports entre théorie et pratique n'est pas anodine. Elle conforte l'institution universitaire dans son illusoire indépendance scientifique, comme si le développement des concepts, des idées, des méthodes, ne pouvait être atteint par la dynamique propre des pratiques sociales. Elle rassure le pédagogue, qui recherche dans la « science » une caution à des pratiques en fait souvent imposées par tout un jeu de contraintes mal formulées ; le trait dominant de ces pratiques est surtout de répondre tant bien que mal, c'est-à-dire de manière très empirique, à des exigences de diverse nature et souvent contradictoires. Le rôle idéologique de la théorie psychologique dans ses rapports à la pratique pédagogique apparaît rapidement dès lors qu'on cherche à expliciter ou à préciser les références théoriques des choix pédagogiques : il est souvent malaisé de déterminer, parmi les « apports » théoriques liés à la didactique, lesquels sont effectifs ou revendiqués a posteriori, fidèles ou déformés, consentis ou contraints, explicités ou occultés...

Analyser l'évolution des idées en didactique des langues par la seule référence à une évolution idéalisée et rationalisée de disciplines fondamentales n'a d'ailleurs aucun sens si on examine un tant soit peu l'historique complexe de ces disciplines. La lecture qu'on peut faire actuellement du « passage » du Behaviorisme au Cognitivisme en psychologie ne rend nullement compte du caractère non linéaire de l'évolution de la psychologie, des entrecroisements et des influences complexes entre courants théoriques, ni du rôle que peuvent avoir des facteurs externes (et notamment la pratique ou la « demande ») sur la dominance de tel ou tel courant. Un des objectifs de ce travail est d'analyser les articulations conceptuelles en jeu dans les rapports psychologie/didactique des langues. Nous nous intéresserons notamment aux ancrages théoriques et empiriques de ce qu'on appelle actuellement la « psychologie cognitive ».

Si l'on accepte que l'évolution de la psychologie n'est pas aussi linéaire qu'il y paraît, on est conduit à relativiser fortement la notion de véracité d'une théorie. Le nombre de facteurs en jeu dans les comportements, facteurs liés aux tâches, aux individus, aux situations, est tel, et la complexité de leurs interactions est telle, qu'une théorie ne rend le plus souvent compte que d'un aspect des comportements. L'affrontement des théories ne trouve pas fondamentalement sa justification dans un souci de prééminence de l'une sur les autres, mais dans le caractère éminemment heuristique des conflits, tout autant que la remise en cause constante des pratiques pédagogiques constitue l'unique parade à leur sclérose.

C'est l'interpellation réciproque de disciplines telles que la psychologie et la didactique des langues qui nous paraît être facteur de progrès. En livrant au lecteur une analyse des « processus d'acquisition des langues étrangères », le psychologue ne prétend aucunement donner quelque leçon que ce soit sur la manière dont il faut enseigner une langue. Il soumet au didacticien et à l'enseignant un certain nombre d'outils, qui sont des moyens (parmi d'autres) d'analyser, d'exploiter, de communiquer des pratiques. L'outil ne solutionne pas, en lui-même, un problème ; il ne fait qu'amplifier la capacité de celui qui le manipule à aboutir à sa solution. C'est entre les mains du praticien que peut être jaugé cet outil, à condition toutefois qu'il n'y ait pas d'ambiguïté sur son utilisation. Ce que nous pensons pouvoir apporter, en présentant les « théories d'apprentissage » sous l'angle de l'acquisition des langues étrangères, ce sont des instruments qui permettent à l'enseignant de mieux connaître les présupposés, explicites ou implicites, des principes pédagogiques auxquels il se réfère.

*
**

Les enjeux théoriques que nous voulons présenter sont liés en grande partie à la spécificité de l'objet d'apprentissage auquel nous nous intéressons : la langue. Les oppositions qui permettent de situer les théories doivent prendre en compte l'articulation entre trois concepts essentiels :

- la **langue**, objet d'apprentissage, élément d'un univers physique et social, qui exerce sur toute activité individuelle des contraintes liées à ses caractéristiques « objectives » ;
- le **sujet** (élève, apprenant...), centre d'une activité qui s'exerce sur son environnement, donc entre autres sur l'objet-langue ;
- les **interactions** liées à la fonction fondamentale du langage : la communication.

Les théories behavioristes, présentées dans les chapitres 1 et 2, prennent en compte la fonction communicative du langage, mais envisagent son rôle dans les acquisitions langagières de manière parfaitement externe : c'est l'**environnement** (physique et social) du sujet qui détermine totalement les comportements de langage qu'il acquiert et met en œuvre. Dès lors, c'est une analyse approfondie des caractéristiques de l'objet-langue qui doit permettre de manipuler de manière adéquate l'environnement « linguistique » de l'élève ; c'est le contrôle des « modèles » fournis à l'élève qui permet à celui-ci de maîtriser progressivement, et de manière rationnelle, les différents aspects de la langue. Nous tenterons de montrer que le Behaviorisme a en fait fonctionné en quelque sorte comme une « utopie pédagogique » dont la prétention eût été de contrôler complètement et parfaitement tous les éléments du comportement.

Le chapitre 2 vise à mettre en lumière des conflits, des contradictions qui, à l'intérieur du Behaviorisme, amènent à décentrer l'attention de l'objet-langue, lorsqu'émergent des notions telles que : valeur représentative du signe, sélection d'éléments pertinents, activité perceptive du sujet. Admettre que les caractéristiques de l'environnement n'ont pas de sens en dehors de l'**activité** que le sujet exerce dans cet environnement, constitue sans doute le point de rencontre de courants multiples et variés (souvent antérieurs aux principaux développements du Behaviorisme), pour lesquels le terme « cognitif » est actuellement un qualificatif aisé mais souvent réducteur. L'histoire du « cognitivisme » ne se résume pas à celle d'un combat anti-behavioriste. Beaucoup d'aspects « cognitifs » des acquisitions linguistiques ont été mis en exergue par la didactique des langues bien avant que ne se développe une psycholinguistique cognitive : c'est notamment le cas de la prise en compte du caractère global, orienté et dynamique des activités de langage. C'est l'objectif des chapitres 3 et 4 de montrer que les acquisitions linguistiques sont liées à l'aspect structurant de l'activité d'apprentissage, et non aux aspects structuraux de l'objet de cet apprentissage.

Admettre qu'il faut, pour enseigner une langue, se « centrer sur l'apprenant », selon une expression largement utilisée, n'est pas laisser à celui-ci la totale responsabilité de ses acquisitions : supposer que le sujet gère (éventuellement de manière « naturelle ») les objectifs, les stratégies, la progression de ses apprentissages, ne résout rien. Rejeter l'idée behavioriste que le sujet n'est qu'un produit d'influences ne peut conduire à une situation de défaitisme pédagogique, où le sujet serait seul « décideur ». Il nous est apparu (chapitres 5 et 6) que les concepts fondamentaux du cognitivisme (règle, hypothèse, stratégie, processus), issus de théories d'inspiration rationaliste, devaient être réexaminés dans une perspective fonctionnelle : le fonctionnement de la langue, la fonction de ses différents aspects les uns par rapport aux autres, ne peuvent se comprendre qu'en rapport avec les caractéristiques de la tâche qui sert de support à l'activité de langage, et qu'en rapport avec les caractéristiques fondamentales de l'activité pour laquelle le langage sert d'outil privilégié : l'**interaction sociale**. L'approche fonctionnelle défendue dans ces chapitres vise donc à rendre compte des acquisitions langagières en liaison avec la nature des activités au sein desquelles sont acquises les structures du code linguistique : c'est en prenant en compte le caractère orienté des activités de langage qu'on peut tenter d'expliquer tout à la fois la multiplicité des processus en jeu dans les acquisitions et la cohérence de leur fonctionnement.

*
**

D'une manière générale, la distinction langue étrangère/langue seconde, qui se réfère aux conditions sociales de l'acquisition de la langue (cf. Galisson et Coste, 1976), ne sera pas prise en compte dans ce livre. Nous utiliserons donc ultérieurement l'abréviation L2 pour désigner l'une ou l'autre, en opposition à L1 désignant la langue maternelle. Lorsque, dans une problématique donnée, seront considérées comme pertinentes les conditions de l'acquisition, celles-ci seront précisées (cf. notamment Chapitre 5).

Mon intérêt pour la didactique des L2 s'est trouvé éveillé et nourri par de nombreux contacts avec des collègues enseignants de langues, notamment au CAREL à Royan (Centre Audio-Visuel de Royan pour l'Enseignement des Langues) et à l'Université de Poitiers (Office Audio-Visuel, Département de Français Langue Étrangère). La participation à l'animation de nombreux stages de « Méthodologie Audio-Visuelle » (DIMAV) a été l'occasion de confronter l'approche du psychologue aux préoccupations des didacticiens et des enseignants. Merci à tous, en particulier à Francis et Annette Patrouilleau, à François Delaunay et François Marchessou, de leur accueil, et de la curiosité qu'ils ont su me communiquer. Que soient remerciés aussi ceux qui ont accepté de lire et critiquer les premières rédactions de ce travail : Ginette Barbé, Henri Besse, Paul Bogaards, Dominique Bourgain, Michel Fayol, Rémy Porquier.

Georges Noizet a su m'apporter soutien attentif et conseils éclairés lorsqu'a débuté la conception de ce travail. C'est avec beaucoup d'émotion que je rends ici hommage à sa mémoire.

Marie-Françoise Ballaire a géré avec attention et efficacité la mise au point du manuscrit de ce livre. Josette Kenouche, Nathalie Lebert, Marie-Annick Thouvenin en ont assuré la dactylographie avec patience. Merci à toutes.

Chapitre 1.

Le Behaviorisme et le langage : théorie et pratique

Tenter d'analyser ce que la didactique des L2 emprunterait comme sources théoriques à la Psychologie est une entreprise pleine d'embûches, ne serait-ce que parce que dans ce domaine, comme dans beaucoup d'autres en pédagogie, la pratique l'emporte souvent sur la théorie et la précède. La difficulté est particulièrement apparente si on s'intéresse à ce qui a été pendant plusieurs décennies la théorie dominante en psychologie de l'apprentissage : le Behaviorisme. La tradition, telle qu'elle est rapportée actuellement, veut qu'après une période d'obscurantisme behavioriste la didactique des L2 ait réussi à se détacher de ces influences néfastes, sous la pression de nouveaux courants théoriques, notamment linguistiques et psychologiques. C'est sans doute exact si on prend comme critère le contenu des débats scientifiques entre chercheurs spécialisés. C'est certainement plus compliqué si on tente d'analyser l'état de la question du point de vue des rapports entre théorie et pratique. On est alors confronté à un double paradoxe :

1. Combien d'enseignants de L2, durant la période dite behavioriste, ont mis réellement et essentiellement en œuvre une pédagogie d'inspiration behavioriste ? Il est bon de rappeler, tout d'abord, que la pédagogie dominante à cette époque, en France tout au moins, était très nettement orientée vers le vocabulaire, la grammaire et la traduction : c'est une conception de la langue bien éloignée de celle des behavioristes ! Mais en tout état de cause, les techniques pédagogiques d'inspiration behavioriste, lorsqu'elles ont été utilisées, l'ont sans doute été rarement à titre unique et exclusif : la classe de L2 se présente en général sous des aspects suffisamment diversifiés pour qu'il soit bien difficile de la réduire à un moule théorique aussi rigide.

2. Combien d'enseignants de L2 accepteraient facilement aujourd'hui l'idée, défendue dans certains cadres théoriques foncièrement antibehavioristes, que l'apprentissage d'une L2 n'a rien à voir avec la répétition, l'acquisition d'automatismes, c'est-à-dire avec des processus considérés comme typiquement behavioristes ? Il est actuellement, en didactique des L2, comme dans d'autres disciplines, quantité de pratiques pédagogiques tout à fait courantes, et dont la persistance correspond sans aucun doute à une certaine efficacité, dont on verrait mal la justification dans le cadre de conceptions théoriques dominantes du moment se réclamant de « pédagogie moderne » !

On pourrrait ainsi argumenter tout à la fois qu'il n'y a jamais eu de pédagogie vraiment behavioriste, et qu'après tout les pratiques actuelles sont peut-être plus behavioristes qu'on ne veut bien le dire ! Une telle confusion provient essentiellement, de notre point de vue, d'une mauvaise conception des rapports entre théorie et pratique. Nous y reviendrons. Pour l'heure, la clarification du débat passe par une analyse précise des concepts en jeu.

Une théorie de l'apprentissage : de l'Associationnisme au Behaviorisme

Issue de la philosophie empiriste, la théorie associationniste de l'apprentissage peut se résumer par la loi de contiguïté : des associations sont plus facilement formées entre des expériences du sujet, entre des tâches effectuées par le sujet, entre des stimulations perçues par le sujet, ou encore entre des réponses fournies par le sujet, **lorsque ces éléments sont proches les uns des autres dans le temps ou dans l'espace.**

Au tout début du XXe siècle, les travaux expérimentaux de Thorndike[1] s'inspirent de ce principe. Pour lui, l'apprentissage consiste en l'établissement d'une association, ou d'une *connexion*, entre des « impressions sensorielles » (c'est-à-dire des perceptions) et des « impulsions à l'action » (c'est-à-dire des réactions motrices). Thorndike enferme un chat affamé dans une cage, et lui présente de la nourriture hors de la cage. Cette cage possède un loquet, qui permet d'ouvrir la porte : le chat peut alors atteindre la nourriture. On mesure le temps qui sépare le moment où le chat est placé dans la cage, et le moment où il réussit à ouvrir la porte. D'un essai

1. Pour une présentation détaillée de ces concepts en français, cf. Ehrlich, 1975.

à l'autre, ce temps diminue, et il diminue progressivement, d'abord de manière rapide, puis plus lentement, avec un effet de « plancher » (cf. Figure 1.1).

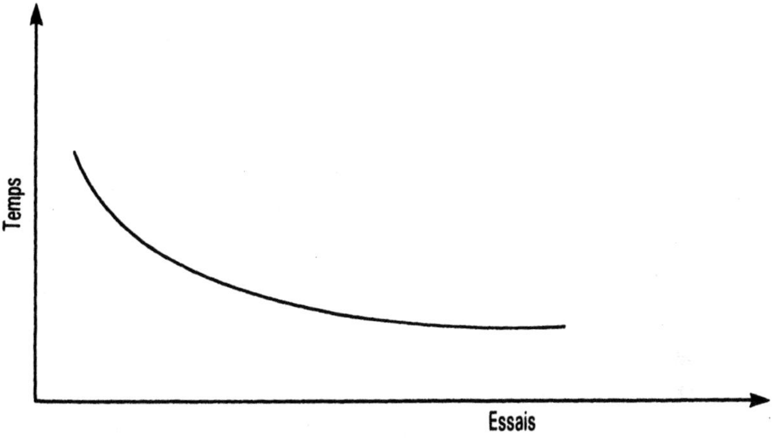

Figure 1.1 : Courbe d'apprentissage selon Thorndike.

L'apprentissage a consisté à relier une **réponse** (mouvements nécessaires à l'ouverture du loquet) à une **situation** (enfermement dans la cage) ; et deux lois, d'après Thorndike, permettent de rendre compte de cet apprentissage :
- **loi de l'exercice :** les connexions entre situation et réponse sont renforcées par l'exercice ; la probabilité d'apparition de la réponse s'accroît avec le nombre d'essais effectués ;
- **loi de l'effet :** une connexion est renforcée ou affaiblie par l'effet de ses conséquences ; si elle est suivie d'un état de satisfaction, elle est renforcée ; sinon elle est affaiblie.

Les positions de Skinner, exposées principalement dans un ouvrage de 1938, se situent dans le prolongement du courant associationniste. Elles sont considérées comme les plus typiques de ce qu'on appelle la psychologie behavioriste, sans doute à la fois pour le rigorisme de ses conceptions, et pour la rigueur avec laquelle il a exploré l'application de ces conceptions à tous les domaines des comportements. On connaît la fameuse expérience du « rat de Skinner ». Elle est à la base des théories de Skinner et de leurs applications, y compris aux comportements humains les plus complexes.

L'expérience se déroule dans une petite cage insonorisée, comportant un godet où peuvent arriver des boulettes de nourriture. C'est un levier manipulable par l'animal qui déclenche automatiquement, par l'intermédiaire d'un mécanisme approprié, l'arrivée de nourriture. Lorsqu'on place dans cette cage un rat affamé, celui-ci manifeste une intense activité exploratoire, se dresse le long des parois,... et appuie par hasard sur le levier, obtenant ainsi une boulette de nourriture. L'animal la mange, et reprend son activité exploratoire. Il appuie à nouveau « par hasard » sur le levier, etc. Si on note le temps qui s'écoule entre deux pressions successives sur le levier, on constate que ce temps diminue progressivement (à la manière de la courbe obtenue pour l'expérience de Thorndike), jusqu'à ce que le rat appuie de façon répétée et constante sur le levier pour obtenir la nourriture (tout au moins s'il a encore faim...).

On trouve dans cette expérience **les deux principes fondamentaux,** selon Skinner, de l'acquisition d'un comportement quel qu'il soit :

1. Il faut que le sujet **produise une « réponse »** à un moment donné, c'est-à-dire que le comportement à acquérir apparaisse, quelles que soient les modalités de cette apparition (dans l'expérience ci-dessus, la réponse « pression sur le levier » est en apparence spontanée, mais est en fait déclenchée incidemment par une stimulation du type « situation nouvelle à explorer »).
2. Le **renforcement** (ici l'obtention d'une boulette de nourriture) accroît la probabilité de réapparition de cette réponse. Celle-ci devient capacité acquise s'il y a renforcement répété.

Tout apprentissage s'effectue selon ces lois : pour être apprise, une réponse doit être effectuée et immédiatement renforcée.

Skinner et le langage

Pour bien comprendre la nature d'une théorie telle que celle de Skinner, il faut insister sur le refus des behavioristes, érigé en principe, d'étudier autre chose que des comportements observables. Une approche véritablement scientifique en psychologie doit se débarrasser de tout concept se référant à la subjectivité. C'est un écueil particulièrement sensible quand on s'intéresse au langage : si on cherche à analyser ce qui se passe dans une situation de communication, une voie « normale » semble bien être de s'intéresser aux contenus qui font l'objet de la communication, ce qui conduit nécessairement à parler de significations, c'est-à-dire d'idées et d'intentions de signification qui seraient chez le sujet à l'origine de ses productions verbales. C'est pour Skinner une voie sans issue, qu'il taxe de mentalisme. Invoquer d'hypothétiques processus mentaux ne peut constituer une explication satisfaisante des comportements humains.

La seule voie pour l'étude objective du langage est alors de ne le considérer que sous son aspect de comportement, c'est-à-dire, pour reprendre la distinction de la linguistique saussurienne, sous l'angle de la parole et non de la langue. Il n'y a d'ailleurs pas de raison que le comportement verbal soit fondamentalement différent des autres comportements : il est sous la dépendance d'associations stimulus-réponse, renforcées sous l'effet de l'environnement. Il est indispensable, pour mesurer l'impact historique réel d'une telle théorie, de développer quelque peu ce principe général (cf. Bronckart [1977] pour un exposé des concepts essentiels de Skinner relatifs au langage).

Pour préciser ces notions, il faut définir ce qu'on entend par **contingences de renforcement**, dont Skinner considère qu'elles sont à la base de tout comportement. Elles correspondent à l'interaction entre trois classes d'événements successifs : une stimulation (occasion de production d'une réponse), un comportement de l'organisme (réponse), et un événement extérieur à l'organisme, qui suit le comportement. Certains événements ont comme caractéristique de tendre à faire réapparaître la réponse ; on les considère comme des événements renforçateurs. S'il y a ainsi renforcement, un processus de discrimination permet à la stimulation de devenir, de manière spécifique, un agent susceptible de faire réapparaître le même comportement avec une plus forte probabilité. Un tel processus peut s'appliquer à des événements de diverses natures : « Si l'ouverture d'une porte est renforcée, l'individu prend la poignée de la porte et la tourne puis pousse ou tire d'une certaine manière ; mais si, au lieu de cela, il dit "ouvrez la porte s'il vous plaît" et qu'un auditeur lui obéit, les mêmes conséquences renforçantes s'ensuivent » (Skinner, 1974, traduction française : 1979, pp.95-96). La seule différence tient à la nature de la relation entre comportement et renforcement : relation spatiale, temporelle, mécanique dans le premier cas ; effet sur autrui dans le second cas. Mais le mécanisme qui conduit à l'émergence du comportement, à son renforcement, ou à son extinction en cas d'échec, est dans les deux cas identique.

S'il est indispensable d'exposer quelque peu ces notions abstraites, c'est qu'elles conduisent à insister sur deux aspects de la théorie tout à fait fondamentaux, de notre point de vue, quant aux implications pédagogiques éventuelles :

- c'est le milieu qui, par le jeu des contingences de renforcement, **sélectionne** les réponses de l'organisme ;
- ce mécanisme de sélection implique bien que, d'une façon ou d'une autre, tout apprentissage se fonde sur des réponses **existant déjà** dans le répertoire du sujet : un apprentissage ne consiste en principe qu'en **la modification de la probabilité d'apparition** de telle ou telle réponse ; des réponses « nouvelles » peuvent apparaître par la combinaison de réponses existantes (renforcement simultané de réponses proches), ou par la modification fine de certains aspects des réponses existantes.

L'ouvrage de Skinner sur le langage (1957) n'est guère prolixe sur les mécanismes qui pourraient être à la base de l'acquisition du langage ; le niveau de généralité des considérations qui constituent l'essentiel de cet ouvrage laisse d'ailleurs perplexe quant à sa fécondité réelle, tout au moins dans le domaine, qui nous intéresse ici, d'une psycholinguistique appliquée. Les principes généraux de la théorie sont formulés ainsi par Skinner : « L'enfant acquiert le comportement verbal quand des vocalisations relativement non organisées, renforcées sélectivement, prennent progressivement des formes qui produisent des conséquences appropriées dans une communauté verbale donnée. Il n'est pas besoin, pour expliciter ce processus, de mentionner la présence de stimulus précédant le comportement renforcé. Il est difficile, sinon impossible, de mettre en évidence les stimulus qui provoquent des réponses vocales spécifiques chez le jeune enfant. Il n'y a pas de stimulus qui conduise un enfant à dire /b/ ou /a/ ou /e/, de même qu'on peut le faire saliver en lui versant une goutte de citron dans la bouche, ou qu'on provoque la contraction de ses pupilles en dirigeant la lumière d'une lampe vers ses yeux. Les réponses brutes à partir desquelles le comportement verbal est construit ne sont pas « provoquées ». Pour qu'une réponse donnée soit renforcée, on doit simplement attendre qu'elle se produise. Cependant, les stimulus antécédents jouent un rôle important dans le contrôle du comportement verbal. Ils sont en effet inclus dans une contingence de renforcement dont les trois termes peuvent être formulés ainsi : en présence d'un stimulus déterminé, une réponse déterminée est suivie de manière caractéristique d'un renforcement déterminé. Une telle contingence est une propriété de l'environnement. Quand elle se produit, non seulement l'organisme acquiert la réponse qui aboutit au renforcement, mais encore il devient plus probable qu'il émette cette réponse en présence du stimulus antécédent » (1957, p. 31, notre traduction).

L'ensemble des comportements acquis seront donc sous la double dépendance des stimulations (c'est-à-dire des circonstances de la production de tel comportement), et des renforcements (c'est-à-dire des conséquences environnementales du comportement) (cf. aussi Skinner, 1979, Chapitre 6). Cette analyse faite par Skinner ne convaincra sans doute pas quelqu'un qui souhaiterait rendre compte avec quelque précision de l'acquisition d'une L1 ou d'une L2. D'autres indications peuvent cependant être fournies quant aux caractéristiques des comportements de langage. Nous les rangerons sous deux rubriques, conrrespondant aux deux aspects centraux évoqués plus haut : la nature des réponses ; le rôle de l'environnement.

1. **La nature des réponses.** Le rôle central attribué à la succession stimulus-réponse-renforcement n'implique pas que ce mécanisme d'acquisition doive s'appliquer séparément à chaque unité

verbale « élémentaire » (phonème, morphème, mot...). La mise en place d'un répertoire verbal minimal permet, sous l'effet de causes multiples, d'établir des liaisons entre ses éléments.

Ce peut être par enchaînement de réponses jusqu'alors indépendantes : de nouvelles formes de comportement peuvent apparaître par la recombinaison d'anciens fragments. Ce peut être aussi par l'établissement de liaisons entre des variables de situation jusqu'alors séparées : les réponses qui sont sous leur contrôle deviennent alors elles aussi dépendantes les unes des autres.

Cette conception a été ultérieurement systématisée par Staats (1968) lorsqu'il analyse les « habitudes grammaticales » (grammatical habits) : « Notre opinion est que les conditionnements liés à l'histoire individuelle conduisent à la formation de mécanismes S-R (essentiellement des associations de mots) qui déterminent la façon dont sont générées les phrases, c'est-à-dire l'ordre dans lequel les séquences de mots sont produites. On peut considérer que les usages grammaticaux reflètent de tels mécanismes verbaux acquis. Il semblerait par exemple que certaines réponses lexicales suivent d'autres réponses lexicales parce que, dans les usages oraux et écrits d'une certaine communauté linguistique, ces mots, en tant que stimulus, surviennent dans cet ordre. L'auditeur répond ainsi dans ce même ordre quand il est stimulé par le langage. De plus, au cours du développement langagier de l'enfant, quand celui-ci émet des réponses lexicales dans le « bon » ordre, il est renforcé ; quand ce n'est pas le cas, il est probable qu'il ait à répéter son comportement, le renforcement est donc différé et une énergie supplémentaire doit être dépensée. » (1968, p. 159, notre traduction.)

Pour Skinner, et c'est là un aspect central de la théorie, **il n'y a pas lieu de définir d'unités verbales au sens linguistique** ; le problème du découpage ne se pose qu'au niveau **fonctionnel** : toute production verbale constitue une unité à partir du moment où ses éléments sont fonctionnellement reliés à une même variable de situation, à partir du moment où on peut montrer qu'elle est sous le contrôle d'une variable (apparition d'une production verbale déterminée dans une situation), et que la manipulation de cette variable modifie les caractéristiques de cette production (variations des productions verbales sous l'effet des variables de situation). L'unité de comportement verbal est donc définie simultanément par rapport à ses aspects « formels » (production verbale quelle qu'elle soit) et à ses aspects « sémantiques » (caractéristiques de situation, relation organisme-environnement). Il en découle (cf. 1957, pp. 20-22) :

a. que ce qu'on appelle une « réponse » n'est jamais un comportement singulier, mais correspond à une classe de comportements dont l'unité est définie par des liens spécifiés entre l'organisme et l'environnement ;

b. que ce sont ces liens, établis à travers l'histoire de l'individu, qui donnent la « signification » d'une réponse (pour le rat, presser sur le levier « signifie » nourriture) : la signification n'est pas la propriété d'une situation, ni d'une réponse, mais de la liaison fonctionnelle entre situation et réponse établie sous l'effet des contingences de renforcement (cf. aussi Skinner, 1979, pp. 97-99) ;

c. que toute réponse possède, dans des circonstances spécifiées, une certaine probabilité d'émission, fonction de la fréquence avec laquelle elle a été suivie d'événements ayant valeur de renforcement ;

d. qu'une réponse complexe (composée d'unités multiples, au sens linguistique) ne prend pas forcément d'emblée valeur d'unité fonctionnelle ; mais des réponses simples déjà établies peuvent être enchaînées et renforcées de manière unitaire, donc prendre une signification fonctionnelle unique en raison de la liaison établie entre cet ensemble complexe et un ensemble de variables de situations.

2. **Le rôle de l'environnement.** Partons d'une situation parmi les plus générales, celle où le comportement verbal se produit en présence d'un auditoire (cf. 1957, chapitre 7). Quelle est la fonction de l'« auditeur », pris dans un sens très large ? L'auditeur, en tant que partie de la situation où le comportement verbal est observé, est un stimulus discriminant, c'est-à-dire une occasion de renforcement du comportement verbal, et donc de contrôle de la probabilité d'apparition de tel ou tel comportement.

L'**auditoire** est donc cette **partie de l'environnement** qui **renforce un ensemble de réponses constituant le répertoire du locuteur.** En fait, un même locuteur possède le plus souvent plusieurs répertoires, ou sous-répertoires, contrôlés de manière séparée par plusieurs auditoires : si l'auditoire le plus large est la communauté verbale, qui contrôle ce qu'on appelle le « langage », il existe des auditoires plus restreints, correspondant à des jargons, à des vocabulaires techniques, à des situations particulières, à des classes sociales,... Outre le répertoire, l'auditoire a aussi pour fonction de sélectionner les contenus et les thèmes, au moyen de variables plus spécifiques.

Mais l'effet d'un auditoire sur le comportement verbal d'un locuteur n'est pas lié aux caractéristiques ***hic et nunc*** de cet auditoire. Il dépend de caractéristiques établies historiquement à travers toute une succession de contingences de renforcement. La confrontation à un auditoire inconnu conduit le plus souvent à une certaine gêne, car le locuteur ne sait quel type de comportement verbal (répertoire, thématique, contenus) a la plus grande probabilité d'être renforcé ; en présence d'un nouvel auditoire, le locuteur ne peut au départ que se servir de la ressemblance éventuelle d'auditoires proches, l'ajustement du comportement verbal se faisant ensuite progressivement par le jeu des contingences de renforcement.

Skinner et les langues étrangères

Le passage d'une langue à une autre est fondamentalement conçu (1957, p. 77) comme l'acquisition de liaisons stimulus-réponse où le stimulus est dans une langue et la réponse dans une autre. Cette analyse n'est d'ailleurs pas propre au cas des L2 : elle est censée s'appliquer à toute situation de « traduction », tel le cas du langage enfantin, scientifique, ou de la simple paraphrase (notons par ailleurs que Skinner ne fait véritablement qu'évoquer ces problèmes, en quelques paragraphes relativement évasifs).

Mais retenons de toute l'analyse ci-dessus qu'une « réponse » peut être d'une complexité plus ou moins importante : il ne s'agit donc pas d'établir des liens d'une langue à l'autre au niveau des seuls mots. Et Skinner envisage effectivement, mais en restant très discret sur la manière dont cela peut bien se passer, que des ensembles verbaux de taille de plus en plus grande deviennent progressivement familiers, et même que des liaisons « intraverbales », concernant de grands ensembles, aboutissent à des comportements verbaux nouveaux, sans l'aide de la traduction, c'est-à-dire à des comportements verbaux sous le contrôle de contingences de renforcement spécifiques du nouveau répertoire. La traduction n'est donc pas nécessairement le processus essentiel par lequel s'acquiert une L2. Mais la nature et le mode d'acquisition des liaisons intraverbales restent bien peu précisés. Lane (1964b) considère qu'« une analyse fonctionnelle des chaînes intraverbales est de première importance », mais admet que « les techniques de conditionnement et d'entretien des chaînes intraverbales (...) n'ont pas été étudiées expérimentalement » (p. 285, notre traduction).

Symétriquement, l'acquisition d'une L2 n'implique pas nécessairement la possibilité de traduction d'une langue à une autre : c'est notamment le cas lorsque deux langues ont été acquises de manière indépendante. Du point de vue de Skinner, la connaissance de deux langues n'est pas en principe suffisante pour être capable de traduire : il faut aussi acquérir des liaisons verbales (d'une langue à l'autre) spécifiques du comportement de traduction. Le bilingue « non traducteur » correspond au cas général du locuteur, qui, dans une même situation, peut produire des réponses différentes (dans une langue ou dans une autre), selon l'auditoire et le contexte, sans qu'il y ait forcément possibilité de transfert immédiat d'une langue à l'autre (cf. 1957, p. 78 et pp. 195-198 ; voir aussi plus loin, Chapitre 2, l'analyse « néo-behavioriste » du bilinguisme).

Ce problème est l'occasion pour Skinner de récuser à nouveau tout mentalisme : supposer que le sujet construit une « signification » abstraite commune aux deux langues n'explique rien puisque cela ne correspond à aucun comportement observable. Skinner semble alors admettre les limites d'une analyse strictement fonctionnelle en termes de contingences de renforcement : dans ce cadre, le transfert apparent d'une langue à une autre devrait avoir pour critère de réussite le fait que des productions dans les deux langues puissent avoir le même effet sur des auditeurs possédant chacun des répertoires. Mais cela n'indique pas grand-chose sur la nature des comportements qui, chez un même locuteur, permettent le passage d'une langue à l'autre. Une des solutions qui semble admise par Skinner (p. 197) le conduit à poser le problème du « sens » d'une manière à notre avis relativement biaisée par rapport au noyau de la théorie. Il évoque la possibilité qu'un stimulus donné puisse en fait conduire au renforcement de plusieurs réponses, appelées réponses intraverbales **collatérales**, et non pas seulement à celui de la réponse textuelle initiale : les synonymes ou les mots associés par exemple peuvent être des réponses collatérales. Ce qui est acquis, ce n'est pas en fait une réponse verbale au sens strict, mais un **ensemble de réponses collatérales**, ensemble qui possède un certain degré de communauté d'une langue à l'autre (ou, de manière plus générale, d'un « répertoire », à l'autre), mais qui est exprimé par une réponse verbale différente dans une langue ou dans une autre, dans un répertoire ou dans un autre.

Un paragraphe mérite d'être cité presque entièrement (1957, p. 197, notre traduction) : « ... Une jeune fille qui avait appris une chanson contenant la phrase : **Run, run, run, with all your might**, la rechanta plus tard : **March, march, march, with all your might**. C'est un type de rappel erroné qui laisse penser que ce qu'elle avait appris au départ était « l'idée », et qu'elle pouvait plus tard l'exprimer autrement. Mais ici la communauté anglophone établit clairement une connexion intraverbale entre **march** et **run**. (...) Il n'est pas plus difficile d'expliquer comment un « fait » appris dans une langue peut être exprimé dans une autre. Un locuteur qui contemple une femme vêtue d'une robe rouge et la décrit comme **red** peut ultérieurement, questionné par un francophone, répondre **rouge**[1]. Il n'est pas besoin de supposer qu'il s'agisse d'une traduction intraverbale, ou que la réponse initiale en anglais soit nécessaire à la réponse ultérieure en français. Il se peut que le locuteur ne fasse aucun commentaire au moment où il voit la robe, et cependant la mentionne correctement plus tard dans l'une ou l'autre langue. »

On ne peut qu'être gêné par l'introduction de termes comme « idée » et « fait » (que Skinner met effectivement entre guillemets) dans une théorie se refusant à prendre en compte d'hypothétiques événements mentaux. Ceci constitue à nos yeux l'ébauche d'une

1. En français dans le texte.

théorie de la signification qui s'éloigne largement de celle que nous avons décrite plus haut en termes de liaisons stimulus-réponse. Nous y reviendrons en évoquant ultérieurement les théories néo-behavioristes.

Behaviorisme et enseignement des langues

Deux types d'applications, qui ne sont d'ailleurs pas incompatibles (cf. Lamérand, 1969), peuvent être mentionnées : au sens strict, les applications de l'enseignement programmé skinnerien dans le domaine des L2 ; dans un sens plus large, ce que le courant « audio-oral » en didactique des L2 a retenu de la théorie du conditionnement.

1. L'enseignement programmé

On dispose de suffisamment de sources sur les conceptions pédagogiques de Skinner pour qu'il ne soit pas utile d'y revenir ici en détail (cf. en particulier Skinner, 1968). Rappelons rapidement que toute acquisition est fondée sur des principes découlant directement des conceptions générales exposées plus haut. Le rôle de l'enseignement est de ménager des contingences de renforcement susceptibles d'accroître la probabilité d'apparition de réponses adéquates, dans un certain contexte situationnel, sous le contrôle de renforcements environnementaux.

On retrouve ces principes dans une technique pédagogique systématisée par Skinner, et adaptable en principe à n'importe quelle matière : l'enseignement programmé[1]. Sans s'attarder sur les techniques propres à l'enseignement programmé, disons que son principe consiste à découper la matière enseignée en très petites étapes, chaque étape pouvant apporter une information nouvelle, et surtout conduisant l'élève à produire une réponse, par exemple sous la forme d'un blanc à remplir dans une phrase. L'étape suivante indique immédiatement à l'élève quelle était la réponse à fournir ; cette vérification immédiate correspond au principe du ***renforcement***. Pour que ce renforcement se produise effectivement, il faut que dans la quasi-totalité des cas l'élève soit amené à produire une

1. Il s'agit là de la technique appelée enseignement programmé « linéaire ». D'autres formes d'enseignement programmé ont été développées par d'autres auteurs : cf. par ex. Cram, 1961 ; Lamérand, 1969 ; Guglielmi, 1970.

réponse exacte : on doit donc concevoir les acquisitions à réaliser de manière très progressive, pour éviter au maximum les erreurs de la part de l'élève. On trouvera ci-après un petit extrait d'enseignement programmé concernant l'enseignement d'une L2 (cf. Figure 1.2). Pour résumer en des termes les moins techniques possibles une telle conception, on peut dire que :

- apprendre, c'est produire des réponses déterminées et adéquates dans une situation spécifiée ;
- l'adéquation des réponses dépend de leur résultat dans le cadre d'un environnement déterminé ;
- l'apprentissage est plus efficace si la connaissance de ce résultat est immédiate.

Les tentatives d'application des techniques d'enseignement programmé (qu'il s'agisse d'ailleurs de techniques d'inspiration skinnerienne ou d'autres inspirations théoriques) n'ont pas fait l'objet, dans le domaine des L2, d'une très grande diffusion. Aux U.S.A., Carroll (1963b) recense dix programmes, et Lane (1964b) quarante-six programmes de diverses langues, en précisant cependant qu'il s'agit le plus souvent de programmes peu importants (quelques heures d'enseignement) et pas toujours conformes à une définition stricte de l'enseignement programmé : ce sont quelquefois de simples jeux de questions-réponses, ne correspondant aucunement à une progression par petites étapes définies à la suite d'une analyse fine du domaine étudié. En France, le Centre de Documentation sur l'Enseignement Programmé faisait état dans son catalogue (1969) de sept cours programmés de langue française pour l'enseignement de l'anglais et de l'allemand (la plupart portant sur des acquisitions de vocabulaire). L'ouvrage de Lamérand (1969) fournit par ailleurs une solide documentation sur les problèmes relatifs à l'analyse des techniques et des méthodes dans un cadre s'inspirant du Behaviorisme. Enfin, il faut noter que la question de l'intérêt de l'enseignement programmé en didactique des L2 se trouve réactualisée par le développement de l'informatique appliquée à la pédagogie, sous sa forme « EAO » (Enseignement Assisté par Ordinateur), dont beaucoup contestent l'intérêt pédagogique (cf. par exemple Pelfrêne, 1982).

Programme de systématisation relatif à l'acquisition
de certaines particules séparables à sens spatial
dont les fondamentales « hin » et « her ».
Extrait de Perriault (1965), pp. 106-107. ▶
Figure 1.2

		Texte proposé à l'élève	Réponse attendue et vérifiable immédiatement par l'élève
1	1	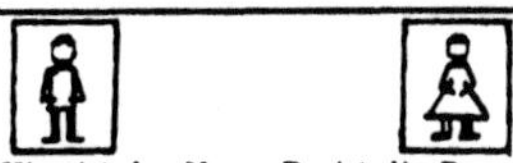 Hier ist der Mann. Da ist die Dame.	
2	2	 Der Mann fragt : « Wo gehst du hin ? »	
3	3	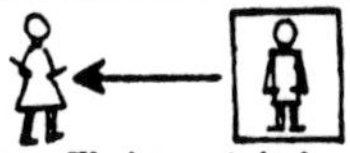 Der Mann fragt : « Wo kommst du her ? »	
4	3.1	 Der Mann fragt : « Wo gehst du ... ? »	hin
5	3.1	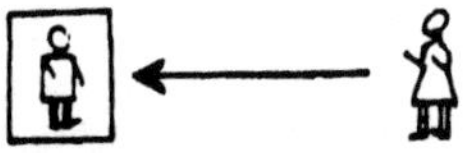 Der Mann fragt : « Wo kommst du ... ? »	her
6	4.1	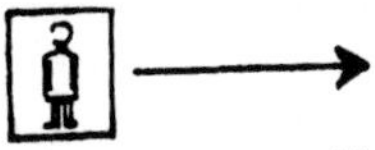 Diese Richtung ist { hin / her	6.1 / 2
7	2.2	Der Mann fragt : « Wo g ... du hin ? »	gehst
8	3.2.	Der Mann fragt : « Wo ... du her ? »	kommst

herein, hinein

9		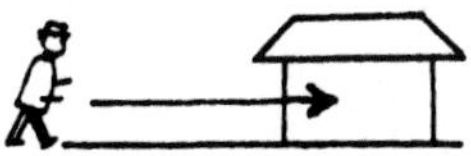 Der Mann geht in das Haus ... ein	hinein
10		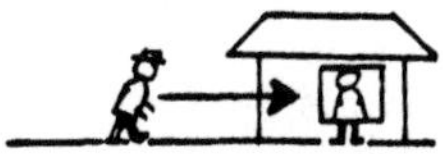 Die Dame sagt : « Tritt in das Zimmer ... ein	herein
11		 Der Mann ruft : « Komm ... aus ! »	heraus
12		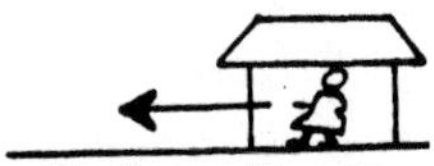 Die Dame geht ... aus	hinaus
13	2.3	Der Mann ... ... das Haus hinein	geht in
14	3.3.	Der Mann ruft « ... zu mir heraus ! »	komm
15	6.1.	Der Mann geht in das Haus hin ...	hinein
16	10.1	Der Mann klopft. Die Dame sagt : « Kommen Sie ... das Zimmer her ... ! »	in ... herein

Mais les recherches systématiques sur l'enseignement programmé appliqué aux L2 ont été relativement peu nombreuses, et souvent cantonnées à des problèmes pédagogiques assez ponctuels et peu généralisables. Il ne s'agit d'ailleurs pas de nier toute valeur scientifique à des recherches ponctuelles : elles apportent souvent des réponses précises à la question de l'efficacité relative de tel ou tel système de renforcement ; elles fournissent des éléments intéressants de comparaison entre méthodes « traditionnelles » et méthodes inspirées de théories behavioristes. Mais la généralité des conclusions qu'on peut en tirer semble parfois douteuse.

Lane (1964b, 1965) fournit une synthèse très complète des travaux de ce type. Il insiste sur la nécessité d'une description très minutieuse de la langue en tant qu'objet d'apprentissage avant toute tentative de mise en œuvre d'un programme d'enseignement, reprenant ainsi l'analyse de Carroll (1963b) : il s'agit d'abord de définir des objectifs d'enseignement, c'est-à-dire de sélectionner les items jugés essentiels pour atteindre un degré de compétence linguistique défini. Ces items peuvent être phonologiques, lexicaux, grammaticaux, mais aussi plus complexes, tels les comportements d'interaction ou les aspects culturels liés à une langue. Il faut, en enseignement programmé, prévoir les items à acquérir dans leurs moindres détails. De ce point de vue, la linguistique est considérée comme une discipline vouée essentiellement à la description systématique des comportements terminaux.

On peut alors comprendre que l'enseignement programmé soit le plus souvent appliqué à des objectifs très restreints (acquisition d'un nouvel alphabet, entraînement phonétique), dans le cadre d'une phase d'initiation à la langue, et non d'un enseignement intermédiaire ou avancé. C'est aussi ce qui explique que ce type d'enseignement sépare, souvent très artificiellement, les différents aspects de la langue soumis à apprentissage : discrimination phonétique, production de sons corrects, contenu lexical, acquisition d'éléments grammaticaux... Lane distingue, du point de vue des acquisitions, le « répertoire formel » et le « répertoire thématique ». Le second porte sur la nature des stimulus, le premier sur ses seuls aspects formels : il permet de savoir **comment** dire quelque chose, mais pas de savoir **que** dire. Imiter, lire, copier sont des activités liées à la maîtrise du répertoire formel ; elles sont particulièrement redevables d'une analyse en termes de liaisons S-R.

Les travaux de Crothers et Suppes (1967) portent en particulier sur l'entraînement à la discrimination auditive de phonèmes russes. Cet entraînement est défini en fonction de la probabilité d'erreurs de discrimination dues aux interférences provenant de la L1 (l'anglais). Ces travaux montrent bien l'utilité d'un programme d'entraînement fondé sur l'analyse des erreurs : il existe une bonne adéquation entre le modèle (analyse comparative des langues) et les difficultés effectives de discrimination. Cependant, la notion de progression semble sévèrement remise en cause : il n'y a pas d'avantages à présenter d'abord les items les plus faciles, et un ordre de présentation au hasard est même souvent plus efficace. Ce peut être, de notre point de vue, un argument en faveur d'une conception insistant sur l'utilité du repérage des oppositions phonologiques internes à la langue-cible, plutôt que des oppositions L1/L2 : ce repérage n'est en effet possible que si l'élève dispose simultanément d'échantillons de langue-cible suffisamment diversifiés. On peut sans doute analyser dans cette même perspective les résultats de Lane (1964a, 1964b). Celui-ci montre que la discrimination auditive de sons étrangers peut être très rapide, notamment par transfert de la discrimination des sons de la L1. Mais il note l'existence d'erreurs de « surdiscrimination », c'est-à-dire de réponses différenciées lors de la présentation de variantes allophones de la langue-cible, phénomène qu'il considère comme preuve supplémentaire de l'efficacité de la méthode (1964b, p. 255). On peut alors sérieusement douter de l'intérêt d'une telle technique, dans la mesure où la maîtrise d'une L2 suppose justement d'être capable de repérer ce qui varie et ce qui ne varie pas, non d'un point de vue physique, mais du point de vue de la pertinence **fonctionnelle** des variations (cf. Chapitre 3). Il est d'ailleurs étonnant que les **techniques** behavioristes fassent une si belle part aux aspects formels du langage, alors même que la **théorie** en considère en principe comme essentiels les aspects fonctionnels, l'insertion du comportement dans son environnement physique et social.

Le modelage (shaping) de réponses a été moins étudié, mais sa possibilité a été montrée. Il s'agit de sélectionner une (ou plusieurs) variétés « naturelles » d'une réponse bien conditionnée et de les renforcer de manière exclusive ; les autres variétés sont soumises à extinction (Lane, 1964b, p. 269). On retrouve bien là le principe du conditionnement skinnerien : partir d'une réponse établie, en renforcer les aspects qui peuvent conduire à la production d'une réponse différente. Plusieurs recherches démontrent la possibilité de se fonder pour cela sur le répertoire phonétique de la L1. De plus, bien qu'il n'y ait pas forcément de lien entre discrimination auditive et différenciation de la réponse, il semble que l'entraînement à la vocalisation puisse favoriser la discrimination perceptive.

De manière étrange, c'est lorsque l'étude de l'efficacité d'un programme d'enseignement s'avère **négative** que Lane considère devoir en prendre les résultats avec précaution, arguant qu'on ne peut dire quelle est la source de cet échec : « des résultats négatifs ne peuvent être valablement interprétés que s'ils ont trait à un programme dont on a démontré l'efficacité dans d'autres conditions contrôlées » (1964b, p. 263, notre traduction). Carroll (1963b) fait preuve de plus de réalisme lorsqu'il pose le problème de la généralisation des résultats **positifs** : il envisage la possibilité que « même un comportement terminal bien établi puisse être conditionné aux lieux ou circonstances particulières de l'enseignement, et donc ne soit pas suffisamment robuste, ou facilement disponible pour l'étudiant dans d'autres lieux ou circonstances. Ce phénomène est semblable à celui qui se produit quand on a l'impression d'oublier les noms de rues ou de bâtiments publics, sauf lorsqu'on retourne dans la ville où ils ont été appris. Il se pourrait que le comportement de langue étrangère soit conditionné à un dispositif d'enseignement spécifique » (p. 135, notre traduction).

2. La méthode audio-orale

C'est la méthode audio-orale (« audio-lingual method ») développée dans les années 60, que l'on considère souvent comme l'application pédagogique la plus évidente des théories skinneriennes. Les techniques de base en sont : présentation orale de dialogues, exercices intensifs, élimination de la grammaire, ... (cf. Rivers 1964 ; van Passel, 1970). Quels en sont les principes ?

1. Le langage est un « comportement » ; un comportement ne peut être acquis qu'en incitant l'élève à « se comporter », c'est-à-dire à pratiquer le langage.

2. La forme orale est prédominante : les « comportements » de langage sont d'abord, sur le plan historique et sur le plan génétique (référence à la L1), des comportements « parlés ».

3. La méthode doit conduire l'élève à produire des comportements de langage qui soient les plus proches possible de situations réelles, ou qui simulent le plus possible des situations réelles : d'où l'utilisation de dialogues.

4. L'apprentissage d'une langue est un processus mécanique de formation d'automatismes. Les exercices proposés à l'élève doivent renforcer systématiquement les mécanismes fondamentaux de la langue, et ceci de manière intensive : les mécanismes à acquérir doivent faire l'objet d'un surapprentissage (overlearning).

5. Cette acquisition de mécanismes est plus efficace si l'élève est conduit à produire des réponses exactes, par imitation et par vérification immédiate de ses productions. L'utilisation de « modèles » (imitation) ne vise pas à communiquer des règles de langage, mais à faciliter la production par l'élève de comportements linguistiques corrects susceptibles d'être automatisés : le langage ne s'acquiert pas en faisant des fautes.

6. Apprendre une langue n'est pas une activité intellectuelle : ce n'est pas « apprendre quelque chose », mais c'est apprendre à « faire quelque chose ». Une fois acquis, un mécanisme peut être généralisé par des changements minimaux dans la structure acquise :

on peut alors amorcer une généralisation grammaticale sans énoncer de règles, mais en se contentant de décrire ce que l'élève fait à travers les productions effectivement réalisées. En aucun cas les exercices ne doivent devenir une « résolution de problèmes » consistant en la combinaison d'un certain nombre de règles complexes.

Rivers (1964), qui constitue la référence en ce domaine, mais qui s'inspire des travaux de Brooks (1960) et de Politzer (1961), propose comme point de départ que « L'apprentissage d'une langue étrangère est fondamentalement un processus mécanique de formation d'habitudes » (Rivers 1964, p. 19, notre traduction). Elle précise qu'un processus mécanique correspond à l'établissement d'associations arbitraires, et que l'exercice doit rendre automatiques des habiletés motrices complexes, des structures de phrases, avant même que la signification n'intervienne. Pour décrire les processus en jeu, Rivers se réfère à la théorie de Skinner, en précisant que dans la situation scolaire d'apprentissage d'une langue, le renforcement vient de l'approbation du professeur, ou de la satisfaction due à la comparaison de sa propre production au modèle. Si le renforcement positif doit avoir la primeur, on peut cependant admettre qu'un contrôle soit exercé au niveau phonologique : le renforcement permet la discrimination progressive des sons corrects, par approximations successives, avec émission fréquente des sons et contrôle pour que l'élève ne se satisfasse pas de sons approximatifs.

Les exercices structuraux, technique la plus développée dans ce cadre, sont fondés sur le principe behavioriste de généralisation : lorsqu'une réponse est renforcée, le renforcement porte aussi sur des réponses associées à d'autres stimulus, en fonction de leur degré de similitude par rapport au stimulus qui a servi à établir le conditionnement. Différents stimulus peuvent donc provoquer la même réponse, avec une amplitude variable selon un « gradient de généralisation ». Ce principe permet au Behaviorisme de rendre compte d'apprentissages par analogie sans cependant faire appel à des notions mentalistes. Le but des exercices structuraux est d'induire une généralisation portant sur l'enchaînement de mots selon une structure déterminée. Ce qui est en principe appris, c'est l'analogie de structure, induite par la transposition d'éléments dont la similitude des uns par rapport aux autres tient à leur position dans la structure.

On peut cependant s'interroger sur la réalité de ce qui est « entraîné » dans ces exercices. Lorsque l'élève doit essentiellement remplacer un mot par un autre dans une chaîne, cela peut être fait sans porter attention à la structure elle-même, par simple substitution lexicale, ce qui ne correspond plus à l'objectif de principe de l'exercice. En admetttant même que ces exercices aient une certaine efficacité, on peut en tout état de cause douter que l'origine de cette efficacité soit celle envisagée par la théorie behavioriste : si la structure n'est pas en réalité exercée, mais est néanmoins « acquise », c'est que s'est développée à son propos une autre activité, que Besse et Porquier (1984) par exemple supposent être métalinguistique, ce qui nous éloigne considérablement du Behaviorisme...

En tout état de cause, les auteurs les plus concernés (Carroll, 1963a ; Lane, 1964b ; Scherer et Wertheimer, 1964) admettent que l'efficacité des méthodes audio-orales est loin d'être démontrée. Scherer et Wertheimer, comparant l'apprentissage de l'allemand en laboratoire de langue à un apprentissage traditionnel, concluent à une supériorité dans un certain nombre de domaines (audition, compréhension et productions orales), et à une infériorité dans d'autres (traduction, lecture). Encore ces différences ne semblent-elles pas être très stables dans le temps...

Le Behaviorisme et la didactique des langues étrangères

Qu'une confidence soit permise à l'auteur de ces lignes : la lecture des ouvrages de Skinner est particulièrement ennuyeuse ; en rendre compte est une tâche qui paraît tout à fait périlleuse. Nous ne savons si le lecteur sera sensible à ce second aspect de la question ; nous craignons qu'il soit, par contagion, fortement sensible au premier. L'affaire ne s'arrange pas lorsqu'on s'aperçoit qu'une certaine confusion règne quant aux « applications » des théories behavioristes. Ce qu'on présente parfois comme les « travaux » de Skinner sur l'apprentissage ne sont le plus souvent que de vastes spéculations d'un degré de généralité tel que les applications en sont pour le moins obscures (« *Verbal Behavior* » en est un magnifique exemple).

Que peut-on dire des implications d'une telle conception des apprentissages et du langage pour l'enseignement des L2 ? Éloignons de suite un malentendu éventuel : il n'existe pas *une* méthode qui serait l'application des conceptions behavioristes en didactique des L2. Ce qu'on peut dire sans doute, c'est que certaines pratiques pédagogiques sont, explicitement ou implicitement, d'inspiration behavioriste. En proposant une analyse de ces sources théoriques, notre propos n'est ni de dénoncer des « pratiques behavioristes » honteusement cachées, ni de tenter une réhabilitation tardive de telles conceptions ; nous pensons plus simplement que toute pratique pédagogique peut s'enrichir par l'explicitation de ses principes ; là s'arrêtent nos ambitions quant au lien entre théorie et pratique.

Cette analyse est pour nous l'occasion de dénoncer deux contresens trop souvent présents dans certains ouvrages récents de didactique des L2 qui estiment de bon ton de dénoncer a priori toute pédagogie d'inspiration behavioriste.

1. Une telle pédagogie n'a rien de « traditionnel » au sens des méthodes basées sur la trilogie vocabulaire-grammaire-traduction :

- Nous l'avons vu plus haut, le « sens » ne se situant pas au niveau du mot, l'acquisition de correspondances mot étranger-mot maternel n'a pas de place dans un tel cadre théorique. Nous avons d'ailleurs noté les hésitations de Skinner quant au statut à accorder aux comportements de bilinguisme : effet de contingences de renforcement spécifiques à chacune des langues ; liaisons intraverbales par l'intermédiaire de « variables collatérales ». Si donc la théorie skinnerienne n'est pas en mesure de donner une réponse satisfaisante à la question, rien ne permet cependant de la ramener trop rapidement au simplisme des listes de vocabulaire.
- Une méthode de langue doit avant tout considérer la langue comme un comportement à acquérir, et donc placer le plus possible l'élève dans des situations de production de ce comportement, et non dans des situations de commentaire académique sur ce comportement. C'est évidemment une position à l'opposé d'une méthode grammaticale !

On pourrait dire, en jouant quelque peu sur l'ambiguïté du concept d'« activité », qu'une pédagogie d'inspiration behavioriste est éminemment une « pédagogie active ». Nous réservons évidemment à cette expression un sens tout à fait différent de celui qu'on peut lui attribuer dans une perspective piagétienne, que nous examinerons ultérieurement. Ce que nous voulons dire par là, c'est qu'un aspect central de la théorie est bien qu'une acquisition ne peut se faire que par la réalisation effective des comportements dont on vise l'acquisition. Il n'est pas dans notre propos de brosser un historique des conceptions générales en didactique des L2, mais on peut néanmoins insister à l'occasion sur l'impact éminemment positif, dans le contexte de l'époque, des conceptions behavioristes sur l'évolution des idées en didactique des L2. On peut d'ailleurs faire le même raisonnement, pour le versant linguistique, en ce qui concerne le rôle parallèle de l'école de Bloomfield : la recherche de structures, de systématicité dans la langue-cible devait déterminer la séquence et la nature des exercices proposés (exercice structuraux), ce qui était assez révolutionnaire par rapport à l'approche grammaticale classique (cf. aussi van Passel, 1970, pour une analyse des sources de la « révolution didactique » des années 40-50).

2. Si ce premier contresens ne tient sans doute qu'à une vision simpliste de l'évolution des idées en didactique des L2, ce qui n'est heureusement pas le cas dans la plupart des ouvrages en ce domaine,

le deuxième contresens a des racines plus profondes et plus difficiles à analyser. Il consiste à réduire la « pédagogie behavioriste » à l'aspect répétitif des exercices. Au niveau du « vécu » des élèves, le laboratoire de langue est effectivement le prototype de ce que représente essentiellement le Behaviorisme pour les professeurs : référence à des productions verbales « modèle », dont la perfection et la stabilité autorisent une activité essentiellement fondée sur la répétition fréquente. L'utilisation de dialogues relativement stéréotypés, l'insistance sur les expressions idiomatiques accentuent encore le caractère « mécanique » des exercices ainsi proposés. Dans les méthodes-même qui ne s'inspirent pas du Behaviorisme, voire qui le rejettent, il existe souvent un « moment » de leçon qui vise à la répétition, à l'amélioration de l'identification phonologique et de la prononciation,... moment que chacun s'accorderait volontiers à admettre comme la concession nécessaire à une pédagogie behavioriste pour la mise en place d'un certain nombre d'automatismes de base.

Nous reviendrons sur le problème de la manière dont on peut concevoir des automatismes dans le cadre d'une théorie non-behavioriste de l'apprentissage (cf. Chapitre 6 et Conclusion). Mais pour l'instant ce que nous voulons contester c'est que la répétition soit **le** critère essentiel voire unique d'une pédagogie behavioriste. Nous avons bien vu que le renforcement répété tend à accroître la probabilité d'apparition d'une réponse. Mais il est clair que dans la théorie skinnerienne la répétition **par elle-même** ne peut avoir aucun effet si n'ont pas été aménagées des **contingences de renforcement** adaptées aux acquisitions visées. En termes plus concrets, Skinner n'a jamais prétendu qu'on puisse faire apprendre n'importe quoi par simple répétition, mais au contraire que la plus grande attention doit être portée aux stimulations (situations qui déclenchent les productions éventuellement répétitives) et aux conséquences des productions. L'apprentissage n'est nullement la conséquence de la répétition de stéréotypes, mais au contraire la constitution de comportements nouveaux, de par une **activité** de l'élève dont les tenants et les aboutissants sont soigneusement contrôlés.

Toute l'analyse théorique que nous avons esquissée plus haut montre bien avec quelle minutie un auteur qui voudrait (ce conditionnel se justifiera très bientôt) fabriquer une méthode d'inspiration strictement behavioriste devrait contrôler les stimulations en jeu dans les exercices proposés, les réponses dont on provoquerait l'apparition, les occasions d'établir des liaisons entre réponses, les conséquences environnementales de ces productions. Rappelons encore qu'en toute rigueur behavioriste un élève ne produit jamais de réponse « nouvelle » ! C'est au pédagogue de faire en sorte que des comportements déjà installés servent de base à de nouveaux comportements, par guidance ou modelage des esquisses de réponses adéquates, ou par enchaînement de réponses existantes.

En bref, la répétition et les renforcements n'agissent pas sur n'importe quelle réponse, et la pédagogie behavioriste est en principe liée à toute une technologie d'analyse de la matière enseignée, parfois très sophistiquée, dont on peut avoir un aperçu dans certains ouvrages sur les techniques de préparation de séquences d'enseignement programmé (cf. par exemple Gavini, 1965 ; Le Xuan et Chassain, 1975 ; ou dans le domaine des L2, Lamérand, 1969).

On peut, dans ces conditions, douter de la réalité du Behaviorisme en tant que ***théorie appliquée*** au domaine qui nous intéresse ici : la didactique des L2. Les concepts behavioristes sont le plus souvent utilisés avec un tel flou (l'ésotérisme des écrits skinneriens est tel qu'il est d'ailleurs difficile de reprocher ce flou à nos collègues didacticiens !), la correspondance effective entre les mécanismes d'acquisition théoriques et ces même mécanismes « sur le terrain » est tellement aléatoire (et là aussi les concepts théoriques sont loin d'être d'une opérationalisation aisée !) qu'on est en droit de s'interroger non pas tellement sur la validité scientifique (fondamentale ou appliquée) de ces théories, mais sur leur validité « écologique ».

1. Passons rapidement sur l'aspect scientifique « fondamental » du problème, qui a été déjà largement débattu par ailleurs, notamment à propos de la querelle Skinner-Chomsky, avec comme point de départ historique la critique du « Verbal behavior » de Skinner faite par Chomsky (1959). La querelle, dont on s'accorde à considérer qu'elle a tourné à l'avantage de Chomsky (jugement d'ailleurs parfois un peu hâtif : cf. Richelle, 1971, Chapitre I ; 1977, Chapitre 5), tourne bien sûr autour de la nature du langage et de son acquisition. Nous la résumons ici très rapidement (cf. aussi Chapitre 4).

Du point de vue du linguiste, et en particulier de Chomsky, l'apprentissage d'une langue ne peut être un apprentissage mécanique au même titre que n'importe quel apprentissage moteur : la langue n'est pas une simple combinaison de « comportements », de mouvements appris. On peut ainsi reprocher au Behaviorisme d'être incapable de rendre compte de l'occurrence, dans les productions verbales d'un individu, de phrases entièrement nouvelles, c'est-à-dire de combinaisons d'éléments linguistiques encore jamais produites et renforcées, donc non apprises. Il paraît d'ailleurs totalement invraisemblable que toutes les combinaisons d'un système aussi complexe que le langage humain puisse être « apprises » par des mécanismes aussi simples que ceux envisagés par Skinner, et cela en un temps aussi court que celui nécessaire à un enfant pour acquérir l'essentiel du langage (entre les âges de 18 mois et 4 ans environ). Par ailleurs, le principe fondamental de l'apprentissage du point de vue behavioriste est celui-là même de la psychologie associationniste : la contiguïté associative. Ce principe ne peut rendre compte de la formation de liaisons non contiguës, comme c'est le cas dans les phrases enchâssées. Rien, dans une séquence sonore, ne permet de désigner physiquement les dépendances syntaxiques ou sémantiques entre mots séparés. Les behavioristes ne peuvent expliquer de tels apprentissages (cf. aussi Ricateau, 1972-73, pour une analyse critique du point de vue associationniste sur le langage).

2. Mais au-delà de ces débats théoriques, ce qui nous apparaît surtout, c'est que la position behavioriste, quelle que soit sa valeur épistémologique (vouloir se cantonner à l'étude de faits observables n'est pas ***a priori*** absurde, même s'il s'agit à l'heure actuelle en psychologie d'un principe ultraminoritaire), est de fait une position intenable sur le terrain. Une telle pédagogie aurait la prétention de **contrôler** à chaque instant l'ensemble des éléments de situation (contingences de renforcement) susceptibles de faire évoluer les acquisitions d'un élève ? Et ceci sans nullement se préoccuper des processus mentaux sous-jacents ?

Prenons, pour illustrer cette analyse, un extrait d'un document de l'Institut Pédagogique National, que nous avons déjà utilisé pour présenter un exemple d'enseignement programmé d'Allemand. Dans ce même document (Perriault, 1965), une autre séquence de programmes est présentée, portant sur certaines notions lexicales (le repas : essen/trinken) et sur la structure syntaxique élémentaire (fonction verbale). L'auteur en fait le commentaire suivant : « Le principe de répétition, inéluctable, peut subir un aménagement, qui lui ôte son caractère fastidieux et multiplie son rendement. L'analyse du champ d'information linguistique met à jour des éléments paradigmatiques et syntagmatiques. Dans un de nos programmes, nous avons utilisé un certain nombre de notions lexicales (centre d'intérêt : le repas) et la structure syntaxique élémentaire (sujet, verbe, complément d'objet direct). Notre répétition a été organisée combinatoirement en réalisant toutes les phrases à sens cohérent où les différents lexèmes pouvaient avoir les fonctions inscrites dans cette structure (le nombre réel en est très inférieur au nombre théorique). L'élève **perçoit** en plus, dans cette répétition, le **principe combinatoire** et commence à **distinguer justement fonction grammaticale et support lexical** » (Perriault, 1965, p. 103, souligné par nous). Dans ces conditions, la question qui se pose est de savoir ce que « fait » réellement l'élève : acquiert-il des productions verbales sous le contrôle de contingences de renforcement, ou repère-t-il (plus ou moins consciemment) des fonctionnements langagiers et leur structure ? Qu'est-ce qui est renforcé : les réponses elles-mêmes ? ou les « événements implicites » (ou disons, en anticipant sur un cadre théorique que nous aborderons plus tard : les « processus mentaux ») qui accompagnent les réponses, et qui sans doute les déclenchent en partie ? (cf. Carroll, 1976).

Personne n'osera prétendre (je ne pense pas qu'un praticien de l'enseignement des L2 nous contredira), qu'un élève soumis à un enseignement programmé le plus strict, à des successions de « drills » les plus austères, se contente de s'adonner aux joies du renforcement de réponses sous l'effet bénéfique des contingences de renforcement. Il est vraisemblable que la pédagogie reste malgré tout dans ces conditions une activité encore dans une certaine mesure « artistique » (qu'on nous pardonne cette hérésie dans un chapitre sur le Behaviorisme !) : le « bon pédagogue » est celui qui sait repérer ce que ni l'auteur de l'exercice ni lui-même n'avaient prévu, et qui sait en tirer partie pédagogiquement. Autrement dit, celui qui est capable d'inférer ce qui semble se passer dans la tête des élèves (les processus mentaux sous-jacents aux activités proposées), et de percevoir l'intérêt pédagogique de ces processus pour la suite de sa classe. Si ces processus mentaux ne sont pas totalement individuels, l'objectif d'une analyse théorique des processus d'acquisition en L2 doit bien être de les analyser, d'en faire une typologie, d'en estimer l'importance et l'intérêt pédagogique. Ce sera l'objet d'une grande partie des chapitres qui suivent, où nous oserons prétendre que la pédagogie n'est cependant pas tout à fait un art.

Conclusion

On reste parfois un peu étonné face à l'importance accordée au Behaviorisme dans la plupart des ouvrages récents de didactique des L2 qui prônent des « pédagogies nouvelles » : le passage obligatoire par le rejet de l'épouvantail skinnerien (à moins qu'il soit de l'ordre d'une dénégation dont se régalerait le psychanalyste) nous semble pour le moins suspect. Si le Behaviorisme a eu son heure de gloire et que celle-ci est terminée, aussi bien au plan fondamental qu'au plan des applications, n'en parlons plus. Mais ce qui reste troublant, et c'est ce trouble qui nous a incité à accorder une certaine importance à ce chapitre, c'est qu'il n'apparaît nullement évident que le Behaviorisme ait jamais connu son « heure de gloire », au sens d'une période de fécondité et de productivité précédant un déclin inhérent au processus même de l'évolution des idées scientifiques. Au plan même de la psychologie fondamentale, beaucoup admettent que les résultats empiriques issus du Behaviorisme sont, tous comptes faits, bien restreints, eu égard à l'ambition de la théorie, et eu égard à la prétention de fonder enfin une psychologie « expérimentale ». Au plan des applications, nous nous sommes permis de douter qu'une pédagogie behavioriste existe vraiment (si tout au moins on prend le mot « application » dans un sens strict)[1].

1. Nous ne sommes pas qualifié pour étendre ce jugement à un autre domaine d'influence du Behaviorisme : la thérapie comportementale.

Si la question behavioriste reste présente lorsqu'on s'attaque au problème des processus d'acquisition, c'est à nos yeux parce que cette théorie a joué en ce domaine un peu comme une **utopie**. Sans doute pas, au sens moral du terme, comme un idéal (l'« univers » skinnerien n'est pas des plus attirants). Mais comme une sorte de prétention exubérante à tout expliquer de manière parfaitement systématique. La recherche scientifique tout comme la pratique pédagogique appellent à nos yeux plus de modestie. Mais d'une telle prétention survivent nécessairement quelques questions fondamentales, à propos desquelles aucune théorie future des acquisitions ne pourra faire l'économie de la problématique behavioriste (cf. Chapitre 6 et Conclusion) :

a. Il est inutile de revenir longuement, pour l'instant, sur le problème de la répétition, ou plus exactement celui de l'**acquisition d'automatismes**. La pratique pédagogique quotidienne, l'intuition pédagogique des enseignants et des élèves, ne permettent pas au psychologue de l'esquiver s'il veut proposer un modèle d'acquisition ou un modèle du locuteur valides pour n'importe quelle activité de langage. Le problème qu'il faudra attaquer n'est pas seulement d'ordre quantitatif (celui des courbes d'apprentissage), mais surtout d'ordre qualitatif : le rôle des automatismes, parmi d'autres processus situés à des niveaux de conscience différents, dans le fonctionnement du sujet parlant, comprenant, lisant,...

b. Le caractère **fonctionnaliste** de la théorie behavioriste a été, nous l'espérons, clairement mis en évidence dans ce chapitre. Les difficultés conceptuelles liées à l'usage du terme « fonctionnel » en didactique des L2 sont telles que le non-spécialiste n'y avance qu'avec une certaine prudence. Mais la source théorique capitale que constitue le Behaviorisme, à travers la notion de renforcement, à travers le statut privilégié accordé aux relations entre l'organisme et son environnement, se doit d'être rappelée, si toutefois le psychologue peut en quoi que ce soit éclaircir le débat. Après tout, en toute rigueur, un renforcement ne prend toute sa valeur que si les productions verbales sont pratiquées dans une situation où la récompense montre qu'elles sont un moyen effectif d'atteindre un but, c'est-à-dire pour le problème qui nous occupe de communiquer...

c. Le comportement verbal d'un individu à un moment donné est déterminé par les liaisons acquises entre éléments linguistiques et situations : le locuteur n'est pas la « cause » de son comportement verbal, mais le lieu de réalisation d'associations apprises antérieurement. Le ***contrôle*** du comportement verbal n'appartient pas au sujet, mais à l'environnement, à l'histoire de l'organisme. C'est là une position de principe essentielle du Behaviorisme. Il ne s'agit pas d'un problème métaphysique, mais bien d'un problème scientifique, que la psychologie contemporaine tente d'aborder sous différents angles. Il s'agit là aussi de construire un « modèle du locuteur » qui rende compte de processus dont certains seraient sous le « contrôle » d'autres processus. Un aspect tout à fait essentiel de la question pour la didactique des L2 nous semble être le fonctionnement de processus de ce type dans des situations d'interlocution : en communication exolingue ou didactique, que peut-on dire des processus de contrôle (y compris sous leurs aspects psychosociaux) tels qu'ils déterminent les caractéristiques des productions langagières, avec les conséquences que ces caractéristiques peuvent avoir quant aux acquisitions des « apprenants » impliqués dans la communication ?

Bibliographie sélective

Bronckart, J. P. *Théories du langage : une introduction critique*, Bruxelles, Mardaga, 1977, Chapitre 1.

Ehrlich, S. *Apprentissage et mémoire chez l'homme*, Paris, P.U.F., 1975, Chapitre 1.

Le Ny, J. F. *Le conditionnement et l'apprentissage*, Paris, P.U.F., 1972.

Reuchlin, M. *Psychologie*, Paris, P.U.F., 1984, Chapitre 3 : L'apprentissage et la mémoire.

Chapitre 2.

La psychologie néo-behavioriste et le problème du sens

La mise en pièces de l'approche skinnerienne par la linguistique chomskyenne a quelque peu rejeté à l'arrière-plan certaines approches théoriques d'inspiration behavioriste qui présentent des aspects originaux par rapport à la théorie de Skinner. Nous désignons ces approches sous le terme général de « néo-Behaviorisme », malgré la diversité des auteurs que cela peut recouvrir. Encore faut-il préciser d'emblée que le préfixe « néo » n'implique pas forcément ici une continuité historique par rapport à Skinner : beaucoup de textes importants des auteurs s'inscrivant dans ce courant sont antérieurs à ceux de Skinner, ou à peu près contemporains (par exemple Hull, 1943 ; Osgood, 1953). C'est que Skinner n'est pas le « père » d'un Behaviorisme originel qui aurait évolué à sa suite, mais plutôt l'apôtre d'un retour à la pureté behavioriste originelle, celle de Watson.

C'est d'ailleurs ce radicalisme qui rend l'exposé de ses vues particulièrement instructif quant à l'impact théorique, méthodologique et pratique du Behaviorisme. Mais cette situation tend à masquer d'autres aspects du Behaviorisme, que nous voulons exposer ici. Certes la destinée théorique de ces auteurs dans la construction de la psycholinguistique actuelle n'a pas été plus heureuse que celle des conceptions skinneriennes à la suite des coups de boutoir de la grammaire générative. Mais leur intérêt à nos yeux est qu'ils ont néanmoins laissé des traces au niveau qui nous intéresse dans ce travail, c'est-à-dire au titre de ces théories plus ou moins « latentes », dont l'impact dans la conception et l'utilisation des méthodes de L2, s'il n'est pas toujours explicite, est loin d'être négligeable.

A quoi bon en effet s'intéresser plus avant à des théories fondées sur le schéma « stimulus-réponse », même amendé, même amélioré, puisqu'il est entendu de la bouche des linguistes les plus écoutés que ce schéma ne peut, dans son principe même, rendre compte du fonctionnement du langage ? Nous verrons dans les chapitres ultérieurs que la psycholinguistique contemporaine ne se situe plus effectivement dans ce cadre théorique. Mais avant de se mettre en quête d'autres analyses du langage, tentons d'explorer un aspect de la question que nous avons présenté dans le premier chapitre comme semblant créer quelque embarras dans certaines analyses de Skinner. Appelons cela « le problème du sens » ; nous avons vu que le raisonnement behavioriste s'achoppait en particulier à des difficultés dans ses tentatives d'analyse des comportements de traduction, de bilinguisme. La prise en compte (rapide) des problèmes posés par l'étude de ces comportements était l'occasion pour Skinner d'émettre des hypothèses susceptibles de constituer les fondements d'une théorie de la signification, dont certains concepts constitutifs paraissaient quelque peu discordants dans l'épure behavioriste.

Par ailleurs, du point de vue de la didactique des L2, il faut dire que les conditions historiques d'émergence des méthodes de type audio-oral ne prédisposaient pas les auteurs de celles-ci à centrer leurs préoccupations sur la **signification** de ce que les élèves pouvaient bien apprendre ! Pour Bloomfield, comme pour Skinner, une séquence d'enseignement est déterminée par la structure grammaticale de la langue-cible, et le matériau linguistique utilisé, même sous la forme de dialogues, n'a d'intérêt qu'en tant que modèle de la structure à acquérir. La constitution du vocabulaire est incidente par rapport à l'acquisition des structures grammaticales. C'est sans doute en raison de cette lacune que certains courants didactiques, bien que rejetant les principes des méthodes audio-orales, ont pu se laisser tenter par des conceptions théoriques qui, bien que liées au Behaviorisme, ont accepté d'affronter le problème du sens.

Les théories médiationnelles

Ce qui constitue le point central de rupture entre une théorie behavioriste stricte et une théorie médiationnelle, c'est que cette dernière accepte de prendre en compte, pour expliquer les comportements, autre chose que ce qui est strictement observable (les stimulus et les réponses) : on y aborde des phénomènes qui n'appartiennent ni à l'environnement physique ou social, ni à l'activité explicite du sujet, mais dont on peut inférer l'existence par la mise en relation des stimulus environnementaux et des réponses individuelles ; c'est-à-dire des **phénomènes implicites, internes, mentaux**. Le terme technique utilisé par ces théoriciens est celui de « variable intermédiaire » (sous-entendu entre S et R). Elles n'ont pas le même statut que les variables de stimulation (S) et que les variables de réponse (R), car elles ne sont pas observables ; ce sont en quelque sorte des constructions hypothétiques qui servent à décrire une **simulation** de l'activité mentale du sujet.

Les réponses d'anticipation

Partons à nouveau d'une situation de conditionnement, parmi les plus classiques, appelé conditionnement d'évitement (cf. Mowrer et Miller, 1942). Un rat est placé dans une cage dont le fond est constitué de barres électrifiées, qui permettent à l'expérimentateur de délivrer des chocs électriques à l'animal. Un dispositif placé dans la cage permet au rat d'arrêter la délivrance des chocs électriques, ce qu'il peut apprendre à réaliser dans des conditions semblables à celles de l'expérience classique de Skinner. Mais le dispositif est compliqué par la présence d'un bref stimulus sonore que l'expérimentateur déclenche quelques secondes avant le début des chocs électriques. Alors que ce son constitue au départ un stimulus parfaitement neutre (il ne constitue un renforcement ni positif, ni négatif), il finit, lorsque l'expérience est répétée, par déclencher à lui seul (avant les stimulus électriques) des comportements spécifiques dont on peut décrire la progression par les étapes suivantes : à l'audition du son le rat s'agite tout comme lorsqu'il reçoit effectivement des chocs électriques ; dès l'audition du son il se dirige vers la partie de la cage où se trouve le dispositif commandant l'arrêt des chocs, et se trouve ainsi prêt à le déclencher dès l'apparition de ceux-ci ; dès l'audition du son le rat manœuvre le dispositif **avant** même la délivrance d'un choc électrique (sans que cessent d'ailleurs les comportements d'agitation acquis auparavant ! Mais ce qui nous importe ici, c'est que le rat évite toute stimulation électrique).

Ce type d'acquisition a donné lieu à des constructions théoriques parfois fort complexes (les notions liées au principe de généralisation dans la théorie de Hull par exemple). Mais ce sur quoi nous voulons insister ici, c'est qu'il s'agit en quelque sorte de la forme la plus épurée de comportements extrêmement répandus et sans doute parmi les plus « utiles » d'un point de vue biologique : les réponses ainsi conditionnées n'ont pas de fonction biologique directe, et donc ne peuvent être l'occasion de renforcement immédiat comme l'exige le schéma skinnerien ; mais elles jouent **un rôle de stimulus pour d'autres réponses** qui, elles, ont un caractère instrumental direct. Ce sont donc des réponses « **anticipatrices** », au sens où elles tiennent compte de l'existence et de la répétition d'une séquence d'événements dont l'ensemble a une signification biologique opératoire.

Plus concrètement, la réaction de peur engendrée par l'audition du son n'est pas une réaction susceptible de renforcement direct ; mais elle constitue une « réponse intermédiaire » (r_i), et prend valeur de « stimulus intermédiaire » (s_i) pour déclencher la réponse proprement dite d'évitement du choc électrique. L'introduction de ces variables intermédiaires a pour conséquence de compliquer le schéma théorique de base S-R du Behaviorisme, sous la forme :

$$S - r_i - s_i - R$$

où r_i et s_i représentent une simulation des mécanismes internes qui permettent de tenir compte de certaines propriétés particulières de l'environnement. La séquence r_i - s_i est qualifiée d'intermédiaire en ce sens qu'elle constitue un « chaînon commun » à deux séquences comportementales :

$$S_A - R \qquad S_B - R$$

où S_A est le choc électrique, S_B le son et R la réaction d'évitement. Hilgard et Marquis (1964, p. 355) rendent compte de cette valeur de médiation par le schéma suivant[1] :

si $S_A \rightarrow r_i \rightarrow s_i \rightarrow R$
et $S_B \rightarrow r_i \rightarrow s_i$
alors $S_B \rightarrow r_i \rightarrow s_i \rightarrow R$

Nous reviendrons dans un moment sur la nature et le mode de formation d'une séquence intermédiaire de ce type, mais pour mesurer d'abord intuitivement l'intérêt d'une telle approche théorique, il semble difficile de ne pas se laisser entraîner quelque peu dans le « piège mentaliste » dénoncé si vigoureusement par Skinner. Nous dirons ainsi que l'intérêt de tels apprentissages est de permettre des réactions adaptées à des stimulus qui ne sont pas présent ***hic et nunc***, c'est-à-dire de permettre la prévision d'événements susceptibles de se produire. Le son constitue un signal par rapport à l'éventualité d'un choc électrique, et nous pourrions dire, en employant à dessein un vocabulaire radicalement incompatible avec l'approche behavioriste, que ce que le rat a appris n'a vraiment rien de mécanique, mais est plutôt de l'ordre d'une « connaissance » sur certaines propriétés de son « univers » provisoire (la cage électrifiée !). Nous reviendrons plus tard (Chapitre 3) sur le problème du statut à accorder au terme « connaissance ». Retenons-le provisoirement dans le cadre d'une formulation quelque peu anthropomorphique : cette connaissance pourrait être exprimée par une phrase telle que « le son signifie qu'un choc électrique va survenir ». Confrontée ainsi au problème de la signification, la psychologie behavioriste s'est constitué un outil théorique qu'il est important de préciser : **le concept de médiation**.

1. Au plan du comportement, l'existence d'une réponse intermédiaire (r_i) dans la séquence S_B - R serait attestée par la perpétuation des comportements d'agitation en l'absence de toute stimulation électrique.

Le processus médiationnel

Nous nous référerons essentiellement à la théorie d'Osgood (1953), sans doute la plus représentative de ce type d'approche[1]. Tout stimulus (**stimulus-objet** dans la terminologie d'Osgood) provoque un ensemble de réactions, qui sont en fait de deux sortes : des réponses liées à la présence physique du stimulus (contractions musculaires dues au passage d'un courant électrique, pour continuer l'exemple ci-dessus), mais aussi des réponses qui peuvent se produire en dehors de la présence effective du stimulus (manifestation d'anxiété par exemple). Il existe, dit Osgood, des **réponses liées** au stimulus-objet, et des **réponses détachables** du stimulus-objet. Quand un autre stimulus (le son) se produit en conjonction avec le stimulus-objet, il tend lui aussi à être conditionné à l'ensemble des réactions liées et détachables provoquées par le stimulus-objet. Mais si ce nouveau stimulus est ensuite présenté isolément, il ne provoque plus l'apparition que des seules réponses « détachables ».

Sous certaines conditions de présentation contingente répétée du stimulus-objet et du nouveau stimulus, à ce dernier se trouve associée de manière stable une partie des réponses détachables : ce stimulus devient alors **stimulus-signe**. Ces conditions sont d'ailleurs semblables à celles qui régissent l'apparition de toute réponse conditionnée, et qui sont décrites dans le Behaviorisme classique sous le terme de contingences de renforcement (cf. Chapitre 1).

Il n'est pas indispensable que toutes les réponses détachables soient associées au stimulus-signe : seules sont pertinentes les réponses détachables qui permettent au signe de conserver une valeur de représentation médiate par rapport au stimulus-objet. Autrement dit, un stimulus a valeur de signe (le son) si la réponse instrumentale (arrêter le choc électrique) initialement déclenchée par le stimulus-objet (le choc électrique lui-même) peut être déclenchée en dehors de la présence effective du stimulus-objet par une stimulation interne (ou stimulus-médiat : s_m) elle-même provoquée par des réponses-médiates (r_m) déclenchées par le stimulus-signe. Ceci constitue un **processus médiationnel stable**. L'établissement d'un tel processus est schématisé par la Figure 2.1.

Le fonctionnement du processus établi peut être représenté de la façon suivante :

$$SS \rightarrow r_m \rightarrow s_m \rightarrow R$$

1. Il existe d'autres théories néo-behavioristes médiationnelles, telles celles de Hull (1943), Noble (1952), Mowrer (1960) ou Bousfield (1961). Les différences entre ces théories ne nous paraissent pas toujours pertinentes par rapport à notre préoccupation d'en analyser les incidences sur la manière d'envisager les situations concrètes d'acquisition du langage.

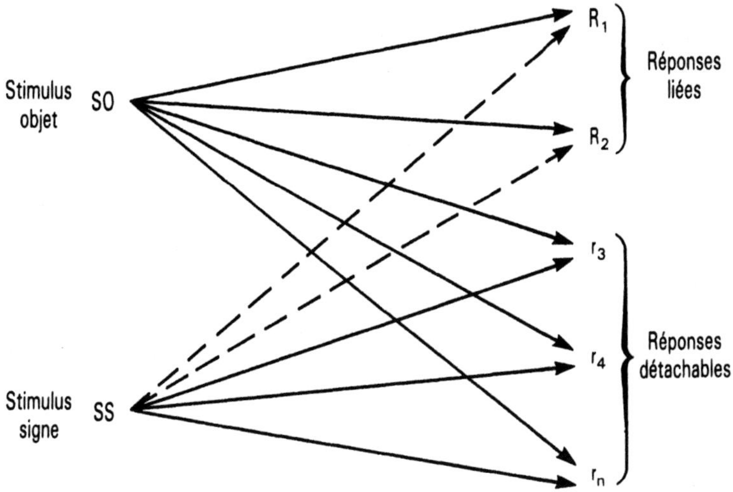

Figure 2.1 : Établissement d'un processus médiationnel (d'après Osgood, 1953, p. 397)

La théorie médiationnelle et le langage

Si l'établissement d'un processus médiationnel peut en principe s'appliquer à n'importe quel type de stimulus, il est clair que les notions impliquées dans la théorie conduisent à s'intéresser plus particulièrement aux stimulus verbaux en tant que « signes » : « les mots représentent des choses parce qu'ils produisent des copies du comportement réel envers ces choses » (Osgood, 1953, p. 695, notre traduction).

L'exemple du mot ARAIGNÉE est doté d'une certaine célébrité dans la littérature psycholinguistique, et peut rapidement illustrer l'application des notions développées plus haut dans le domaine du langage. La vision et éventuellement le contact avec cet insecte (stimulus-objet : SO) provoquent comme pour n'importe quel stimulus un ensemble de réactions R_T (cf. Figure 2.2). Dans cet exemple particulier, beaucoup de ces réactions ont une charge affective importante, de l'ordre de la peur et du dégoût, et correspondent à des manifestations physiologiques spécifiques[1]. Ce sont en particulier ces réactions qui se trouvent « détachées » du comporte-

1. L'auteur (Osgood, 1953, p. 696) précise que le choix de cet exemple a une valeur parfaitement autobiographique ! Mais l'analyse sémantique proposée par l'auteur ne dit pas pourquoi l'araignée-objet possède ce pouvoir particulièrement anxiogène : est-ce objectivement un insecte particulièrement désagréable (sinon dangereux), ou bien n'est-elle pas déjà elle-même le symbole de réactions d'anxiété beaucoup plus complexes et profondes ; mais nous nous éloignons sans doute là du Behaviorisme...

ment global, et qui deviennent progressivement liées au mot ARAIGNÉE (stimulus-signe : SS) par répétition de la présence conjointe de SO et de SS. Étant donnée l'importance des valeurs connotatives de la situation (l'exemple est évidemment choisi ***ad hoc***), le mot conserve par lui-même la capacité de provoquer des réactions médiationnelles (r_m) de crainte susceptibles de produire par l'intermédiaire de stimulus internes (s_m), des comportements explicites de fuite, de panique (R_X). Osgood admet que le même raisonnement peut être tenu pour expliquer la valeur de signe du mot MARTEAU, qui n'a pas la même richesse connotative, mais dont le stimulus-objet correspondant possède des caractéristiques visuelles, tactiles, proprioceptives, instrumentales dont certaines peuvent être détachées pour constituer la valeur représentative du mot MARTEAU. Les mécanismes sémantiques ainsi décrits peuvent être représentés par la Figure 2.2.

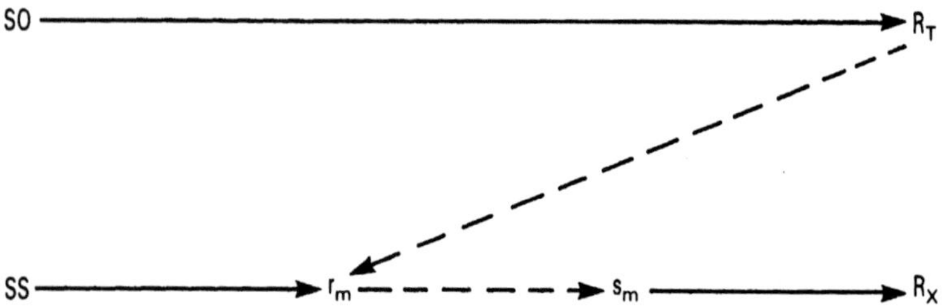

Figure 2.2 : Schéma de la relation sémantique entre signe (SS) et référent (SO) d'après la théorie médiationnelle du langage

Il faut insister sur le caractère nettement behavioriste d'un tel schéma, dans la mesure où la relation sémantique proprement dite (entre le signe et le référent), s'établit obligatoirement par l'intermédiaire de **comportements** explicites (R_T) ou implicites (r_m) : si l'on peut parler de **représentation** dans la mise en œuvre et le fonctionnement d'un processus médiationnel, c'est en fonction de deux critères principaux qui restent bien de l'ordre du « comportement » (Osgood, 1953, pp. 698-699) :

- le fait que le processus de la médiation inclue une fraction du comportement déclenché par le stimulus-objet ;
- le fait que le comportement déclenché par le signe (R_X) ait un certain degré de similitude par rapport au comportement déclenché par la stimulus-objet (R_T).

Deux stimulus entretiennent donc entre eux une relation sémantique s'ils produisent des réponses identiques ou similaires : on reste ici relativement proche de la notion de signification telle que l'envisageait Skinner, liaison fonctionnelle entre situation et réponse sous l'effet des contingences de renforcement (cf. Chapitre 1). Le « saut » essentiel franchi par le néo-Behaviorisme est d'admettre **l'existence de réponses et de stimulus implicites**, non observables directement.

La généralisation sémantique

Une approche telle que celle d'Osgood n'est pas sans parenté avec les approches issues de ce qu'on appelle le « conditionnement classique » dans la théorie de Pavlov : le problème de la signification a été abordé de manière très directe par l'école pavlovienne (et historiquement avant les recherches néo-behavioristes, c'est-à-dire dès les années 1930) dans le cadre des travaux sur la généralisation sémantique (cf. Le Ny, 1960, 1972). Le principe de la généralisation sémantique est le suivant. On établit une réaction conditionnelle de manière classique : par exemple, dans l'expérience de Markosian citée par Le Ny, le son d'un métronome provoque chez l'homme une réaction d'accélération de la coagulation sanguine s'il a été associé à un choc électrique (qui provoque normalement de manière inconditionnelle cette réaction). Mais si, après établissement de cette réaction conditionnelle, on fait entendre le **mot** MÉTRONOME (qui fait ainsi partie du « folklore » de la psycholinguistique classique au même titre qu'ARAIGNÉE), on obtient également une accélération de la coagulation sanguine, moins rapide mais cependant très nette. On peut montrer à l'inverse que si on installe la même réaction avec comme stimulus conditionnel un **mot**, on peut provoquer également cette réaction, par effet de généralisation, en présentant **l'objet** que désigne ce mot, ou en présentant des mots ayant différents rapports sémantiques avec le mot initial (ampoule ou lumière pour lampe ; hirondelle ou moineau pour oiseau ; corde, archet, guitare pour violon, etc).

On voit que la notion de généralisation sémantique correspond à une conception de la signification proche de celle des néo-behavioristes : quelque chose est **significatif** quand il permet de prévoir, déduire, conclure autre chose présentant le plus souvent un caractère utile au plan biologique (cette liaison peut d'ailleurs s'établir de manière plus ou moins directe, plusieurs chaînons successifs pouvant assurer le lien entre le signe et l'objet).

Mais la notion de généralisation sémantique met aussi clairement en évidence l'existence de relations sémantiques complexes entre signes (et sans doute entre couples signes-objets). On doit noter que les conceptions soviétiques sont à cet égard nettement moins comportementalistes et mécanicistes que les conceptions développées par les néo-behavioristes américains ; Le Ny (1961), rendant compte des travaux issus de l'école pavlovie nne, utilise les termes de « système » et de « réseau sémantique » : « la réception d'un terme défini, modulé par le contexte, met sans doute en activité chez le sujet toute une structure complexe de liaisons, qui entrent dans la signification et en font la richesse » (Le Ny, 1961, p. 84). Une telle référence à une structure sémantique sous-jacente n'est pas incompatible avec une théorie du type Osgood, à condition toutefois d'admettre que ses propriétés restent liées à un ensemble de relations fonctionnelles S-R (cf. supra l'approche du problème de la synonymie dans un cadre behavioriste). Dans les conceptions « néo-pavloviennes » par contre (cf. par ex. Luria et Vinogradova, 1959), les systèmes sémantiques constituent un réseau autonome de connexions entre mots : chez Pavlov lui-même, le « second système de signalisation » (Pavlov, 1955) qu'est le langage constitue bien une structure (éléments et liaison entre ces éléments), qui n'est pas la réalité et qui n'est pas nécessairement isomorphe de la structure des événements et des objets du monde réel (premier système de signalisation). Mais cette structure est bien en correspondance avec celle de la réalité : en faisant référence à un concept postérieur aux travaux de Pavlov, nous pourrions dire qu'elle en constitue un « reflet » (cf. Leontiev, 1966-67, sur cette notion de reflet). On voit qu'on a là en germe une conception de la signification qui se démarque clairement du cadre S-R américain, et qui possède des aspects « cognitifs » indéniables.

Ces précisions nous ont permis de montrer que les approches théoriques classiques américaines et soviétiques ne doivent pas être confondues du seul fait qu'elles sont issues toutes deux de ce qu'on appelle des « théories du conditionnement ». L'approche soviétique du langage sera à nouveau évoquée ultérieurement (Chapitre 6). Pour l'heure, nous nous proposons de revenir sur certains aspects des théories médiationnelles américaines, liées de manière plus directe au problème des acquisitions en L2.

Médiation et acquisitions linguistiques

Nous avons noté (Chapitre 1) que la théorie skinnerienne posait en principe que le mécanisme d'acquisition désigné par la formule « contingences de renforcement » pouvait s'appliquer à des unités verbales autres que le mot : toute production verbale peut être renforcée et acquise, sans que le psychologue ait à se préoccuper du découpage en unités constituantes de cette production ; toute production verbale déjà acquise peut être combinée à d'autres productions, et le processus de renforcement porte alors sur l'enchaînement de ces productions. C'est à cet aspect mécaniste et purement contiguiste des combinaisons linguistiques que s'attaquait principalement Chomsky.

D'une certaine façon, la psycholinguistique « néo-behavioriste », en abordant le problème du sens **au niveau du mot**, prêtait moins le flanc aux critiques linguistiques relatives à l'organisation syntaxique du langage. Ceci ne prouve nullement bien sûr que les problèmes ainsi abordés par Osgood et d'autres aient un degré de pertinence supérieur à celui d'autres approches du langage. Mais il apparaît que les thèmes développés au titre de « psycholinguistique appliquée » dans ce cadre théorique, s'ils sont considérés comme dépassés du point de vue de la recherche actuelle en raison de la limitation à une unité linguistique discutable, restent empreints d'une image certainement plus positive que celle des travaux liés au Behaviorisme strict. Les emprunts conceptuels liés au néo-Behaviorisme dans le domaine des L2 ne sont d'ailleurs pas négligeables.

La mesure de la signification : le dénotatif et le connotatif

Le sens étant défini en termes de stimulus et de réactions, certes non observables directement, mais reliés à des comportements observables, il est dans la logique behavioriste de chercher à mesurer la nature et l'intensité des processus invoqués pour en rendre compte. L'enseignant de L2 n'a sans doute pas parmi ses préoccupations majeures cette volonté de mesure de tels processus hypothétiques, aussi n'insisterons-nous pas ici sur les aspects techniques de la question. Mais la manière dont les néo-Behavioristes abordent la mesure des significations est bien illustrative du statut particulier, que nous avons déjà eu l'occasion de faire ressortir, accordé aux aspects connotatifs du sens.

Le principe du « différenciateur sémantique » (cf. Osgood, Suci et Tannenbaum, 1957) est de détecter les représentations médiationnelles correspondant à un stimulus-signe au moyen de jugements subjectifs qui prennent la forme d'un petit nombre d'évocations associatives dirigées pour chaque signe mesuré. On présente un mot à un sujet, et on lui demande de coter ce mot sur une dizaine d'échelles dont chacune comporte sept points ; les extrémités de chaque échelle sont une paire d'adjectifs opposés (bon-mauvais, fort-faible, actif-passif, etc.). On peut montrer par des techniques statistiques (analyse factorielle) qu'un petit nombre d'échelles de ce type suffit à rendre compte des principales « dimensions » de la signification, et à rendre compte du degré de proximité ou de différence entre mots différents[1]. La mesure ainsi engendrée n'a donc que peu à voir avec les aspects référentiels du mot étudié : il s'agit plutôt d'une mesure d'attitude concernant ses aspects connotatifs (« feeling tone » : Osgood, 1963, p. 271).

1. Pour une description détaillée de sa technique, cf. Ménahem, 1968.

Parmi les nombreuses recherches expérimentales qui utilisent cette technique, celle de Yavuz et Bousfield (1959) pose de manière très directe et selon une problématique assez proche de préoccupations psychopédagogiques, le problème de la distinction dénotatif/connotatif. L'expérience consistait à faire apprendre à des sujets des listes de mots turcs associés à des mots anglais qu'on présentait comme étant leur traduction : ces mots anglais avaient pour un tiers une connotation positive d'après les mesures du différenciateur sémantique, pour un autre tiers une connotation négative, le tiers restant étant neutre sur l'échelle considérée. L'apprentissage des « traductions » était réalisé jusqu'au critère de trois essais sans erreur ; une semaine plus tard, on testait à la fois le rappel de ces traductions, et la valeur connotative des mots turcs sur une échelle « bon-mauvais ». Le principal résultat de cette recherche est que les mots turcs conservent en grande partie la valeur connotative transmise par leur « équivalent » anglais, **que cet équivalent soit rappelé ou non** ; cette persistance des aspects connotatifs malgré la perte de la signification référentielle du mot est interprétée comme l'indication d'une indépendance fonctionnelle entre ces deux versants de la signification.

Encore faut-il, si l'on veut tirer des enseignements clairs d'un tel résultat, s'interroger sur le statut accordé au « dénotatif » dans le cadre théorique du néo-Behaviorisme. Osgood n'envisage pas qu'existe, parallèlement aux processus médiationnels, une sorte de représentation idéalisée correspondant à un référent isolé de tout contexte et de toute histoire. Ce qui est oublié dans l'expérience de Yavuz et Bousfield, c'est l'équivalence **verbale** (et non sémantique) du mot turc, c'est la relation arbitraire entre signes en tant qu'étiquettes corrélées de manière arbitraire à un référent (« denotative label » : cf. Osgood, 1963, p. 285). La relation signe-référent n'a donc pas en soi, du point de vue du psychologue de valeur sémantique : ce que notent en effet les auteurs se situant dans ce cadre théorique (cf. Osgood et al., 1957), c'est que faire état d'une corrélation entre l'occurrence d'un mot et celle d'un objet, événement,... n'explique rien quant aux **mécanismes psychologiques** qui aboutissent à l'établissement d'une telle corrélation. La relation signe-référent n'est en fait du ressort du psychologue qu'en raison de la nécessité où il se trouve d'expliquer le caractère signifiant d'un signe **du point de vue de l'utilisateur du signe**, c'est-à-dire de l'organisme en situation.

La psychologie néo-behavioriste se démarque ainsi à la fois du point de vue mentaliste (le signe est ce qui évoque une représentation mentale du référent) et du point de vue behavioriste strict (le signe est ce qui provoque dans un organisme les mêmes réactions que celles qui sont provoquées par le référent). Les mécanismes psychologiques qui aboutissent à l'établissement d'une relation significative ont des aspects à la fois représentationnels et comportementaux : l'élaboration d'un processus médiationnel est sous la dépendance de la « situation comportementale » dans son ensemble au moment de l'établissement de la relation significative, mais ce processus aboutit à **détacher une fraction comportementale ayant une valeur de représentation par rapport au comportement global.**

Les acquisitions sémantiques

L'analyse esquissée ci-dessus conduit de notre point de vue à insister sur deux caractéristiques essentielles des acquisitions sémantiques :

1. **La pluralité des relations sémantiques soumises à apprentissage.** Une théorie médiationnelle telle que celle d'Osgood admet qu'il existe du sens en dehors de la relation sémantique proprement dite (relation signe-référent), voire même en particulier en dehors des comportements de langage. Le modèle d'Osgood peut très bien s'appliquer à la situation du petit enfant qui, sans produire ou répéter des mots, acquiert des signes grâce à des processus médiationnels où aucune étiquette verbale n'est impliquée[1]. Les états émotionnels, les attitudes, mais aussi les réactions aux stimulus proprioceptifs, et l'ensemble des réactions psychophysiologiques liées à une situation globale prennent valeur de signe en tant qu'éléments qui ont été détachés de cette situation globale et qui en constituent pour cette raison des éléments représentatifs. La théorie médiationnelle n'est pas liée de manière intrinsèque aux aspects linguistiques de la signification, mais postule que les aspects essentiels du comportement des organismes (apprentissages, perception, activité sociale,...) sont liés à des processus représentationnels ou symboliques.

De plus, les auteurs qui se sont intéressés au problème de la mesure de la signification (Osgood et al., 1957) font remarquer que, dans une situation de communication, beaucoup de réponses signifiantes sont en fait non-linguistiques : la signification d'un signe linguistique est souvent liée aux expressions faciales, aux gestes, postures, etc. Ce point de vue rejoint celui de certaines approches sociologiques ou anthropologiques (cf. par exemple Hall, 1959) pour lesquelles le langage s'enracine et s'insère dans des processus de communication non linguistiques beaucoup plus complexes et subtils. Il a trouvé ultérieurement un développement important chez des auteurs qui considèrent qu'il existe une continuité fonctionnelle entre

1. Cette observation n'est pas exactement valable pour toutes les théories médiationnelles. Dans le modèle de Bousfield par exemple, les chaînons intermédiaires du processus médiationnel sont des réponses et des stimulus **verbaux** implicites.

la communication pré-verbale et l'usage de la langue, et que le développement langagier s'enracine dans les acquis relatifs aux interactions pré-verbales (Bruner, 1975a, b ; cf. Chapitre 6).

Pour être plus précis, Osgood (1953, p. 698) propose de distinguer, **au plan des mécanismes psychologiques** sous-jacents, quatre types de « relations sémantiques comportementales » qui doivent être prises en compte dans leur ensemble pour que des acquisitions linguistiques conduisent à des comportements « signifiants » et non seulement verbaux (cf. Figure 2.2 pour la signification des symboles utilisés) :

a. la relation de représentation :

$$r_m - R_T$$

c'est-à-dire la relation établie entre le comportement explicite déclenché par une situation et les réactions implicites qui en constituent le symbole ;

b. la relation de médiation[1] :

$$s_m - R_X$$

c'est-à-dire la relation entre les variables intermédiaires implicites acquises (contexte, culture) et le comportement explicite qu'elles déclenchent ;

c. la relation d'« empathie »[1] :

$$R_X - R_T$$

c'est-à-dire la relation entre la réponse explicite à un signe représentant un objet et la réponse explicite à ce même objet en situation ;

d. la relation de communication :

$$(r_m \rightarrow s_m) - R_V$$

c'est-à-dire la relation entre le processus médiationnel implicite (significations transmises ou reçues) et les étiquette verbales ou codes non-verbaux explicites partagés dans une communauté linguistique donnée.

2. **Le rôle décisif du contexte d'acquisition.** Le dénotatif correspond à un certain degré de **communauté linguistique établissant une relation signe-référent relativement stable**. Mais les processus d'élaboration des relations sémantiques sont tels, dans la théorie médiationnelle, que le dénotatif « pur » paraît être une entité tout à fait abstraite, ayant peu à voir avec le fonctionnement réel de l'organisme impliqué et actif dans un environnement complexe. La signification d'un mot pour un individu est le résultat de la somme des expériences que cet individu a eues avec ce mot dans un environnement culturel donné. Il en découle qu'il n'y a pas forcément isomorphisme entre les ensembles mots-objets dans différentes langues, voire pour différents individus parlant en principe la même langue.

1. Osgood considère que la relation de médiation et la relation d'empathie constituent les aspects ***pragmatiques*** de la signification.

Les acquisitions symboliques et linguistiques constituent ainsi un **mode de découpage de l'univers physique** à la limite lié à l'histoire de chaque individu : il n'y a donc pas vraiment d'équivalent des significations d'une langue à l'autre ; apprendre une L2, c'est aussi apprendre une manière nouvelle d'appréhender le monde, c'est la constitution d'un nouveau système de significations.

De ce point de vue, la psychologie néo-behavioriste a sans doute largement contribué à remettre en cause les situations d'apprentissage de L2 trop structurées, confinées aux aspects purement linguistiques de la communication. Le rôle capital attribué à la situation globale d'acquisition (ce que nous avions déjà souligné chez Skinner à propos du rôle de l'environnement) a conduit, au plan pédagogique, à insister sur la nécessité d'apprentissages réalisés dans des situations variées, sur la nécessité d'utiliser des matériaux linguistiques insérés dans des contextes variables : la signification n'est pas dans les « mots » en tant que simples étiquettes verbales. Les signes d'une L2 appris dans une situation donnée très structurée (ce qui est le cas de beaucoup de situations scolaires) ne permettront pas une utilisation efficace dans une situation non structurée (ce qui est le cas de la plupart des situations réelles de communication). Dans une situation structurée, du type par exemple du dialogue servant de base à la leçon dans beaucoup de méthodes, l'élève sait en fait par avance de quoi il est question, sait à quoi s'attendre du point de vue du déroulement de la conversation ; en situation naturelle d'interaction, la compréhension d'un indice sémantique dépend de manière très étroite d'un ensemble d'autres indices liés au contexte situationnel.

Osgood (1953, p. 725) propose une classification des différents types de contextes qui *peuvent* interagir dans la compréhension et la production linguistique ; d'un point de vue psychopédagogique, nous pourrions dire que ces différents contextes *doivent* interagir effectivement dans toute situation d'apprentissage linguistique pour que les acquisitions réalisées soient réellement « significatives », c'est-à-dire susceptibles de conduire à des comportements de transmission de sens et non pas seulement à des comportements de production verbale. Cette classification est la suivante :

a. le contexte interne non-verbal, c'est-à-dire les états émotionnels et motivationnels du locuteur ;

b. le contexte interne verbal, c'est-à-dire les verbalisations implicites qui peuvent être provoquées chez le locuteur par un signe donné ;

c. le contexte externe non-verbal, c'est-à-dire les expressions faciales, gestuelles, les objets et activités en cours, en bref, la situation globale de production ;

d. le contexte externe verbal, c'est-à-dire la structure des signes linguistiques où un mot se trouve inséré.

L'acquisition d'une langue étrangère et le bilinguisme

L'établissement d'un processus médiationnel stable, nous l'avons vu, correspond à la mise en œuvre de relations complexes et multiples entre stimulus-objet et stimulus-signe ; ces relations sont en fait établies en fonction de circonstances événementielles qui déterminent quelle part de « réponses détachables » constituent la signification du stimulus-signe. Il en découle que le sens d'un mot, d'un point de vue psychologique, n'a pas de valeur absolue, mais est lié en particulier aux variables de situation qui ont présidé à la constitution progressive du processus médiationnel. Le sens est en quelque sorte un « morceau de comportement ».

Pour des individus appartenant à une même communauté culturelle et linguistique, le sens des mots est suffisamment partagé pour que la communication interpersonnelle soit possible, même si des différences inter-individuelles existent, notamment bien sûr en ce qui concerne les aspects connotatifs du sens. Il n'en est pas de même lorsqu'on passe d'une langue à l'autre : un même objet y est désigné par des items lexicaux différents, mais surtout ces items ne sont pas forcément en correspondance exacte en ce qui concerne les processus médiationnels qui ont présidé à l'établissement de leur signification, en raison de variables situationnelles et culturelles. Cette analyse conduit à considérer qu'il existe deux modes d'acquisition d'une L2, selon qu'il y a transfert des processus médiationnels de L1 vers L2, ou construction de processus médiationnels spécifiques à L2 (cf. Ervin et Osgood, 1954) :

1. Dans le premier cas, on parle d'un **système linguistique composé** (compound language system). Un tel système est par exemple le produit d'un apprentissage scolaire classique : dans une liste de vocabulaire, chaque mot de la langue-cible est associé à un mot de la L1, et donc aux significations, c'est-à-dire au processus médiationnel élaboré à propos du mot de la L1. Ce mode d'acquisition est représenté par la Figure 2.3 : on voit que les deux systèmes de signes SS_1 et SS_2 correspondant à L1 et L2, tout comme les deux systèmes de productions linguistiques R_1 et R_2 correspondant à L1 et L2, sont associés à un même ensemble de processus médiationnels, qui sert de « signifié » commun.

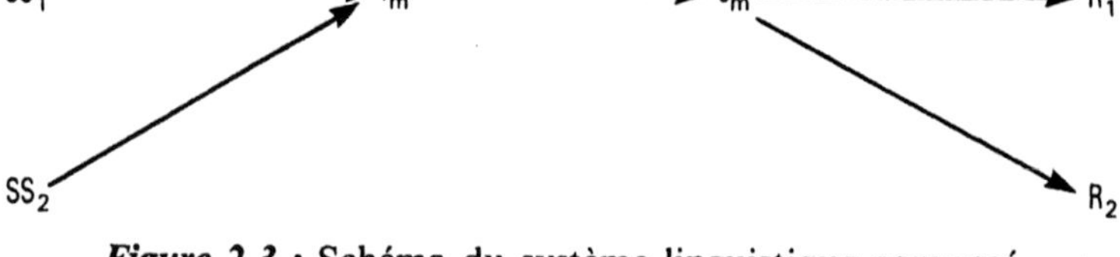

Figure 2.3 : Schéma du système linguistique composé (d'après Ervin et Osgood, 1965, p. 140)

Il est clair que, du point de vue des théories médiationnelles, ce mode d'acquisition peut être considéré comme artificiel : il repose sur une hypothèse d'équivalence des significations entre langues qui n'est pas compatible avec les hypothèses médiationnelles. Ervin et Osgood pensent qu'un autre exemple de système composé est le bilinguisme d'un enfant élevé dans un contexte où deux langues sont parlées de manière plus ou moins interchangeable par les mêmes personnes dans les mêmes situations : le système médiationnel qui est ainsi élaboré ne correspond alors en fait à celui d'aucune des deux langues, mais est une sorte de compromis entre les deux.

2. Dans le second cas, on parle d'un **système linguistique coordonné**. On a affaire ici (cf. Figure 2.4) à l'élaboration d'un processus médiationnel spécifique au système de signes et de productions linguistiques de la L2 (SS_2 et R_2), qui s'établit selon des mécanismes indépendants mais fondamentalement identiques à ceux qui ont permis l'acquisition de la L1 (SS_1 et R_1). L'établissement d'un tel ensemble de significations pour une L2 devrait être caractéristique des acquisitions réalisées sans recours à la traduction, en particulier dans le cas d'acquisition naturelle d'une L2 « sur le terrain ». Il peut bien sûr exister un certain degré d'isomorphisme entre l'ensemble des processus médiationnels 1 et l'ensemble des processus médiationnels 2, mais rien n'oblige à ce qu'il soit total. Le bilinguisme qualifié de « vrai bilinguisme » correspond ainsi au cas où deux langues sont apprises dans des contextes différents (famille/école par exemple) : les situations, comportements et charges affectives correspondant à l'une et l'autre langue ont alors leur propre spécificité, et partant de là conduisent à la formation de deux systèmes de signes parallèles.

$$SS_1 \longrightarrow r_{m_1} \dashrightarrow s_{m_2} \longrightarrow R_1$$

$$SS_2 \longrightarrow r_{m_2} \dashrightarrow s_{m_2} \longrightarrow R_2$$

Figure 2.4 : Schéma du système linguistique coordonné (d'après Ervin et Osgood, 1965, p. 140)

Un exemple de mise en œuvre de ces concepts peut être trouvé dans certains effets de « satiation sémantique ». On sait que si on demande à un sujet de répéter à de nombreuses reprises le même mot, celui-ci tend à « perdre de son sens » : c'est-à-dire que, dans la perspective d'Osgood, il tend à être jugé de manière plus neutre sur les différentes échelles d'évaluation du différenciateur sémantique[1]. Jakobovits et Lambert (1961) ont étudié ce genre de

1. Ce phénomène est interprété en termes d'extinction, au sens qu'a ce concept dans les théories du conditionnement : la relation sémantique entre SS et SO (cf. Figure 2.2) tend à s'affaiblir si la connexion SS $\rightarrow r_m$ apparaît de manière répétée en l'absence de liaison fonctionnelle avec la connexion référentielle SO $\rightarrow R_T$.

phénomène sur des sujets bilingues, en établissant la satiation sémantique dans une langue (répétition de HOUSE par exemple) et en en mesurant l'effet sur l'équivalent dans une autre langue (mesure de la valeur sémantique du mot MAISON). Les auteurs trouvent effectivement, comme peut le prévoir le modèle, un plus grand effet de satiation inter-linguistique chez les bilingues « composés » que chez les bilingues « coordonnés ».

La validité empirique d'une telle dichotomie est cependant discutable et discutée. Certains travaux plus récents la rejettent en raison de la difficulté où l'on se trouve à mettre en œuvre expérimentalement des formes aussi nettement tranchées de bilinguisme (cf. par ex. Champagnol, 1969 ; McLaughlin, 1978a). Ervin et Osgood eux-mêmes, analysant la possibilité d'interférences de différentes natures entre systèmes coordonnés, aboutissent plutôt à l'idée d'un continuum entre ces deux états purs, et à l'idée que la situation d'un individu sur ce continuum puisse varier en fonction de la nature de l'activité de langage mise en œuvre, en fonction du contenu sémantique impliqué et du contexte d'utilisation du langage. C'est une position semblable qui est adoptée par Jakobovits (1970), qui estime que la forme du bilinguisme d'un individu dépend de plusieurs facteurs simultanés et en interaction les uns avec les autres, et qui propose une série de tests susceptibles de conduire à des estimations, selon plusieurs dimensions, du degré de bilinguisme sur des échelles ayant pour extrêmes les valeurs « composé » et « coordonné ».

Implications pédagogiques

Si l'on s'en tient cependant, à titre d'hypothèse de travail, à la distinction théorique composé-coordonné, on est en droit de considérer en première analyse que la seule modalité d'apprentissage d'une L2 qui conduise véritablement l'élève à se comporter comme un natif au plan des significations véhiculées devrait être fondée sur l'acquisition d'un système coordonné, et devrait donc éviter toute interférence avec le système de significations de la L1.

C'est en principe la perspective des méthodes dites **directes**, qui visent à faire acquérir les L2 de manière « naturelle », en se fondant sur des mécanismes identiques à ceux qui ont conduit à l'acquisition de la L1. Un mot, une phrase en L2 sont associés directement à un objet, à un événement, sans recours à la L1. On suppose ainsi que de nouveaux processus médiationnels sont mis en œuvre à cette occasion, dans le cadre de situations spécifiques, et donc conduisent à l'élaboration d'un système sémantique spécifique.

Certaines méthodes « audio-visuelles » relèvent de la même analyse, lorsqu'elles se proposent d'utiliser l'image pour représenter des objets, des situations, voire des concepts (au moyen de symbolismes plus ou moins complexes) et d'éviter ainsi le recours à la L1. L'audio-visuel est alors utilisé à titre de succédané de la méthode directe, ou, vu sous un autre angle, de la « méthode directe améliorée », pour reprendre la formule de Mauger et Bruézière (1976, p. 3) présentant une nouvelle édition de la méthode « Le Français et la Vie ». Dans certains cas, ce rôle lui est tout au moins attribué au commencement de la méthode (cf. Capelle et Capelle, 1969, p. 11 : « Au début, l'image doit donc communiquer tout le contenu de sens »).

Une telle perspective nous paraît en fait relativement illusoire : elle pose en principe que l'image serait un support parfaitement neutre, véhiculant du sens indépendamment de tout codage verbal implicite ou explicite. Or il est bien admis actuellement (cf. par exemple de Margerie et Porcher, 1981) que l'interprétation de stimulus iconiques donne lieu également au déclenchement de processus sémantiques complexes, qui sont sous la dépendance étroite de variables culturelles, situationnelles, relationnelles... Ces processus sont pour l'essentiel (en particulier pour un débutant) le produit des activités sémantiques que l'élève a mises en œuvre dans le cadre de sa culture et de sa L1. Le caractère « direct » des processus psychologiques sous-jacents est donc bien loin d'être établi : d'une part en raison de l'absence d'équivalence entre image et situation réelle (ce qui concerne les méthodes « audio-visuelles ») ; d'autre part parce qu'on ne peut vraiment parler d'acquisition « naturelle » d'une L2 alors qu'a déjà été acquise une L1 (ce qui concerne aussi les méthodes « directes »)[1].

Certains auteurs sont d'ailleurs conscients des limites du caractère « direct » du support audio-visuel : Capelle et Capelle justifient l'utilisation du tableau de feutre, dans « La France en Direct », comme permettant la « limitation du recours mental à la traduction dans la langue maternelle » (1969, p. 10). Il est du domaine du sens commun d'admettre qu'un adolescent ou un adulte apprenant une L2 sont dans une situation radicalement différente de celle de l'enfant qui apprend sa L1, et ne peuvent gommer d'un trait de projecteur d'images fixes leur passé linguistique et culturel, le système sémantique complexe tel que nous avons cherché à le décrire dans ce chapitre. Il est donc éminemment discutable de laisser entendre que l'utilisation de l'image dans la classe de L2 pourrait véritablement éviter les inconvénients de la substitution linguistique pro-

1. La même analyse peut être faite à propos d'exercices utilisant l'image comme indice grammatical et non plus essentiellement lexical : cf. par exemple les exercices « structuraux audio-visuels » décrits par Taggart (1974).

pre au bilinguisme composé, et conduirait à une situation proche du bilinguisme coordonné (cf. Guimelli et Rouquette, 1979, p. 28).

Le danger principal des méthodes directes ou s'en inspirant se situe peut-être d'ailleurs plus encore au niveau des **attitudes** qui peuvent être induites par certaines activités pédagogiques, et ceci tout particulièrement chez les débutants, c'est-à-dire là où les principes pédagogiques dont elles s'inspirent sont censés trouver leur principale justification. La nature même du support iconique fait que sont privilégiées, tout au moins au début, les relations sémantiques qui font intervenir des référents explicites, en clair des objets représentables et repérables. C'est dire que la place accordée aux aspects connotatifs des situations et des discours est souvent extrêmement raréfiée.

On sait que les conversations naturelles paraissent souvent incohérentes si on en rend compte en dehors d'un contexte précis : leur interprétation nécessite de disposer d'informations relatives à ce contexte, mais aussi de connaissances d'ordre général communes aux interlocuteurs, et d'indications minimales sur les rapports entre ceux-ci. Les caractéristiques du langage académique à l'école sont de ce point de vue très éloignées des caractéristiques du langage courant (cf. Olson, 1977). Cette « complicité » interactionnelle propre aux communications réelles est dans la classe trop souvent largement explicitée. Dès lors, la situation scolaire d'apprentissage d'une L2, et peut-être par contagion toute situation impliquant la L2, est perçue, codée, et risque de rester figée comme une situation où l'on cause mais où l'on n'a rien à dire puisque tout est déjà exprimé. Si l'élève a le loisir d'être confronté à la langue en dehors de la situation scolaire, cela peut contribuer à contrecarrer la fixation d'une telle attitude. Mais il est des situations où plusieurs années d'apprentissage peuvent se suivre durant lesquelles l'élève parle beaucoup sans jamais rien exprimer. Nous craignons que le tout début de l'apprentissage puisse constituer une période particulièrement sensible dans la formation de telles attitudes. Nous reviendrons sur ce type de problème plus tard (Chapitre 6), dans un cadre théorique plus adapté à l'analyse des interactions langagières dans une perspective psychopédagogique[1].

De notre point de vue, le problème de la traduction implicite et des interférences ne peut être résolu en le niant. Un individu impliqué dans des processus de communication ayant chacun leur spécificité peut rarement faire abstraction totale de l'un ou de l'autre des systèmes de signification élaborés dans des situations qui ne sont pas totalement étanches l'une par rapport à l'autre (cf. l'analyse

1. L'ensemble des problèmes évoqués dans ces paragraphes sont analysés d'un point de vue sémiologique par Besse (1974).

des activités de traduction dans le cadre d'un système coordonné, faite par Ervin et Osgood, 1965, pp. 143-145). Certains auteurs (par exemple Rivers, 1964) prétendent qu'il est préférable de comparer explicitement les systèmes de signification qui peuvent entrer en compétition. Mais nous touchons là un point-limite des problèmes analysables en termes comportementaux dans le cadre de théories behavioristes ou néo-behavioristes. Une réponse partielle peut cependant être proposée dans la ligne des travaux d'Osgood : la variété des contextes, des situations d'acquisition et de production semble être un moyen privilégié pour l'élève de « sentir » les caractéristiques d'un système de significations, éventuellement d'en prendre conscience, et d'en analyser les variations par rapport à son propre système de significations.

Conclusion

Elle devient urgente, car le lecteur attentif doit commencer à juger le (néo-)Behaviorisme que nous présentons ici passablement hérétique ! Qu'est-ce qui peut bien, dans la tête d'un élève, lui permettre de « sentir » voire d'exprimer les caractéristiques d'un système de significations ? Ce n'est pas une théorie néo-behavioriste qui peut nous le dire ; mais cela fait partie des ambiguïtés de beaucoup de systèmes théoriques, si on pousse jusqu'à leurs dernières limites certaines de leurs conceptions, que de déboucher sur des aspects de la question dont ils ne sont plus capables, par nature, de rendre compte.

Nous retrouverons donc dans d'autres cadres théoriques certaines problématiques évoquées dans ce chapitre. Elles sont sans doute dotées maintenant d'une connotation beaucoup plus « moderniste » que la perspective (néo-)behavioriste, mais il nous est apparu utile de montrer à cette occasion que les oppositions théoriques ne sont pas toujours aussi tranchées qu'on veut bien le dire. Trois problèmes abordés dans ce chapitre deviendront centraux dans des chapitres ultérieurs :

1. Où s'enracine le sens ? Dans l'ensemble du vécu, linguistique ou non-linguistique. Mais ce vécu s'insère le plus souvent dans des **processus d'interaction**, eux aussi linguistiques et non-linguistiques, c'est-à-dire dans une confrontation avec d'autres individus dont la seule présence, mais aussi et surtout les actions et interactions avec le sujet sont porteuses de sens. L'impact pédagogique des processus d'interaction sera abordé au Chapitre 6.

2. Beaucoup des analyses faites ci-dessus pourraient être reformulées à l'aide d'une notion bien pratique mais éminemment antibehavioriste : celle de **stratégie**. Nous pourrions dire, à l'issue de ce chapitre, que les « stratégies d'élaboration des significations » sont variées, doivent (d'un point de vue pédagogique) être variées, et que les acquisitions effectivement réalisées dépendent étroitement des stratégies induites par la méthode, le professeur, ou plus généralement (mais de manière beaucoup moins contrôlable) issues d'attitudes de l'élève. La quantité et la nature des interférences entre langues dans les productions des élèves en dépendent probablement grandement. Ces stratégies n'ont pas les mêmes conséquences au niveau « micropédagogique » (stratégies scolaires) et au niveau d'acquisitions plus globales susceptibles de traces à long terme (stratégies de communication). Nous tenterons de préciser ces notions dans les Chapitres 4, 5 et 6.

3. Nous avons utilisé à plusieurs reprises, mais avec beaucoup de prudence, le terme **représentation**. Il a un sens technique précis chez Osgood : celui-ci refuse que les processus médiationnels qui conduisent à l'élaboration d'une « représentation » aient une valeur d'image, ou de symbole, de l'objet représenté. On devrait donc qualifier une telle représentation de « comportementale » (fraction détachable de la réaction globale). Nous tenterons de montrer dès le prochain chapitre que l'approche comportementale est tout à fait inadéquate pour rendre compte de la nature et de la fonction des représentations en jeu dans les activités mentales.

Bibliographie sélective

Ehrlich, S. *Apprentissage et mémoire chez l'homme*, Paris, P.U.F., 1975, Chapitre 1.

Reuchlin, M. *Psychologie*, Paris, P.U.F., 1984, Chapitre 5 : La fonction sémiotique et le langage.

Chapitre 3.

Les aspects structuraux des acquisitions

Nous avons déjà signalé que la filiation entre les concepts présentés dans les chapitres 1 et 2 ne correspondait pas nécessairement à l'ordre chronologique d'évolution des théories. Il en sera de même des thèses présentées dans le présent chapitre, qui ont des origines parfois largement antérieures aux ouvrages fondamentaux des théories behavioristes. Leur rôle d'« opposition » au Behaviorisme ne correspond donc pas au passage historiquement marqué d'une prédominance théorique à une autre, mais plutôt à la présence simultanée de courants qui peuvent être soit d'inspiration comportementaliste mais largement marginaux par rapport au Behaviorisme (telle la théorie de Tolman), soit tout à fait hétérogènes par rapport au Behaviorisme (telle la Gestalt-théorie). L'évolution des théories en présence tient plus souvent à des interactions complexes entre elles, notamment sous la forme d'emprunts notionnels, qu'à des remises en cause successives présentées parfois de manière excessivement manichéenne.

Les approches théoriques que nous abordons en les qualifiant du terme général de « structurales » ont pour notre propos un double intérêt :

- elles ont été une source d'inspiration très fructueuse pour des courants didactiques originaux ;
- elles permettent de mettre en évidence un certain nombre de « points sensibles » qui sont des points d'opposition ou d'articulation entre les deux courants présentés actuellement de manière parfois simpliste comme les deux ennemis irréductibles de la psychologie des acquisitions : le Behaviorisme et le Cognitivisme.

Acquisitions et perception

Nous avons souligné à la fin du précédent chapitre que certains aspects des théories médiationnelles conduisaient parfois à formuler les problèmes en des termes tels qu'on débouchait rapidement sur une impasse si l'on essayait de les résoudre en s'en tenant aux conceptions behavioristes. Il en va ainsi pour un point central de la théorie d'Osgood, point qui constituera effectivement un des thèmes majeurs de ce chapitre. La théorie postule qu'un stimulus prend valeur de signe sous l'effet d'un processus, qui le relie à des réponses détachées de l'ensemble des réponses liées au stimulus-objet ; elle précise que toutes les réponses **détachables** ne sont pas nécessairement **détachées** pour être associées au stimulus-signe. Mais la théorie ne dit rien des mécanismes qui conduisent à détacher effectivement certaines réponses plutôt que d'autres, autrement dit d'un éventuel processus de **sélection** des éléments pertinents de la situation. Il est pourtant clair qu'un tel processus devrait en principe jouer un rôle important dans l'établissement d'une relation significative, puisque c'est bien la pertinence des éléments détachés qui assurera au stimulus-signe sa valeur de **représentation** par rapport au stimulus-objet. L'interprétation comportementale de tels processus (Chapitre 2) se heurte en fait aux mêmes limitations que la théorie skinnerienne stricte, où la signification est définie en termes de liaisons S-R (Chapitre 1).

Cette analyse conduit à s'interroger sur la nature réelle de ce qu'on appelle la **situation,** si l'on se place non plus du point de vue d'une analyse mécaniste des éléments du stimulus, mais du point de vue des processus psychologiques mis en œuvre dans cette situation. Du premier point de vue, une théorie behavioriste stricte s'intéresse effectivement à la situation en tant qu'ensemble d'éléments qui ont le statut de stimulus du fait de leur seule présence. Mais, d'un autre point de vue, certains auteurs défendent l'idée que beaucoup d'acquisitions ne reposent pas seulement sur des facteurs associatifs (liaisons S-R), mais également sur des processus liés à l'activité perceptive du sujet[1].

C'est par exemple le point de vue de Richard (1974) lorsqu'il analyse la théorie de Gibson et Gibson (1955), et divers résultats expérimentaux qui lui sont reliés. Qu'est-ce qui permet que des stimulus initialement confondus puissent être ultérieurement distingués ? La théorie postule l'existence d'un processus d'apprentissage

1. Sur le problème général des apprentissages perceptifs, cf. Francès, 1962, et Ehrlich, 1975, Chapitre 2.

perceptif, « qui suppose que toutes les stimulations ne sont pas efficaces dès le premier contact avec la situation, mais qu'une grande partie des stimulations n'existent qu'à l'état potentiel : l'amélioration de la discrimination est due à une exploration de ces stimulations potentielles et à la découverte progressive de traits différentiels entre deux situations où n'étaient perçus jusque-là que des traits communs » (Richard, 1974, p. 577). Les travaux expérimentaux sur la discrimination perceptive aboutissent à des résultats complexes et difficiles à interpréter en termes généraux, mais un des résultats importants est que, dans un certain nombre de cas, la simple **observation** de stimulus relativement complexes (des empreintes digitales par exemple) peut aboutir à une amélioration de la discrimination entre ces stimulus, sans qu'intervienne nécessairement **l'association** à une réponse différentielle (par exemple une étiquette verbale différente associée à chacun des stimulus présentés). Ceci nous éloigne donc notablement de la conception behavioriste de la discrimination perceptive, axée sur la formation de liaisons S-R (apprentissage au sens strict) susceptibles de favoriser la perception correcte des stimulus. Du point de vue des Gibson, les processus qui se déroulent au niveau des seules stimulations peuvent jouer un rôle fondamental pour certaines acquisitions (voir Siegler, 1978, pour une application de notions proches de celle-ci dans le domaine du développement du raisonnement scientifique).

Bien que située au départ dans un cadre très proche de celui du conditionnement, analysant les apprentissages en termes de généralisation et de différenciation (cf. E.-J. Gibson, 1940), la théorie des Gibson postule que **tout apprentissage a pour composante majeure un processus d'affinement de la discrimination** entre les différentes stimulations qui agissent sur l'organisme : elle a ainsi affronté directement le problème de la définition des stimulations et a de ce fait évolué vers une position nettement marginale par rapport au Behaviorisme.

Qu'est-ce qu'un stimulus ?

J.-J. Gibson (1960) part de la constatation, faite par certains behavioristes, qu'il semble extrêmement difficile sinon utopique de définir ce qui, dans le « chaos » des stimulations auxquelles est confronté un organisme, constitue la véritable cause d'une réponse donnée[1]. La solution repose selon lui sur une définition plus appropriée des variables qui constituent les stimulations, c'est-à-dire autrement qu'en termes de fréquence et d'intensité.

1. Nous avions évoqué cet argument dans le cours du Chapitre 1 pour dénoncer le caractère chimérique d'une application généralisée des conceptions behavioristes strictes.

Utilisant des notions proches de celles de la Gestalt (que nous aborderons plus tard dans ce chapitre), Gibson argumente qu'un « stimulus », d'un point de vue fonctionnel, ne peut être confondu avec les **éléments** auxquels on peut se référer pour l'analyser. Il faut concevoir un « tableau » non comme une mosaïque de stimulus mais plutôt comme une hiérarchie de formes incluses dans des formes, et un « flux » non comme une chaîne de stimulus mais plutôt comme une hiérarchie de séquences incluses dans des séquences plus longues (cf. Gibson, 1960, p. 700).

S'appuyant sur le point de vue de Tolman (que nous exposerons également dans ce chapitre), Gibson rappelle que la psychologie doit s'intéresser à des réponses **molaires**, et non moléculaires, c'est-à-dire à ***l'activité*** de l'organisme dans une situation donnée, et non aux mouvements des éléments qui composent cet organisme. Il en découle que seul est pertinent du point de vue du psychologue l'ensemble de stimulation auquel est liée cette activité globale, et non la somme des stimulus élémentaires qui à un moment donné peuvent exciter les récepteurs. C'est un point de vue qui éloigne notablement la psychologie de la physiologie, mais qui surtout conduit à remettre radicalement en cause le schéma S-R sous sa forme classique S → R, au profit d'un schéma qui pourrait être de la forme S ↔ R. Un « stimulus » ne peut en effet qu'être défini par rapport à l'activité de l'organisme à laquelle il est lié, et sa définition dépend même, admet Gibson, de l'évolution des connaissances acquises par cet organisme sur son environnement au cours de son fonctionnement : « l'apprentissage impliquerait donc non seulement une modification du comportement, mais aussi une modification du stimulus efficace[1] » (Gibson, 1960, p. 700, notre traduction).

Les acquisitions perceptives

L'accumulation des preuves expérimentales est telle durant ces dernières décennies qu'il est devenu du domaine des banalités d'affirmer que la perception subit une évolution dans le cours du développement de l'enfant (cf. Vurpillot, 1972 ; Bower, 1977), et peut s'améliorer, chez l'adulte, sous l'effet de différents facteurs (cf. Francès, 1962 ; E.-J. Gibson, 1969).

On a longtemps considéré le syncrétisme, c'est-à-dire la difficulté à intégrer des détails en un ensemble organisé, comme la caractéristique essentielle de la perception des jeunes enfants. Il semble tenir surtout à des difficultés d'articulation entre le tout et les parties, c'est-à-dire à la difficulté de tenir compte simultanément de l'orga-

1. « Effective » dans le texte américain : à la fois « effectif » c'est-à-dire réel, véritable, et efficace ; une meilleure traduction pourrait être **fonctionnel**.

nisation d'un objet à différents niveaux[1] : « Si la situation objective est telle que plusieurs petits ensembles sont plus faciles à organiser qu'un seul grand, ils perçoivent des détails isolés mais non point le tout ; si au contraire la situation favorise l'organisation en un tout unique, c'est lui qu'ils perçoivent et non point les parties. L'organisation perceptive est donc pour eux rigide et exclusive, le tout et les parties ne sont pas articulés » (Vurpillot, 1972, p. 137). C'est ainsi que, si l'on présente des dessins différant soit par la nature des éléments formant une configuration donnée, soit par la nature de cette configuration, de jeunes enfants (3 ans 1/2 à 5 ans 1/2) à qui l'on demande de formuler des jugements d'identité (« pareil/pas pareil ») de ces dessins, sont bien capables de percevoir tout autant les différences de configuration que les différences d'éléments, mais accordent nettement plus d'importance à la nature des éléments qu'à celle des configurations (Vurpillot, Lécuyer, Moal et Pineau, 1971). L'évolution correspond là à une systématisation de plus en plus poussée dans le choix du critère pertinent pour la discrimination des objets. Cette systématisation croissante va de pair avec des modifications dans les caractéristiques de l'exploration visuelle : on sait que les mouvements oculaires d'exploration (quand on doit par exemple comparer deux figures semblables mais comprenant un certain nombre de différences) sont, jusqu'à 7 ans environ, tout à fait désordonnés : une exploration systématique et organisée nécessite sans doute un apprentissage, dont l'origine peut être diverse : maturation neurologique, exercices spontanés ou scolaires, développement affectif,... (cf. Vurpillot, 1968 ; sur le développement des activités perceptives, notamment l'exploration, cf. aussi Piaget, 1961).

On pourrait dire que les progrès de la perception sont surtout du domaine de la **sélection** des informations, et de la capacité à choisir et utiliser les informations **pertinentes**. C'est l'idée centrale qu'on retrouve dans beaucoup d'expériences qui démontrent la possibilité d'améliorer la discrimination entre des dessins, par exemple des « gribouillages » : cf. Gibson et Gibson, 1955, ou des figures complexes au sein desquelles doivent être retrouvées des figures élémentaires : cf. Francès, 1963[2]. La référence à la notion de **traits distinctifs** ou **attributs caractéristiques** n'est pas propre à l'approche psychologique de la perception : elle est un des fondements de la phonologie (Troubetzkoy, 1949 ; Jakobson et Halle, 1956), et constitue une des voies de recherche dans le domaine de l'intelligence artificielle appliquée à la reconnaissance des formes (Rumelhart, 1977 ; Lindsay et Norman, 1977).

1. On retrouve cette difficulté lorsqu'il s'agit d'intégrer les différentes scènes d'une bande dessinée ou d'un film pour construire une histoire organisée (cf. par exemple Malandain, 1966, pour ce qui concerne l'utilisation de films fixes).
2. Sur l'effet de l'exercice dans le domaine de la perception auditive, cf. aussi Teplov, 1966.

Une expérience particulièrement illustrative de ces notions dans le domaine qui nous intéresse actuellement est celle de Yonas et Gibson (1967, citée par Gibson, 1969). L'expérience consiste à présenter, sur un écran, une succession de neuf lettres. Certaines d'entre elles ont été auparavant désignées au sujet : celui-ci doit en détecter la présence dans l'ensemble des neuf lettres. Lors de la présentation de chacune des neuf lettres, un dispositif permet au sujet d'indiquer, par « oui » ou « non », s'il estime que la lettre présentée fait partie des lettres à détecter. On mesure ainsi le temps de réaction séparant la présentation d'une lettre de la réponse (oui ou non) du sujet. Selon les cas, la détection pouvait porter soit sur une seule lettre, soit sur trois lettres quelconques, soit sur trois lettres dont le graphisme possédait un même trait distinctif (une barre oblique, par exemple, pour les lettres ANV). On montre ainsi que le temps de détection est au départ plus long si la tâche porte sur trois lettres que sur une seule, mais qu'après exercice le temps de détection des lettres possédant un trait commun s'abaisse et devient identique au temps de détection d'une seule lettre. C'est donc alors la seule présence du trait distinctif qui sert d'indice pour provoquer la réponse de détection.

On doit noter, pour compléter cette rapide présentation de la « théorie de la différenciation », que le renforcement n'est nullement conçu ici comme un processus nécessaire au développement des acquisitions : nous avons déjà insisté sur le fait que la simple **observation** des stimulus peut aboutir à une augmentation de la discrimination ; dans l'expérience de Yonas et Gibson, la procédure expérimentale est telle que peu de sujets prennent conscience du phénomène lié à la présence d'un trait pertinent commun : Gibson (1969) considère qu'il s'agit là d'une modification automatique du traitement perceptif, modification qui vise à réduire au maximum l'information traitée. Par ailleurs, d'autres travaux montrent que ce type d'entraînement est relativement transférable : les capacités acquises sont sans doute d'un degré de généralité assez élevé, les traits distinctifs n'étant pas liés à tel groupe de stimulus, mais plutôt à une propriété permettant de différencier divers objets[1].

De la perception à la structuration du système de la langue

Les linguistes reconnaîtront aisément la parenté de cette approche avec celle de la phonologie, dont la notion fondamentale d'opposition, issue de la linguistique saussurienne (de Saussure, 1916, 1965),

1. La théorie se distingue ainsi de théories de la perception à orientation plus nettement cognitive, fondées sur les notions de schème ou de catégorisation, que nous évoquerons au Chapitre 4.

a été définie par Troubetzkoy : « Les oppositions phoniques qui (...) peuvent différencier les significations intellectuelles de deux mots, nous les nommerons des **oppositions phonologiques** (ou des **oppositions phonologiques distinctives** ou encore des **oppositions distinctives**). Par contre, les oppositions qui ne possèdent pas cette faculté seront dites **non pertinentes au point de vue phonologique** ou non **distinctives** » (1949 ; traduction française, 1957, p. 33). La théorie des traits distinctifs de Jakobson et Halle (1956, 1963 ; cf. aussi Jakobson, Fant et Halle, 1952, 1974) développe cette perspective ; il ne s'agit pas de définir des classes de phonèmes qui seraient caractérisées par une propriété commune, mais de saisir les **différences** qui permettent, dans un ensemble de traits, de caractériser un phonème en opposition à tous les autres. Ces auteurs ont mis en évidence que douze oppositions étaient suffisantes pour rendre compte de toutes les distinctions entre phonèmes. On sait que l'analyse en traits distinctifs permet de rendre compte de manière efficace du degré d'« intelligibilité » de la parole humaine (cf. par exemple Miller et Nicely, 1955, 1974).

Les implications d'une telle conception en ce qui concerne la perception et l'acquisition d'une L2 ont été rapidement mais clairement explicitées par Troubetzkoy (1949 ; traduction française, 1957, p. 54) : « Le système phonologique d'une langue est semblable à un crible à travers lequel passe tout ce qui est dit. Seules restent dans le crible les marques phoniques pertinentes pour individualiser les phonèmes. Tout le reste tombe dans un autre crible où restent les marques phoniques ayant une valeur d'appel ; plus bas se trouve encore un crible où sont triés les traits phoniques caractérisant l'expression du sujet parlant. Chaque homme s'habitue dès l'enfance à analyser ainsi ce qui est dit et cette analyse se fait d'une façon tout à fait automatique et inconsciente. Mais en outre, le système des cribles, qui rend cette analyse possible, est construit différemment dans chaque langue. L'homme s'approprie le système de sa langue maternelle. Mais s'il entend parler une autre langue, il emploie involontairement pour l'analyse de ce qu'il entend le "crible phonologique" de sa langue maternelle qui lui est familier. Et comme ce crible ne convient pas pour la langue étrangère entendue, il se produit de nombreuses erreurs et incompréhensions. Les sons de la langue étrangère reçoivent une interprétation phonologiquement inexacte, puisqu'on les fait passer par le "crible phonologique" de sa propre langue. »

Encore conviendrait-il de préciser plus avant la nature de tels « cribles », du point de vue du psychologue, c'est-à-dire la nature des processus psychologiques qui en permettent l'acquisition et le fonctionnement. Le texte de Troubetzkoy invoque la constitution d'un **système de langue** possédant une spécificité marquée pour une langue donnée, et suffisamment prégnant pour qu'il gêne le repérage des marques pertinentes qui correspondent à un autre système, celui de la L2. Il s'agit là de processus qui vont au-delà du principe de différenciation invoqué par les Gibson, puisqu'ils supposent la constitution, la conservation, l'utilisation de propriétés qui sont spécifiques d'un ensemble de stimulus donnés, et qui possèdent une structure autonome. Quelle est la nature de cette sorte de « connaissance » implicite que possède tout locuteur du système de langue qu'il utilise ? La théorie des Gibson ne peut guère en rendre compte.

Les tenants de la méthodologie « structuro-globale audiovisuelle » (S.G.A.V.), qui reconnaissent la valeur des principes phonologiques fondés sur la notion d'opposition (cf. Renard, 1976, p. 13-15), vont également au-delà lorsqu'ils défendent l'idée que l'acquisition d'un nouveau système ne peut se faire simplement par le repérage des marques pertinentes propres à celui-ci, mais doit correspondre à une activité de structuration portant sur l'ensemble du système de la langue-cible dans tous ses aspects (linguistiques, paralinguistiques, situationnels). Autrement dit, les marques pertinentes ne constituent pas seulement un ensemble d'éléments, mais sont bien un **système** au sens fort du terme, c'est-à-dire un ensemble de relations entre des éléments, et un système intégré dans un système beaucoup plus large qui est le système de la langue.

C'est ce système qui doit faire l'objet d'un apprentissage dans le cas de l'acquisition d'une L2, ce qui implique que le pédagogue puisse s'appuyer effectivement sur toutes les caractéristiques structurales de l'ensemble du système de la langue : globalité, dynamique, redondance,... (cf. Renard, 1976, pp. 15-16[1]). Il s'agit là de principes généraux d'acquisition qui ont des sources théoriques très spécifiques dans la tradition de la psychologie de l'apprentissage : il s'agit de tous les courants insistant sur le caractère global des acquisitions, dans le cadre de la théorie Gestaltiste, ou dans le cadre de théories largement influencées par celle-ci. Le problème des acquisitions linguistiques est en fait notablement absent au sein de ces courants théoriques ; leur influence réelle dans le domaine de la didactique oblige cependant à les présenter avant de tenter, dans les chapitres ultérieurs, une analyse de l'activité structurante du sujet (ou de l'élève, ou de l'« apprenant »...) face à un matériau linguistique nouveau.

1. Les principes invoqués ici doivent beaucoup aux travaux de Guberina, qui les a appliqués au domaine de la rééducation des déficients auditifs (Guberina, Skaric et Zaja, 1972). Sur les procédés de la méthode de correction phonétique dite « verbotonale », voir Renard (1971).

Psychologie, linguistique et didactique

Cette présentation de courants théoriques peu vulgarisés est pour nous l'occasion d'une réflexion sur les rapports complexes entre théorie et pratique, rapports particulièrement délicats lorsque la pratique est en fait liée à plusieurs disciplines théoriques. Les théories psychologiques présentées dans ce chapitre illustrent parfaitement combien l'approche globalisante défendue par la didactique européenne dès le début des années 60 (cf. Renard, 1965, 1976, qui se réfère en particulier à la Gestalt-théorie) est liée à une évolution des conceptions en matière de psychologie des acquisitions qui, parallèle à la révolution chomskyenne, n'en présente pas moins des aspects spécifiques et souvent opposés tout autant à l'innéisme chomskyen qu'à l'empirisme skinnerien.

De notre point de vue, l'émergence d'une psycholinguistique post-chomskyenne (ou de « troisième génération » : cf. Mehler et Noizet, 1974) ne peut être comprise sans tenir compte à la fois du rôle de détonateur qu'a joué la théorie de Chomsky pour que se développe une conception non mécaniste du langage, et du rôle peut-être plus discret qu'ont joué des théories psychologiques susceptibles d'apporter les fondements d'une psycholinguistique qui viserait à rendre compte des **processus psychologiques** d'acquisition et de fonctionnement du langage. Ces théories psychologiques n'ont en fait que très peu abordé le problème du langage, mais il est cependant étonnant de constater combien les didacticiens de L2 leur reconnaissent d'importance dans l'évolution de leur discipline, insatisfaits qu'ils ont été tout autant de l'approche behavioriste que d'une approche trop exclusivement linguistique des situations de langage. C'est cette prise en compte du caractère à la fois global et dynamique des situations d'apprentissage qui nous conduit à proposer un approfondissement de ces conceptions.

Bien que les travaux des Gibson ne concernent pas les acquisitions linguistiques, on a pu remarquer combien cette approche est radicalement incompatible avec les caractéristiques descriptives et mécanicistes de la « première psycholinguistique », influencée par la théorie mathématique de l'information (Shannon et Weaver, 1949) et largement inspirée de l'approche structurale descriptive en linguistique (Bloomfield, 1933) et des théories behavioristes de l'apprentissage (cf. Osgood et Sebeok, 1954). Cette « première psycholinguistique », active jusqu'au début des années 60, a été balayée par la vague chomskyenne. Mais on aperçoit à travers la perspective des Gibson que se développaient par ailleurs des courants d'orientation nettement plus cognitiviste, qui apparaîtront de manière encore plus nette dans la lignée de Piaget, ou dans le cadre de la psychologie cognitive américaine représentée par exemple par Neisser (cf. Chapitre 4). Ces courants s'inspirent de théories en fait largement antérieures à toute psycholinguistique constituée : Tolman, la Gestalt, par exemple, que nous allons présenter dans un moment. L'absence de contribution de ces théories dans le domaine des acquisitions linguistiques a sans doute largement contribué au succès de la linguistique chomskyenne pour reconstituer une nouvelle psycholinguistique. Mais il est cependant remarquable que ces théories des acquisitions, nonobstant leurs lacunes du côté du langage, aient servi de référence à certains courants de didactique des L2, insatisfaits tout à la fois du simplisme linguistique du Behaviorisme peu fécond pour rendre compte des aspects complexes du langage, et du formalisme générativiste peu fécond pour rendre compte des processus d'acquisition. Il est des cas, semble-t-il, où les applications précèdent en quelque sorte la théorie : l'approche structuro-globale de la didactique des L2 rappelle au psychologue qu'il dispose de notions dans le domaine des acquisitions qui méritent quelque sérieux examen quant à leurs implications dans le domaine des acquisitions linguistiques.

La théorie cognitive de Tolman

L'œuvre de Tolman (cf. Hilgard et Bower, 1966, Chapitre 7) est marquée d'influences très variées, allant du Behaviorisme jusqu'à la Psychanalyse en passant pas la Gestalt-théorie[1]. Ceci explique sans doute certaines fluctuations de vocabulaire, qui rendent parfois les concepts malaisés à cerner. Mais le qualificatif de « cognitive » que nous attribuons à cette théorie est justifiée par deux aspects qui restent centraux dans toutes ses formulations : la prise en compte du caractère **orienté** des comportements (« purposive behavior ») ; une conception des acquisitions fondée sur la notion d'**organisation des indices** issus de l'environnement (« sign-gestalt »).

Il s'agit donc là encore d'une conception **molaire** (et non moléculaire) des comportements : elle cherche à analyser ceux-ci dans leur signification globale et non au travers de leurs éléments constitutifs. Ce qui caractérise un comportement, ce ne sont pas des mouvements, des réactions, des réponses ; ce qui caractérise un comportement, c'est **le but vers lequel ces réponses tendent**. Un « comportement de langage » ne serait donc pas de ce point de vue une

1. Les principaux ouvrages de Tolman s'étalent de 1932 à 1959.

succession de mouvements des lèvres et du larynx, ni même un « flot de parole » ; ce serait essentiellement une activité de communication visant à transmettre un message ou à obtenir quelque chose à travers des productions verbales. Le caractère global des comportements est aussi marqué par le type de relations que l'organisme entretient avec son **environnement** : celui-ci n'est pas une addition de stimulations, mais un ensemble initialement indifférencié au sein duquel l'organisme construit des trajectoires, élabore des outils, contourne des obstacles, en accord avec les buts à atteindre.

Il faut bien se rappeler cependant que l'allégeance initiale de Tolman au Behaviorisme est claire : il ne s'agit pas ici de se référer à des contenus de conscience, ni bien sûr d'analyser les comportements d'un point de vue téléologique. Les comportements sont bien sous la dépendance de caractéristiques situationnelles et de contraintes physiologiques. Mais la volonté de traiter des comportements dans leur globalité conduit Tolman à considérer qu'il faut les analyser en se référant de manière prioritaire à d'autres variables, dites « intermédiaires » (entre stimulus et réponse), dont la nature cognitive ne fait aucun doute : attentes[1], perceptions, représentations, opinions, attitudes, valences[2] (cf. Tolman, 1959, pp. 105-116). La caractéristique essentielle de toute acquisition n'est pas que s'établisse un lien entre un stimulus et une réponse, mais que l'organisme établisse une adaptation à la situation qui soit acceptable du point de vue de ces variables. On voit que, si Tolman se démarque quelque peu de ses prédécesseurs ou contemporains behavioristes par l'introduction de concepts rompant nettement avec le schéma S-R, il ne tombe cependant pas dans le piège mentaliste dénoncé par Skinner ; nous allons d'ailleurs voir que Tolman a mené ses recherches empiriques essentiellement sur des rats : or interroger des rats sur leurs états d'âme n'est pas chose aisée...

L'acquisition d'indices[3]

Le lecteur préoccupé de pédagogie sursautera et s'irritera peut-être de rencontrer, pour la troisième fois en trois chapitres, des notions présentées comme centrales dans les théories de l'apprentissage, et cependant fondées pour l'essentiel sur des expériences effectuées sur des rats ! Nous comprendrons cette irritation. Nous n'avons pas suffisamment de place ici pour analyser les raisons historiques, épistémologiques d'un tel état de fait, ni pour discuter le

1. « Expectancies » dans le texte américain.
2. Au sens de valeur d'attraction ou de répulsion d'un objet.
3. Nous traduisons ainsi l'expression « sign-learning ». On peut déceler au niveau du vocabulaire la parenté entre l'approche du problème de la perception et l'approche du problème des apprentissages dans un tel cadre théorique.

difficile problème de l'extrapolation de ces théories à des comportements plus complexes que ceux qu'elles ont étudiés.

Notons simplement deux choses à ce sujet :

1. Beaucoup de doctrines pédagogiques, ou plus modestement de courants didactiques, s'inspirent de fait de théories, de notions élaborées à partir de situations qui sont sans commune mesure, au plan écologique, avec la situation scolaire, dont la complexité est difficilement compatible avec le souci (parfois exagéré) de rationalisation de la recherche psychologique. Le problème se pose d'ailleurs tout aussi bien pour l'extrapolation du résultat de recherches effectuées avec des sujets humains en situation artificielle, que pour l'extrapolation du résultat de recherches effectuées sur différentes sortes de mammifères ! C'est un fait qu'il faut connaître, mais qui, de notre point de vue, n'enlève pas d'emblée toute validité générale aux systèmes théoriques ainsi constitués.

2. L'argument parfois utilisé contre la psychologie behavioriste, qui consiste à considérer qu'elle démonte des mécanismes valables pour des animaux inférieurs mais non pour l'homme, ne résiste pas à certains travaux de Tolman : celui-ci ne démontre certes pas que ces mécanismes sont valables pour l'homme ; ce qu'il montre en fait, c'est qu'ils ne sont pas même valables pour le rat !

Le paradigme expérimental le plus pertinent pour illustrer la théorie de Tolman porte sur le problème de l'orientation spatiale de l'animal dans un labyrinthe en croix (cf. Tolman, Ritchie et Kalish, 1946, 1947, cités par Hilgard et Bower, 1966). Son principe est de comparer l'efficacité de deux formes d'apprentissage : l'apprentissage de lieu (« place learning ») et l'apprentissage de réponse (« response learning »).

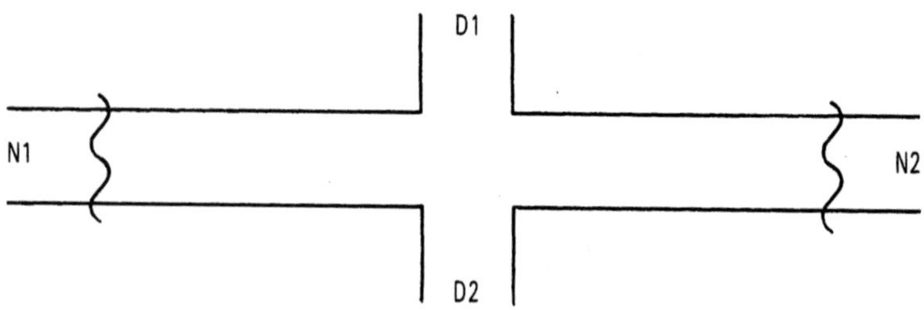

Figure 3.1 : Schéma du labyrinthe en croix utilisé dans les expériences de Tolman et coll.

La Figure 3.1 représente le plan d'un labyrinthe, où l'on introduit un rat alternativement par l'une ou l'autre des branches de départ (D1 ou D2). L'animal placé dans le labyrinthe peut trouver de la nourriture à l'extrémité d'une seule des deux branches N1 ou

N2. Des rideaux placés devant N1 et N2 empêchent le rat de voir l'emplacement de la nourriture à partir du centre du dispositif.

On étudie le comportement des rats dans deux situations différentes : (1) La nourriture se trouve toujours en N1 ; comme le point de départ varie, il s'agit pour l'animal d'apprendre à reconnaître **l'emplacement** de la nourriture ; (2) La branche où se trouve la nourriture varie en fonction du point de départ : elle est en N1 pour D1 ; en N2 pour D2 ; autrement dit, l'animal doit apprendre à tourner à droite : il s'agit de l'apprentissage d'un **mouvement**. L'expérience montre que l'apprentissage est beaucoup plus facile dans la situation 1 que dans la situation 2, où beaucoup d'animaux échouent. L'apprentissage de lieu s'avère plus aisé que l'apprentissage de réponse.

Une théorie skinnerienne peut difficilement rendre compte d'un tel résultat : l'apprentissage ne dépend pas ici uniquement des « contingences de renforcement », liaison entre stimulation, réponse et effet de cette réponse. Tolman fait intervenir l'idée que la **signification** de la situation serait déterminante dans l'établissement d'un apprentissage : celui-ci consisterait pour l'essentiel en l'intériorisation et l'assimilation de la situation par le sujet. Les processus d'intériorisation et d'assimilation conduisent à la formation de structures représentatives, ou **cartes mentales** (« cognitive map »), qui sont des conditions nécessaires à l'apparition de réponses explicites acquises.

Pour décrire ce qui est acquis dans un apprentissage, Tolman utilise le concept de **sign-gestalt-expectation** : l'apprentissage consiste à organiser la situation, ou plus exactement à forger une **représentation structurée** de l'ensemble des **signaux** (sign-gestalt) qui caractérisent une situation. L'activité du sujet est orientée par des signes perceptifs, qui acquièrent une signification pour le sujet par rapport au but de l'activité considérée. Par exemple, quand un rat est placé dans un labyrinthe, ce ne sont pas des mouvements qu'il apprend : ce qu'il apprend, c'est par exemple que le rideau placé à l'entrée d'une allée « signifie » la présence d'une sortie à l'extrémité de cette allée. Ces représentations mentales permettent **l'anticipation** (expectation) de la séquence des signaux, et l'ébauche des réactions correspondantes.

Les aspects « perceptifs » de la théorie apparaissent immédiatement : le sujet doit disposer de capacités de discrimination susceptibles de le conduire à utiliser les indices pertinents de la situation. De plus, si l'exercice peut jouer, c'est surtout (tout comme le conçoivent les Gibson) en tant que possibilité de percevoir à plusieurs reprises l'ensemble des signaux caractéristiques de la situation et d'en tirer parti pour construire une structure significative. Ceci constitue sans doute un des aspects les plus riches et les plus originaux de la théorie, mais aussi peut-être un aspect qui mérite quelque discussion. Pour que le sujet discrimine et utilise les indices pertinents, **encore faut-il que ces indices existent**, en nombre suffisant, et que le sujet ait le loisir de les examiner. Ceci explique que dans certaines situations particulières on ait pu trouver des résultats opposés à ceux exposés ci-dessus : si on réduit au minimum les indices perceptifs visuels dans le labyrinthe (parois unies, circulaires, uniformes en tout point dans la cage), l'animal aura tendance à suppléer à leur absence par l'utilisation d'indices posturaux, donc à se référer à l'acquisition d'un enchaînement de comportements moteurs. Autrement dit, le schéma behavioriste de l'apprentissage peut s'appliquer lorsqu'on a affaire à des situations d'apprentissage pauvres en « signaux » perceptifs. Outre la disponibilité des indices de l'environnement, d'autres facteurs jouent un rôle pour déterminer la nature de l'apprentissage (lieu ou réponse) effectivement réalisé : la latitude laissée à l'animal d'explorer le labyrinthe ; l'intensité de l'exercice, des essais massés conduisant plutôt à un apprentissage de lieu (cf. Blancheteau, Eskhénazy et Muller, 1964).

Acquisitions, performance et motivation

La théorie de Tolman se distingue tout aussi nettement du Behaviorisme strict quant au rôle attribué au processus de renforcement. Le raisonnement de Tolman est fondé sur des travaux expérimentaux très classiques concernant **l'apprentissage latent** (cf. par exemple Tolman et Honzik, 1930). Le principe en est de placer de manière répétitive un rat dans un labyrinthe, sur plusieurs jours consécutifs, sans fournir de nourriture à titre de récompense. Après une dizaine de jours, on place la nourriture, comme dans une situation normale d'apprentissage : on peut montrer alors que la performance du rat s'accroît brusquement, rejoignant immédiatement le niveau d'animaux placés dans le même labyrinthe mais récompensés dès le début des exercices.

Ce type de résultat a été souvent interprété à l'aide de la distinction acquisition/performance : des acquisitions ne sont en fait réellement « utilisées » que si un état de besoin (drive) conduit l'organisme à exercer une activité effective (performance) sur la base des structures cognitives dont il dispose (acquisitions). Dans un cas limite tel que l'apprentissage latent décrit ci-dessus, la motivation jouerait sur la performance, non sur les acquisitions elles-mêmes. Si, donc, des acquisitions peuvent être réalisées sans qu'intervienne la motivation, cela ne prouve nullement cependant que la motivation ne joue jamais quelque rôle que ce soit sur les acquisitions. Tolman envisage en particulier - et cela est logique si l'on accepte la nature essentiellement perceptive des acquisitions - que la motivation joue un rôle dans la détermination des indices de l'environnement qui retiendront l'attention de l'organisme et qui donc feront l'objet de la constitution d'une structure cognitive : un apprentissage est réalisé si la présence (ou l'absence) d'un objectif visé confirme (ou infirme) des hypothèses sur un certain nombre de relations causales, temporelles, logiques concernant l'environnement.

Il s'agit en quelque sorte de règles de **confirmation** plus que de règles de renforcement : « Je soutiens le point de vue que, pour autant que l'"effet"[1] favorise l'apprentissage, cet "effet" ne tient pas à des modifications de l'état de besoin proprement dit, mais plutôt à la seule présence ou absence de certaines catégories de stimulus terminaux » (Tolman, 1959, p. 130, notre traduction). Ces stimulus peuvent avoir une valence positive ou négative d'un point de vue physiologique, mais peuvent aussi être des stimulations neutres mais spécifiques liées à l'activité exploratoire, à la simple curiosité du sujet. En dehors de toute « récompense » au sens strict, ce que l'organisme acquiert c'est que certains cheminements dans l'environnement (dans un sens figuré très large : utilisation de repères spatiaux, temporels, logiques) aboutissent à une situation possédant, relativement parlant, une valeur de but à atteindre. Ce but peut être de première nécessité (nourriture) ; il peut être fortuit et relatif à la situation (aboutir à ce que la séance d'exercice dans le labyrinthe cesse...) ; il peut être beaucoup plus complexe et lointain (lié par exemple au besoin de « réalisation de soi » tel qu'on le conçoit dans certaines théories de la personnalité).

Implications pédagogiques

Marginale dans une période dominée largement par le Behaviorisme aux États-Unis, jugée parfois ambiguë de par ses sources à la fois behavioristes et gestaltistes, la théorie de Tolman n'a sans doute pas eu l'impact qu'elle méritait, eu égard à la richesse de certaines notions qu'elle développait. Outre certains aspects que nous retrouverons dans le cadre de la théorie gestaltiste, la théorie cognitive de Tolman nous paraît devoir conduire principalement à trois observations liées aux caractéristiques des acquisitions scolaires :

1. La nature des acquisitions dépend dans une large mesure des **objectifs** que se fixe l'élève. Dans le domaine des acquisitions linguistiques, ces objectifs ne sont pas toujours explicités ; ils tiennent en fait à un ensemble de représentations, d'attitudes vis-à-vis de ce qu'est une langue et de ce qu'est « apprendre une langue ». Dans la situation scolaire tout particulièrement, il se peut que les objectifs réels soient des objectifs purement « scolaires » et non des

1. Au sens de la loi associationniste de l'effet, cf. Chapitre 1.

objectifs « linguistiques » : faire plaisir au professeur en répétant des productions dont on est sûr qu'elles apporteront un jugement approbatif ; se débarrasser au mieux et au plus vite d'une tâche à résoudre, tâche qui peut être souvent parfaitement formelle. Les acquisitions réalisées dans ces conditions ne peuvent conduire qu'à la fixation de modèles verbaux rigides, incapables en fait de répondre à des objectifs réels de communication : se faire comprendre en exprimant des significations non déterminées à l'avance. Des exercices ponctuels dont le but ne peut être perçu par l'élève en rapport avec des objectifs plus globaux, ne peuvent pas conduire à une utilisation efficace « en situation » des mécanismes linguistiques qu'ils visent à faire acquérir (cf. Chapitre 6).

Un apprentissage n'est effectif que si l'élève a l'occasion de se voir confirmer un certain nombre d'attentes qu'il s'est constituées quant aux résultats potentiels des activités d'apprentissage qu'il met en œuvre. Clarifier et négocier les objectifs ponctuels et globaux, ainsi que la relation entre les différents niveaux d'objectifs, n'est donc pas seulement une nécessité liée aux aspects relationnels dans la classe, mais bien aussi une nécessité liée à la simple efficacité de ce qu'on y fait. Pour reprendre la terminologie de Tolman, toute activité étant par nature **orientée**, les caractéristiques et l'efficience des traces qu'elle peut laisser à titre d'acquisitions dépendent en grande partie de la possibilité qu'a l'élève de trouver **confirmation** que le résultat de cette activité est en correspondance avec son orientation.

2. La logique des théories qui accordent à l'activité perceptive un rôle primordial dans les acquisitions conduit à admettre l'importance pédagogique de la variété et de la **richesse des situations** auxquelles l'élève se trouve confronté : c'est à cette condition que celui-ci pourra repérer et utiliser des indices nombreux et pertinents. Si Tolman en effet, en raison de ses références au Behaviorisme, admet que l'environnement est un déterminant essentiel des conduites, il décrit cependant des processus entrant en interaction avec l'environnement, processus que d'autres qualifieraient volontiers d'« activités cognitives ». Ce que nous avons dit de la théorie nous permet bien en effet de qualifier l'activité du sujet de « cognitive », c'est-à-dire susceptible d'acquérir et d'élaborer des informations conduisant à la construction d'une « connaissance » organisée de l'environnement. Les activités ainsi évoquées sont :

a. **globalisantes :** elles prennent en compte l'environnement en tant que système relationnel. C'est une propriété primordiale lorsqu'il s'agit en particulier de traiter cette part spécifique de l'environnement qu'est le langage qui, en raison de ses nombreuses dimensions en interrelation étroite (phonologique, prosodique, lexicale, syntaxique, sémantique,...), ne peut que souffrir d'une décomposition en éléments cognitivement non signifiants. Une telle approche des acquisitions est tout à fait contradictoire avec l'approche dite « structurale » de la didactique (américaine) qui, sous le prétexte de faire acquérir des mécanismes de base (c'est-à-dire des **éléments** du langage), brise la dynamique susceptible d'éclairer le fonctionnement et la fonction de ces éléments les uns par rapport aux autres.

b. **anticipatrices :** elles se fondent sur les régularités de l'environnement pour fonder un système de représentations dont les éléments servent de signaux par rapport aux éléments de l'environnement, et les uns par rapport aux autres. On sait, notamment par les travaux réalisés dans le cadre de la théorie de l'information, quel rôle joue la redondance caractéristique du langage humain sur sa perception et sa compréhension. C'est une propriété qu'il faut également faire intervenir dans son acquisition : il n'y a pas de raison de traiter une L2 comme un univers où tout doit être strictement perçu, analysé, compris ; un univers où il serait interdit de « deviner » sans connaître véritablement. Cette idée sera développée ultérieurement à propos des stratégies d'apprentissage.

c. **structurantes :** elles conduisent à la constitution de « structures représentatives », de « cartes cognitives ». Il existe bien dans la théorie l'idée d'une intériorisation de l'environnement, sous la forme de représentations qui ne sont pas nécessairement isomorphes de ce qu'elles représentent mais qui servent à produire des conduites adaptées à l'environnement. Il s'agit donc bien d'une activité mentale organisatrice, mais la nature des processus et des produits de cette activité reste bien floue dans la théorie de Tolman. La Gestalt-psychologie, à laquelle se référait souvent Tolman, traite ce problème de manière tout à fait spécifique mais parfois discutée. Nous verrons ensuite que d'autres théories cognitives l'abordent de manière différente.

3. Rappelons enfin qu'il est des cas-limites où les apprentissages semblent se développer selon des mécanismes **behavioristes** plus que **cognitivistes**. Nous avons vu en particulier que cela se produit dans un environnement pauvre en indices susceptibles de devenir des signaux organisateurs des conduites. La théorie cognitive de Tolman ne rejette pas cette possibilité, mais considère qu'il s'agit alors de la seule conduite véritablement adaptée à ces cas-limites : face à un environnement qui, pour diverses raisons, ne se prête pas à l'activité structurante du sujet, celui-ci tend à développer des conduites fondées sur les seuls indices qu'il possède, à savoir ses propres réponses reproduites en fonction des données immédiates, non structurées de l'environnement. C'est en quelque sorte le système de la « bouée de sauvetage », adopté par l'élève dans une situation qu'il ne peut maîtriser : la répétition mécanique. Le problème qui

se pose au pédagogue est de savoir si l'émergence provisoire de tels mécanismes est acceptable, utile, nécessaire. Existe-t-il, dans le cadre d'acquisitions cognitives, la place pour des acquisitions ponctuelles qui seraient d'une autre nature mais cependant intégrables dans le système cognitif global ? La théorie de Tolman ne peut répondre à cette question. Nous l'examinerons dans les Chapitres 5 et 6.

La Gestalt-Psychologie

Il peut paraître surprenant aux yeux de certains que la didactique des L2 se réfère à la Gestalt-Psychologie au titre de théorie psychologique servant d'ancrage à certains courants méthodologiques. Les thèmes traités par la Gestalt concernent en effet surtout la perception et la résolution de problèmes ; on ne peut guère parler à propos du gestaltisme d'une théorie des acquisitions, et encore moins des acquisitions linguistiques. Les travaux gestaltistes qui portent sur du matériel verbal traitent en fait celui-ci comme n'importe quel autre matériau, soumis à des lois d'organisation extrêmement générales ; l'intérêt majeur du matériel verbal est sans doute de posséder des propriétés se prêtant particulièrement bien à l'analyse des phénomènes d'organisation, mais ces lois ne sont nullement spécifiques de la situation de langage, et en tout état de cause la théorie ne dit rien des processus d'acquisition qui pourraient être à l'origine de ces propriétés structurales. Un exemple caractéristique en est le travail de Katona (1940), qui compare la mémorisation d'éléments se prêtant à une organisation arbitraire (liste de syllabes sans signification par exemple), et d'éléments dont les caractéristiques intrinsèques permettent l'utilisation d'une organisation pré-existante (par exemple la structure rythmique, logique, sémantique d'un matériel verbal). L'expérience montre que la répétition joue un rôle beaucoup plus important sur la mémorisation des premiers que sur celle des seconds. Il ne s'agit donc nullement de traiter du fonctionnement ou des acquisitions linguistiques, mais plus simplement de mettre en évidence l'effet de certaines propriétés caractéristiques du matériel verbal sur le traitement littéral de celui-ci, propriétés qui ne sont pas par ailleurs fondamentalement différentes de celles d'autres matériaux.

Pour le psycholinguiste, la référence à la Gestalt ne va donc pas de soi, et pour le psychologue qui s'intéresse aux acquisitions, cette référence a sans doute une connotation un peu passéiste : l'impact théorique en paraît largement dépassé, et les implications pratiques, notamment au plan pédagogique, n'en semblent pour le moins pas évidentes... La force et l'insistance avec lesquelles le courant didactique appelé « structuro-global audio-visuel » (cf. Renard, 1965, 1976) se réfère à la Gestalt-Psychologie conduisent donc à s'interroger sur la signification de cette référence, et par effet de retour à engager une réflexion sur l'impact réel de cette théorie dans le domaine de la pédagogie.

La Gestalt et les acquisitions

Si la Gestalt apparaît comme nettement marginale par rapport aux autres théories classiques de l'apprentissage, c'est sans doute que la notion même d'apprentissage prend un sens tout à fait spécifique dans ce cadre théorique. Guillaume (1936, 1968) fait observer qu'il existe une sorte de contradiction dans la conception behavioriste de l'apprentissage, contradiction liée au rôle attribué à l'exercice, à la répétition : celle-ci suppose en effet d'effectuer toujours la même action, alors que l'essence même d'un apprentissage est de conduire à des modifications dans les potentialités comportementales de l'individu.

C'est effectivement là que se situe la rupture théorique par rapport à l'Associationnisme et au Behaviorisme. Les ouvrages fondamentaux de Koffka (1924, 1935) constituent une critique radicale de la théorie des apprentissages par essais et erreurs. Dans la théorie de Skinner, la récompense (ou la punition) constitue le renforcement qui détermine l'accroissement de la fréquence d'occurrence d'un comportement adapté. Mais qu'est-ce qui « détermine » la production de cette réponse adaptée ? Dans la situation prototypique de la boîte de Skinner, c'est le « hasard ». Est donc invoqué un mécanisme de sélection, au sens darwinien, dans lequel prennent place à la fois le déterminisme de l'environnement et l'indéterminisme de comportements aléatoires dont certains seraient amenés à disparaître et d'autres à devenir partie intégrante du répertoire de l'individu.

Du point de vue gestaltiste, la sélection darwinienne n'est pas un modèle pertinent pour expliquer les acquisitions, car l'émergence d'un comportement est sous la dépendance de déterminismes tout à fait autres que les contingences de la situation présente ***hic et nunc***. On sait, par exemple, que la réussite dans l'apprentissage d'un labyrinthe présente des variabilités interindividuelles, dont en particulier la familiarité de l'animal avec ce type de situation. De même, des situations semblables à celle décrite plus haut à propos des travaux de Tolman conduisent-elles à des conduites typiques de certains individus, selon que la stratégie dominante dans le parcours du labyrinthe est de type spatial ou de type moteur.

L'adaptation à une situation nouvelle passerait donc par l'élaboration d'hypothèses, tout au moins lors de certaines phases de l'apprentissage. C'est l'idée soutenue par Krechewsky (1933, cité par Guillaume, 1968), qui montre la présence de telles hypothèses dans une situation où, précisément, l'environnement ne devrait pas conduire à l'élaboration d'hypothèses : celles-ci sont donc bien le fruit de facteurs internes, de représentations. Dans cette expérience en effet, l'emplacement de la récompense marquant l'arrivée du labyrinthe est modifié de manière systématique, en sorte que la réussite de l'animal soit toujours de 50 % seulement ; Krechewsky montre cependant que le comportement des sujets ne se conforme pas au caractère aléatoire de la situation : certains marquent une préférence pour une orientation spatiale, d'autres se dirigent de manière systématique vers des compartiments du labyrinthe ayant certaines caractéristiques (d'éclairement par exemple).

L'idée est donc (et on aperçoit ici les liens entre la théorie de Tolman et la Gestalt-théorie) qu'interviennent dans les acquisitions des représentations du but à atteindre, des représentations des moyens, des phases intermédiaires par rapport à l'objectif. Ces représentations sont sans doute liées chez l'homme, pour l'essentiel, à des modèles sociaux.

Cette analyse des déterminants des acquisitions rejoint bien la problématique qui a été notre point de départ dans ce chapitre : une remise en cause de la définition et du rôle de ce qu'on appelle « situation » dans un apprentissage. Pour Koffka, la situation ne peut se réduire à l'environnement physique du sujet ; on doit prendre en compte les attitudes, les besoins, les capacités de l'individu, facteurs internes qui organisent l'environnement de manière spécifique. Le problème de l'apprentissage devient ainsi secondaire par rapport à celui de la perception : les lois de la perception sont applicables à l'apprentissage ; la découverte d'une réponse correcte dépend de la structuration du champ tel qu'il se présente à l'observation de l'apprenant ; **la difficulté d'un problème est donc largement d'abord un problème de perception.**

On peut illustrer cette analyse par un exemple relatif à la résolution de problème, exemple tout à fait caractéristique du rôle des aspects perceptifs dans une tâche en apparence purement cognitive. Le problème est le suivant : deux trains quittent en même temps deux endroits situés à 200 km de distance, et se dirigent l'un vers l'autre. Un premier train part de A et roule à 120 km/h. L'autre train part de B et roule à 80 km/h. Un avion part de A en même temps que les deux trains, et se dirige vers B à 160 km/h. Lorsqu'il rencontre le train parti de B, il revient vers A, puis refait demi-tour vers B lorsqu'il rencontre le train parti de A, et ainsi de suite... Quelle sera la distance parcourue par l'avion jusqu'à ce que les deux trains se rencontrent ?

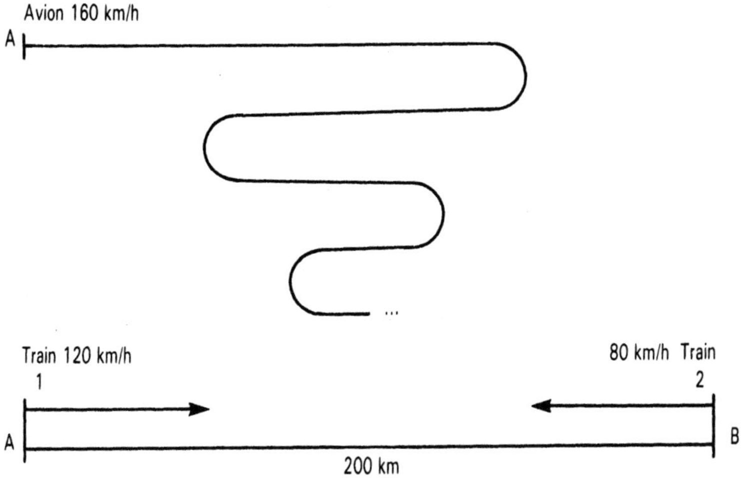

Figure 3.2

Si on raisonne en termes de **distance**, on essaie d'imaginer quelle est la distance parcourue par l'avion à chacun de ses allers et retours et d'additionner ces distances... La manière dont le problème est posé, et le schéma proposé, induisent ce type de raisonnement, qui ne peut aboutir... Par contre, si on raisonne en terme de **temps**, la solution est immédiate : les trains mettent une heure pour se rencontrer. L'avion volera donc pendant une heure, et aura parcouru 160 km... La solution nécessite d'abord une organisation correcte des données du problème, c'est-à-dire des éléments de la situation. Lorsque cette organisation est effective, la solution est immédiate et évidente. Les données du problèmes restent cependant objectivement les mêmes.

Dans un labyrinthe, fait remarquer Guillaume (1968), la réussite « par hasard » au premier essai, et la réussite en fin d'apprentissage sont objectivement des actes identiques ; mais du point de vue du sujet ce n'est pas la même situation : comme ci-dessus, la structure de la situation a changé, les éléments actifs ont changé, de nouveaux aspects (indices) de la situation se sont révélés. Certaines réussites sont donc en fait des erreurs, si elles correspondent à des hypothèses qui ne sont pas les bonnes eu égard à la structure de la situation. A l'inverse, certaines situations où ne se manifeste pas objectivement un apprentissage (apprentissage latent : cf. ci-dessus) permettent cependant d'établir des traces utilisables ultérieurement : ce qui est appris, de manière minimale, ce sont certaines caractéristiques perceptives de la situation, ce sont des indices susceptibles de servir à l'élaboration et à la validation d'hypothèses.

Gestalt-Psychologie et acquisition du langage

L'intérêt des didacticiens de L2 pour cette théorie paraît sans doute maintenant plus compréhensible. **Apprendre, c'est organiser davantage les matériaux qui font l'objet de l'apprentissage,** c'est apporter des modifications dans la structure perceptive des signaux pertinents. En raison de la complexité de sa structure d'une part, en raison du caractère redondant des éléments qui composent cette structure d'autre part, le langage est effectivement un objet d'apprentissage privilégié : apprendre une langue nécessite de sélectionner les éléments pertinents (au plan phonologique, morphémique, syntaxique, etc.), et de repérer sa structure au travers des variants et des invariants relatifs à ces éléments.

Pour préciser ces notions, et examiner ainsi l'apport spécifique de la Gestalt-Psychologie, deux problèmes doivent être approfondis : 1. la nature structurante des acquisitions linguistiques ; 2. le rôle respectif de l'exercice et de la compréhension dans les acquisitions.

Les aspects structuraux du langage

La conception développée en Europe, à partir du début des années 60, par les tenants de la méthodologie structuro-globale audio-visuelle, entend s'appuyer sur les aspects structuraux du langage à deux titres :

a) Il faut tenir compte de l'ensemble des aspects de l'activité langagière : ses différents aspects linguistiques, mais aussi paralinguistiques, la situation d'interlocution, la situation spatio-temporelle dans laquelle s'insère cette activité. La prise en compte de la « globalité » des activités de langage ne se fait donc pas uniquement au niveau formel des structures linguistiques proprement dites, mais aussi par la **globalisation des acquisitions** relatives à l'ensemble des conduites reliées au langage. C'est ainsi, par exemple, que les exercices phonétiques doivent toujours être insérés dans des tâches où sont prises en compte simultanément la prosodie, l'intonation, la rythmique,... C'est ainsi également que les structures syntaxiques ne sont en principe jamais, dans les méthodes issues de ce courant, exercées à vide : les acquisitions partent d'une situation, en général simulée par des moyens audio-visuels.

b) La structuration du matériau linguistique par l'apprenant suppose une activité de sélection. Le langage constituant un matériau fortement redondant, il se peut que quelques éléments seulement suffisent à diriger la compréhension ou la production, à condition toutefois que l'élève soit en mesure d'opérer les sélections pertinentes. Cette conception suppose en particulier que l'élève soit d'emblée confronté à un matériau suffisamment riche et varié pour qu'il puisse exercer à son endroit une activité de sélection.

Il découle de cette analyse que ce courant didactique entend fonder les acquisitions sur une **activité structurante** de la part de l'élève, et non sur des **apprentissages structuraux,** c'est-à-dire l'exercice de structures linguistiques. L'ambiguïté liée à l'utilisation du terme « structure » dans un contexte linguistique (analyse formelle de la langue) et dans un contexte psychologique (analyse des processus d'acquisition ou de fonctionnement du langage) peut donc conduire à une certaine confusion quant aux mécanismes psychologiques invoqués par telle ou telle méthode se réclamant à des titres divers du structuralisme. Les exercices structuraux intégrés dans les méthodes audio-orales (cf. Chapitre 1) ne se démarquent nullement d'une méthodologie behavioriste, visant à la maîtrise de structures linguistiques dont l'analyse linguistique permet de penser qu'elles sont fondamentales, et donc que leur maîtrise sera particulièrement efficace quant à l'acquisition de la langue. La méthodologie structuro-globale au contraire ne vise pas à l'acquisition de structures, mais à la constitution d'une structure : la structuration du langage met en jeu une activité cognitive qui a pour caractéristique essentielle d'être orientée ; de même que l'activité perceptive, du point de vue Gestaltiste, tend vers une « bonne forme », de même l'acquisition d'une langue tend-elle à la constitution non pas seulement d'une forme, mais d'une forme signifiante, indissociable de tous les aspects para-linguistiques et communicationnels du langage (Renard, 1976, p. 12).

Une recherche ponctuelle éclairera cette distinction : il s'agit du travail de Hautekeete et Knidler (1975-76) sur la comparaison de deux modes d'acquisition de « structures ». Les auteurs se réfèrent explicitement à une analyse linguistique chomskyenne, mais font une analyse des processus d'acquisition s'appuyant sur la notion de structuration (en référence à la théorie d'Ehrlich, 1968). Travaillant avec des élèves de 5e, en anglais L2, ils proposent des exercices structuraux de deux types, à deux groupes de sujets équivalents au départ :

- pour un groupe contrôle, seuls varient les deux groupes nominaux (GN) inclus dans la structure :

Where did GN get GN ?

- pour le groupe expérimental, la nature de la question (where, when, why, what) et le syntagme verbal (SV) varient aussi :

Wh- did GN SV GN ?

Différentes épreuves (reconnaissance et construction de phrases) aboutissent toutes à démontrer la supériorité du groupe expérimental, faible pour un test se déroulant immédiatement après les exercices, forte pour un test passé quinze jours plus tard.

Les auteurs estiment que l'acquisition de mécanismes générateurs de la langue (en termes chomskyens : l'intériorisation des structures fondamentales du langage : cf. Chapitre 4) ne peut se faire par des exercices de fixation : répéter un énoncé en ne faisant varier qu'une partie du contenu lexical n'exerce en fait que la surface de cet énoncé. Un traitement de l'information portant réellement sur la structure elle-même nécessite d'exercer cette structure sous de multiples formes. De plus, ce traitement prend du temps, ce qui explique que l'effet en soit surtout marqué à long terme.

Ce résultat nous conduit à faire remarquer que la mise en œuvre d'exercices structuraux n'est pas forcément rattachable à un choix théorique unique en ce qui concerne les processus psychologiques sous-jacents. Si les variations de sens ne se font qu'au niveau lexical, il est vraisemblable que la structure n'est de fait pas exercée. Si par contre l'exercice oblige l'élève à prendre en compte le sens global des énoncés, et à le relier à la structure employée, alors les activités mentales mises en œuvre sont réellement structurantes. C'est d'ailleurs sans doute cette liaison entre sens et structure qui joue favorablement dans cette expérience, plutôt que la séparation syntaxe/sémantique invoquée par les auteurs, qui supposent, dans une perspective formelle inspirée des travaux de Chomsky, que la variation sémantique n'a pour rôle que d'aboutir à « isoler » la structure profonde. Nous reviendrons plus largement (cf. Chapitres 4 et 5) sur la nature des activités structurantes ; notons ici à nouveau combien une telle analyse, fondée sur le caractère indissociable de la liaison sens-forme, ne peut se réduire à aucune sorte de formalisme, qu'il soit behavioriste ou chomskyen.

On comprend aussi que la liaison entre activité perceptive et activité cognitive établie par la Gestalt-théorie ait pu séduire les didacticiens soucieux de prendre en compte le langage dans toutes ses dimensions. La tendance à la clarification structurale est considérée par les Gestaltistes comme le fondement de toute activité cognitive (cf. Wertheimer, 1945) ; mais cette activité ne peut se fonder sur une sommation de formes (patterns) telles qu'elles sont envisagées dans les méthodes audio-orales ; elle doit se fonder sur la perception d'une structure qui relie ces formes entre elles au sein d'un dispositif global de communication. Là est sans doute un premier apport spécifique de la Gestalt, apport qui est peut-être plus important qu'il n'y paraît quant à l'évolution générale des courants théoriques en psycholinguistique. Nous y reviendrons en conclusion de ce chapitre.

Automatismes et compréhension

L'approche gestaltite porte aussi un éclairage spécifique sur une controverse classique en psychopédagogie : le rôle respectif des exercices mécaniques (création d'automatismes) et des apprentissages intelligents (compréhension).

Dans son principe même, la Gestalt-Psychologie ne peut que s'opposer à tout surapprentissage d'éléments isolés par rapport à l'ensemble de ce qui doit être appris. Un apprentissage n'est efficace que s'il porte sur des éléments signifiants ; les éléments objet d'un apprentissage ne prennent leur sens que s'ils sont insérés dans un ensemble, à savoir pour ce qui nous concerne ici la structure globale de la langue.

Encore convient-il de préciser ce qu'on entend ici par efficacité. Les Gestaltistes admettent bien que l'exercice systématique puisse accroître la disponibilité des éléments exercés ; Katona par exemple (1940) accepte de distinguer des apprentissages par compréhension des structures, et des apprentissages par pratique directe. Ces derniers ont pour caractéristique d'aboutir à une très bonne disponibilité des éléments appris dans un contexte identique à celui de la situation d'acquisition, mais ne permettent pas forcément une bonne utilisation dans un contexte différent (transfert). Autrement dit, la pratique peut assurer l'automaticité de certaines formes verbales typiques, mais n'est pas suffisante pour en permettre la transposition dans des situations variées, ni pour permettre le transfert des structures correspondantes à des éléments différents.

Il resterait à préciser ce qu'on peut entendre, dans ces conditions, par « compréhension ». Le rôle de l'analyse des structures appréhendées, voire de l'explicitation de ces structures, semble encore être, dans le cadre théorique étudié ici, assez difficile à définir. Guillaume (1968, pp. 132-134) ne rejette pas toute activité de décomposition de la tâche, toute analyse des éléments constitutifs d'un matériau à maîtriser. Mais les expériences sont nombreuses qui montrent le danger d'apprentissages partiels lorsque les éléments appris perdent leur autonomie, deviennent méconnaissables lorsqu'ils sont insérés dans un ensemble plus large. Si décomposition il y a, elle ne peut aboutir qu'à des sous-ensembles possédant leur propre structure et conservant cette structure dans un ensemble plus important. On peut s'interroger sur la pertinence de ce point de vue sur les relations des parties au tout dans le domaine du langage : à partir de quel degré d'intégration des éléments linguistiques commencent-ils à posséder une structure autonome ? Tout passage à un niveau linguistique supérieur n'a-t-il pas pour effet de remettre en cause le statut des sous-ensembles élémentaires, et ceci y compris jusqu'aux niveaux les plus élevés du processus de communication, pris en compte plus récemment par l'approche textuelle, que nous évoquerons ultérieurement. On achoppe à nouveau ici sur le problème de la définition des unités linguistiques, abordé de manière radicalement opposée, mais aussi peu satisfaisante dans un cas comme dans l'autre, par le Behaviorisme et par la Gestalt.

Conclusion

La Gestalt-Psychologie et les courants théoriques qui lui sont liés ont, dans le domaine de la Psychologie des apprentissages, un statut assez difficile à cerner. Reconnue dans ses apports spécifiques, marquée historiquement comme théorie influente, au milieu de ce siècle, dans beaucoup de domaines de la Psychologie, la Gestalt semble cependant s'être en quelque sorte figée dans le temps, sans qu'en soit bien saisi l'effet dynamique sur l'évolution des idées. Hilgard et Bower (1966) décrivent ce phénomène sous la forme d'une perte d'identité, qu'on peut expliquer paradoxalement par le succès de la théorie, en particulier aux États-Unis où elle a été rapidement assimilée à des cadres généraux et des formulations plus classiques.

Il se peut en effet qu'aient joué à la fois des facteurs négatifs et des facteurs positifs pour aboutir à ce relatif oubli. Des facteurs négatifs car certaines formulations théoriques de la Gestalt, fondées sur des modélisations physique ou physiologique, ont débouché sur des impasses (cf. Koehler, 1969) ; car aussi la théorie se révèle insuffisante si l'on cherche à décrire l'émergence et le développement des organisations invoquées pour rendre compte des conduites (cf. Piaget, 1967, pp. 283-288). Des facteurs positifs dans la mesure où la remise en cause du schéma associationniste S-R s'est trouvée reprise parallèlement dans différents contextes théoriques : les racines de ce qu'on appelle maintenant la « psychologie cognitive » sont sans nul doute nombreuses et diverses ; la Gestalt-Psychologie constitue l'une d'elles mais n'est pas suffisamment reconnue comme telle, en grande partie semble-t-il parce que les concepts qu'elle a développés sont souvent apparus sous d'autres formes, mieux assimilables par l'ensemble de la communauté scientifique.

L'absence apparente d'impact de la Gestalt sur l'évolution des idées en psycholinguistique ressort, de notre point de vue, de ce phénomène. Dans une critique cinglante de la conception behavioriste du langage, G.-A. Miller (1965) entend fonder une psycholinguistique dont l'inspiration linguistique chomskyenne est évidente, mais dont aussi la référence psychologique essentielle est la Gestalt-théorie. On en jugera au vu de la formulation de certains des sept principes considérés par Miller comme préliminaires à la constitution d'une psycholinguistique (pp. 342-343, notre traduction) :

1. Les traits physiques du langage ne sont pas tous signifiants dans la communication orale, et les traits signifiants du langage n'ont pas tous une représentation physique.
2. La signification d'un énoncé ne peut être confondue avec ce à quoi il fait référence.
3. La signification d'un énoncé n'est pas la simple sommation des significations des mots qui le composent.
4. La structure syntaxique d'une phrase impose des regroupements qui régissent les interactions entre les significations des mots dans cette phrase.
5. Le nombre de phrases ou le nombre de significations qui peuvent être exprimées n'est pas limité.
6. Il est nécessaire de distinguer la description d'une langue et la description de l'utilisateur d'une langue.
7. Il existe une importante composante biologique dans l'aptitude humaine au langage articulé.

Bibliographie sélective

Ehrlich, S. *Apprentissage et mémoire chez l'homme*, Paris, P.U.F., 1975, Chapitres 1 et 2.

Mehler, J., Noizet, G. *Textes pour une psycholinguistique*, Paris - La Haye, Mouton, 1974.

Reuchlin, M. *Psychologie*, Paris, P.U.F., 1984, Chapitre 2 : La sensation et la perception.

Chapitre 4.

Psychologie cognitive et psycholinguistique

Nous avons relevé, au cours du Chapitre 3, l'incapacité de la théorie des Gibson à rendre compte de la constitution d'une structure autonome portant sur un ensemble de stimulus, et tout particulièrement bien sûr, d'un système de langue. Nous avons présenté ensuite des approches linguistiques ou didactiques qui ont introduit des notions tout à fait fondamentales pour tenter d'en rendre compte, mais il est apparu que les théories psychologiques mentionnées par ces auteurs ou en relation directe avec ces notions restaient encore bien fragiles pour ce qui est de préciser la nature même des activités aboutissant à la constitution de telles structures.

Il ne suffit pas, pour justifier le recours du psychologue à la notion de **système langagier**, de se fonder sur la nature structurale du langage constitué. Encore faut-il repérer ce qui, dans les activités du sujet utilisant ou apprenant une langue donnée, est lié à ces propriétés spécifiques : les acquisitions langagières et le fonctionnement langagier possèdent-ils des propriétés indissociables de cet aspect structural ? Des éléments de réponse à cette question sont apparus dans le cours du Chapitre 3 : nous y avons suggéré que l'activité structurante est de nature identique dans le domaine de la perception et dans celui des acquisitions, et qu'elle aboutit à la constitution d'une connaissance implicite relative à l'organisation des stimulus impliqués dans cette activité. La théorie de Tolman est sans doute une approche intéressante de cette question, à travers les notions de représentation structurée et d'anticipation, mais reste beaucoup trop générale pour être satisfaisante dans un domaine aussi riche et complexe que le langage. Nous commencerons par présenter deux auteurs qui, dans le domaine de la perception, ont contribué largement à préciser de telles notions.

G. A. Miller : l'effet des « habitudes verbales »

Miller, dont nous avons déjà invoqué l'influence dans le processus d'émergence de la psycholinguistique, définit la méthodologie permettant l'étude de la perception du discours en se référant à celle en œuvre dans l'étude de la perception en général : « En principe, une expérience sur la perception est très simple. Un sujet est entraîné à répondre de certaines manières à certaines stimulations. Puis on modifie les dimensions physiques de la stimulation. La question suivante se pose : à quelles variations de stimulation la réponse reste-t-elle insensible ? » (1951, traduction française : 1956, p. 82). Un même raisonnement peut être tenu, selon Miller, à propos de la perception d'un schéma mélodique (ce sont alors les caractéristiques du schéma qui varient, et non celles du stimulus), et donc aussi à propos de la perception du discours : « Nous modifions les stimuli, les mêlons avec d'autres sons, ou les déformons de différentes manières. Combien de modifications peut-on apporter aux stimuli sans qu'ils provoquent des réponses différentes de celles qu'ils provoquent habituellement ? » (p. 83). Cette technique expérimentale, appliquée à des matériaux faisant intervenir certaines propriétés du langage, forme ce qu'on appelle improprement des « tests d'articulation », et qui sont en fait des tests de perception du discours. Elle a abouti à des résultats maintenant classiques, mais qui constituent une illustration très riche du problème qui nous occupe ici : la mise en œuvre de **connaissances implicites**. Il s'agit en particulier de données sur la perception d'un matériel verbal masqué par un bruit blanc de différentes intensités, l'essentiel du problème étant de préciser l'effet sur cette perception de connaissances implicites relatives aux caractéristiques du langage.

Une des expériences citées par Miller (1956, p. 106) montre que l'effet du masque dépend étroitement de la nature du matériel verbal présenté : chiffres de 0 à 9, mots dans des phrases, syllabes sans signification. Alors qu'il faut introduire un bruit important pour arriver à gêner la perception correcte de chiffres, les syllabes sans signification ne sont, elles, jamais entièrement correctement perçues, et leur perception se dégrade rapidement quand on augmente le bruit. Les mots significatifs sont dans une situation intermédiaire. Que du matériel significatif soit mieux perçu que des syllabes sans signification peut paraître trivial. Il n'en va pas de même pour ce qui concerne la différence entre chiffres et mots. L'interprétation proposée est que le « vocabulaire » de base est quantitativement différent (10 chiffres/grand nombre de mots), et que la perception est d'autant moins sensible au masquage que le nombre de stimulus possibles est restreint.

Cette interprétation est vérifiée dans une expérience portant sur la perception de syllabes sans signification : on fait alors varier le vocabulaire, c'est-à-dire le nombre de syllabes différentes, défini a priori, pouvant servir de stimulus dans l'épreuve de perception ; on montre ainsi que la dégradation de la perception est proportionnelle au logarithme du nombre d'unités constituant le vocabulaire. On peut tenir le même raisonnement quand on étudie les effets liés au contexte : le masquage de mots inclus dans des phrases est moins efficace que celui des mêmes mots présentés isolément ; le contexte joue ici un rôle de limitation du vocabulaire probable (cf. aussi, sur les effets de contexte grammaticaux, Miller, 1962).

Ce sur quoi nous voulons insister en rappelant ces résultats expérimentaux, c'est l'importance de l'attente, ou de la préparation perceptive sur le résultat de l'activité perceptive proprement dite, qu'il s'agisse d'une préparation immédiate et ponctuelle (constitution artificielle d'un « vocabulaire » dans le cadre d'une expérience), ou qu'il s'agisse d'une « préparation » liée à des propriétés stables et spécifiques du matériel présenté ; en ce cas « préparation » doit s'entendre dans le sens très large d'une mise en œuvre de connaissances (explicites ou implicites) relatives à ces propriétés.

On retrouve des phénomènes de ce type à propos du langage écrit, lorsqu'on mesure le temps juste nécessaire pour percevoir visuellement un stimulus (seuil tachistoscopique). On sait que ce temps est inversement proportionnel à la fréquence des mots dans la langue (Howes et Solomon, 1951) ; quand il s'agit de stimulus artificiels (groupes de lettres ne formant pas un mot de la langue), la vitesse de perception dépend du degré de similitude de ces stimulus par rapport aux formes usuelles de la langue. Dans l'expérience de Miller, Bruner et Postman (1954) par exemple, les stimulus sont des pseudomots construits en tenant compte de la probabilité de succession des lettres en anglais écrit : un « mot » construit selon une approximation d'ordre 0 est constitué de lettres tirées au hasard ; pour l'approximation d'ordre 1, le « mot » est constitué de lettres tirées au hasard mais en respectant leur fréquence relative dans la langue ; au-delà, les stimulus sont des « mots » au sein desquels toutes les successions de 2, 3, 4 ... lettres sont conformes aux fréquences d'apparition de successions effectives de ce type dans la langue. Cette technique permet de comparer, par exemple, les stimulus GFUJXZAQ, IYDEWAKN, NERMBLIM, BITTLERS, correspondant respectivement à des degrés d'approximation d'ordre 0, 1, 2, 4. On montre que pour obtenir une même proportion de perception correcte, dans ces différents cas, il faut utiliser un temps de présentation inversement proportionnel au degré d'approximation.

La théorie mathématique de l'information (cf. Shannon et Weaver, 1949) permet de décrire ces phénomènes de manière précise, mais peu satisfaisante au plan des interprétations psychologiques. On peut en effet raisonner, pour ce qui concerne la dernière expérience rapportée ci-dessus, en termes de redondance interne des stimulus. La redondance est calculée sur la base des probabilités de succession des éléments composant les mots, cette succession étant plus « prévisible » dans le cas de l'ordre 4 que dans le cas de l'ordre 0 : les stimulus les plus redondants sont considérés comme plus prévisibles, donc apportant moins d'information. Ces notions peuvent « expliquer » totalement la variation des temps de présentation : les seuils tachistoscopiques plus courts correspondent à une quantité d'information moins importante (redondance forte), les seuils longs à une plus grande quantité d'information. Autrement dit, la quantité d'information perçue par unité de temps est une constante. La théorie de l'information considère de même qu'un mot rare apporte plus d'information qu'un mot fréquent, et nécessite par conséquent plus de traitement pour être identifié correctement.

Mais ce niveau d'explication est insuffisant pour le psychologue. La théorie de l'information donne la possibilité d'énumérer les éléments d'un système et de pondérer leur influence, mais ne dit rien du **système** lui-même. Elle ne dit rien des mécanismes qui conduiraient le sujet à prendre en compte, dans son activité de perception, les caractéristiques du matériel présenté, ni du mode de construction de ces mécanismes.

Miller, dans son ouvrage de 1951 (traduction française : 1956), propose une interprétation nettement behavioriste. Les faits invoqués sont considérés comme démontrant l'effet des « habitudes verbales » sur la perception (cf. aussi Oléron, 1963). Il s'agirait donc de comportements acquis sous le contrôle de facteurs environnementaux explicites (en production ou en réception), et explicables en termes d'associations intraverbales : importance quantitative de liaisons déterminées par des occurrences ou co-occurrences physiquement décelables.

Une donnée complémentaire importante permet cependant de mettre en évidence les limites de ce type d'explication. Des travaux postérieurs aux expériences de Howes et Solomon ont démontré en effet le caractère relatif de la liaison fréquence des mots - vitesse de perception : les mots concrets, par exemple, n'ont pas une fréquence d'usage définie de manière absolue ; elle est en fait relative à la situation de production, au thème du discours ou du dialogue. On peut alors comprendre l'importance psychologique de la notion de **disponibilité** développée par les linguistes (cf. Gougenheim et al., 1956) : dans l'ensemble du lexique, le vocabulaire effectivement utilisable et disponible dépend de la situation où se trouve inséré le locuteur ou l'auditeur, de leurs centres d'intérêt. Cette remise en cause de la pertinence de la notion de fréquence linguistique doit avoir des répercussions pratiques, dans la construction de méthodes de L2 notamment : le facteur de disponibilité doit être pris en compte pour déterminer ce que doit être la maîtrise du langage ; ainsi des mots importants, ou se référant à des objets usuels, ont une fréquence faible, mais sont « disponibles » (c'est-à-dire aisément mis en œuvre) pour un locuteur natif, et doivent l'être aussi pour celui qui apprend cette langue à titre de L2. Mais cette constatation nous conduit à une conclusion d'ordre plus général : l'approche statistique de la fréquence d'usage est ainsi totalement insuffisante pour rendre compte de phénomènes de plus ou moins grande activation d'une partie du vocabulaire. Outre les variations interindividuelles (« familiarité » du vocabulaire pour un individu donné), les besoins, les attentes, les représentations de la situation, déterminent ce qui est effectivement rendu disponible pour un sujet donné à un moment donné (cf. Fraisse, Noizet et Flament, 1963).

Miller semble d'ailleurs quelque peu douter de la pertinence de l'interprétation behavioriste, dans le même temps où il exprime vigoureusement son attachement à cette théorie. Sans doute se rend-il compte de l'incongruité de la notion d'**attente perceptive** dans un contexte behavioriste, puisqu'il prend soin de préciser : « Quand nous parlons de ce à quoi s'attend l'auditeur, nous n'abandonnons pas la description behavioriste ; cela indique simplement que la probabilité de certaines réponses est très basse, tandis que celle d'autres réponses est très élevée. Ce qui se passe exactement quand l'auditeur est en état d'attente et comment cet état peut être si facilement ébranlé, ce sont là les questions essentielles et non résolues de la psychologie de la perception » (1956, p. 110). Les développements que fait Miller de ces interprétations finiraient sans doute par paraître bien étranges à des oreilles behavioristes : « Quand nous écoutons un langage familier, alors nous pouvons suppléer aux sons et mots manquants et répondre correctement à partir d'indices très minimes. Avec un langage non familier - étranger ou très technique - le contraire peut être vrai. Si l'auditeur ne s'attend absolument pas à la succession de sons parlés qu'il va entendre, sa capacité à les imiter est très réduite » (pp. 110-111). « Avec notre langue maternelle nous savons à quoi nous attendre ; avec une langue étrangère n'importe quoi peut se produire » (p. 111). Quelle est donc la nature de ce **savoir** que nous possédons pour notre L1 ? Peut-on aboutir à la maîtrise d'un tel savoir pour une L2 ? C'est bien là l'objet du présent chapitre.

Bruner : les activités de catégorisation

Pour continuer encore un temps l'introduction de ce qu'on appelle actuellement la psychologie cognitive à travers l'étude des activités de perception, les conceptions développées par Bruner (1958) pour rendre compte des « processus de préparation à la perception » nous paraissent être tout particulièrement pertinentes. Elles peuvent constituer un modèle très efficace pour qui tente de rendre compte des savoirs implicites (parfois explicités) en jeu dans les activités de langage.

Percevoir est selon Bruner une **activité de catégorisation**. Le sujet qui perçoit recueille des indices relatifs aux informations disponibles dans l'environnement, et rattache ces indices à certaines classes d'objets. Percevoir une orange, pour reprendre l'exemple de Bruner, c'est repérer des indices (sphéricité, couleur, granulosité, dimension) permettant de faire entrer cet objet dans la catégorie « orange ». Il n'existe donc pas de réponse singulière à un stimulus donné, au sens que la théorie behavioriste donne au terme « réponse », mais uniquement des réponses catégorielles.

Le nombre et la nature des indices utilisés lors de la perception d'un objet ne sont pas fixés. On peut considérer que l'activité perceptive met en jeu un principe économique tel que le sujet doive établir un équilibre entre deux exigences contradictoires : n'avoir à recueillir que le plus petit nombre d'indices possible ; limiter autant que nécessaire les risques d'erreur, c'est-à-dire de mauvaise affectation catégorielle. Négliger certains indices peut être effectivement source d'erreur : c'est ce qui se produit si, face à une orange factice, la différence de granulosité par rapport à une véritable orange n'est pas repérée. **Percevoir est donc prendre une décision.**

Mais les risques liés à cette décision n'ont pas de valeur absolue, ils sont liés à la situation au sein de laquelle se déroule l'activité perceptive : mordre une orange factice n'est après tout pas si dangereux, et en tout état de cause la perception tactile corrigera aisément l'erreur liée à une perception visuelle peu fiable ; la prise d'indice peut donc jouer à l'économie, ne porter que sur peu d'éléments ; il en irait tout autrement dans toute situation où la décision constituerait un enjeu important. La perception est une décision en ce sens qu'elle doit permettre de déterminer quel est le comportement à adopter face à un objet. Autrement dit, la véracité de la perception est liée à la construction d'un modèle **prédictif** relatif à l'environnement : la localisation catégorielle d'un objet est en effet une décision entraînant un certain nombre de conséquences en ce qui concerne les relations futures avec l'objet.

Cette analyse conduit à une proposition importante pour ce qui concerne l'activité perceptive, et sans doute aussi les activités cognitives en général : faire entrer un stimulus dans une catégorie suppose **l'existence préalable de catégories**. Bruner ne dit pas grand'chose de l'origine de ces catégories, sinon qu'elles sont pour la plupart construites et non innées. Ce qui nous importe ici pour l'instant, c'est le rôle et le fonctionnement de ces constructions cognitives. En reprenant l'exemple cité plus haut à propos de l'ouvrage de Miller, si l'on cherche à prendre en compte des variations de la vitesse de perception de stimulus élaborés selon différents degrés d'approximation de la suite des lettres dans la langue, on peut penser que les sujets n'abordent pas ces stimulus comme une « table rase », mais en fonction de schèmes construits auparavant. Dans cet exemple, il s'agit d'une connaissance implicite des enchaînements de phonèmes dans la langue. La rapidité de perception est alors fonction de la correspondance entre le modèle mis en œuvre par le sujet d'une part (successions les plus probables), et les caractéristiques de la situation d'autre part (successions réelles).

C'est donc armé d'un répertoire catégoriel que le sujet aborde son environnement. Il applique sur celui-ci une sorte de « grille » à travers laquelle sont codées les stimulations. L'activité de codage liée à la perception avait été une hypothèse centrale de la théorie de l'information ; mais ce que la théorie de Bruner met particulièrement bien en évidence est le caractère **anticipatoire** de l'activité perceptive. Il apparaît en effet que l'efficacité de la perception dépend essentiellement de ce que le sujet peut réaliser comme prévisions par rapport à son environnement : sélectionner des indices pertinents, s'il ne s'agit pas d'une réception passive d'informations, suppose que cette sélection ne se fasse pas au hasard ; elle se fait en relation avec une ou des **hypothèses** sur la nature et les propriétés de l'environnement. Bruner envisage d'ailleurs que dans certaines circonstances puissent se succéder différentes étapes de l'activité perceptive, c'est-à-dire une succession de décisions : détection de la présence d'un objet ; recherche d'indices pour une exploration large suivie d'une catégorisation provisoire (hypothèse) ; activité exploratoire plus restreinte aboutissant à la confirmation de l'hypothèse.

L'ensemble de ce processus suppose que soit établi un état de « préparation perceptive » pouvant atteindre différents degrés : la recherche d'indices, la construction d'hypothèses sont liées aux attentes, aux besoins du sujet. Bruner rend compte de cet aspect de l'activité perceptive par la notion d'accessibilité. Si le sujet s'attend fortement à percevoir un objet donné, il ne faudra qu'un petit nombre d'indices pour provoquer une réponse perceptive adéquate : la catégorie correspondante est dite très accessible. Jouera non seulement le nombre d'indices mais aussi leur nature : l'attente d'une catégorie conduit à accepter une plus grande étendue d'indices comme liés à cette catégorie ; inversement le lien de ces mêmes indices avec d'autres catégories, non attendues, tendra à être masqué.

Les facteurs d'économie et de prise de risque inhérents à l'activité perceptive telle qu'elle est décrite par Bruner conduisent celui-ci à se référer à la notion de **stratégie**. Percevoir, c'est prendre une décision, mais le processus qui conduit à celle-ci présente des variations, liées à l'état initial du sujet et à l'ensemble de la situation où se trouve insérée l'activité perceptive. La présence de telles variations empêche toute application mécanique d'hypothèses et de décisions « sur mesure » ; l'activation de certaines hypothèses, l'application de certains modes de vérification correspondent aussi à des choix plus globaux : le masquage de certaines catégories par exemple, ou la priorité donnée à certains types d'indices par rapport à d'autres, sont des choix stratégiques, qui ne permettent pas directement le test d'hypothèses, mais favorisent l'efficacité du choix et du processus de vérification de celles-ci.

La théorie de Bruner - trop peu considérée en France parmi les travaux qui ont permis l'émergence des théories cognitives - constitue un système particulièrement illustratif de deux aspects centraux de ce chapitre :

1. Les notions d'**hypothèses** et de **stratégies**. Dans le texte de Bruner (1958) elles sont invoquées dans la description du processus cognitif qu'est la perception ; nous verrons qu'elles peuvent également être invoquées à propos des acquisitions, c'est-à-dire, par exemple, pour ce qui concerne ce qui nous a occupé jusqu'ici dans ce chapitre, à propos des processus aboutissant à la construction des catégories perceptives.

2. La notion de **prédictabilité**, qui éclaire d'un jour nouveau la nature même de la perception. Nous avons noté en effet à plusieurs reprises, dans les chapitres précédents, les difficultés que soulève la notion de représentation, si l'on se contente tout au moins de supposer là l'existence d'une sorte d'« image » mentale en correspondance avec la réalité. Pour Bruner, le seul critère de véracité de la perception est son caractère prédictif. La représentation qu'on a d'un objet est alors simplement l'ensemble des connaissances construites à propos non seulement de cet objet, mais aussi de ses relations avec d'autres objets ou événements, et tout particulièrement avec le sujet percevant lui-même. **Une théorie de la perception est ainsi également une théorie de la signification :** « La signification d'une chose, c'est la localisation d'un objet dans un réseau

d'inférences hypothétiques relatives à ses autres propriétés observables, ses effets, etc. », écrit Bruner (1958, pp. 6-7), en se référant à la théorie pragmatique de la signification de Pierce.

Le rapprochement entre les travaux - contemporains - de Miller et de Bruner nous permet d'entrevoir à la fois la richesse et les limites de la psychologie du langage à la fin des années 50 (qualifiée par Mehler et Noizet, 1974, de « psycholinguistique de première génération »). Cette psycholinguistique « traite des processus d'encodage et de décodage, en tant que mise en relation des états des messages et des états des participants à la communication » (Osgood et Sebeok, 1965, p. 4, notre traduction). Elle a donné à ce titre naissance à de nombreux travaux expérimentaux, centrés sur les caractéristiques de la transmission de messages, analysés par ailleurs selon des critères formels issus de la théorie de l'information. Mais, du point de vue du psychologue, l'interprétation des phénomènes ainsi décrits se heurtait en fait à un handicap majeur de la théorie de l'information : son incapacité à rendre compte des activités cognitives en jeu, c'est-à-dire des procédures mises en œuvre par le locuteur, l'auditeur, le lecteur dans le cadre de son activité langagière spécifique. A fortiori ne pouvait-elle rendre compte du mode de constitution de ces procédures chez le jeune enfant en L1 ou chez l'adulte en L2. La théorie de l'information ne peut en définitive qu'analyser les propriétés d'un « objet » en dehors de celui qui le perçoit ou le traite.

Certains développements de la théorie médiationnelle se heurtèrent d'ailleurs à des difficultés du même type. Goss par exemple (1961), cherchant à appliquer cette théorie à l'ensemble des activités conceptuelles, admettait que des réponses verbales médiates puissent « contrôler » la structure d'une séquence de mots qu'un enfant est en train d'écrire, ainsi que les flexions liées à cette structure. L'enfant peut, par exemple, se dire à lui-même que la phrase doit correspondre à une succession : sujet - verbe - objet - préposition - objet, et utilise alors ce schéma durant la construction de la phrase, puis pour vérifier la conformité de la phrase terminée. Mais il paraît peu plausible, fait remarquer Cofer (1963), que de tels étiquetages verbaux se produisent en fait souvent, ne serait-ce qu'en raison de l'incapacité des enfants et de beaucoup d'adultes à formuler de telles étiquettes et règles de flexion.

L'application des règles de flexion est d'ailleurs loin de pouvoir être expliquée par des principes associatifs, même « médiatisés » : les flexions sont le plus souvent correctes, malgré l'ignorance des règles correspondantes, y compris pour des mots utilisés pour la première fois, et dans des contextes structuraux variés. Enfin, et c'est un argument que nous développerons largement dans ce chapitre, chez les jeunes enfants ces règles tendent à être appliquées en quelque sorte de manière trop impérative, puisqu'ils utilisent, beaucoup plus souvent que ne le font les adultes, des flexions régulières là où des flexions irrégulières apparaissent en fait plus souvent dans l'environnement (cf. Brown et Fraser, 1963, dont on rendra compte plus loin).

A travers les limites de ces courants théoriques, mais aussi leurs hésitations, leurs développements marginaux, se dessinent des problématiques, des recherches théoriques et expérimentales qui marqueront les années 60-70, notamment par la volonté de prendre en compte l'activité du locuteur. Peu de travaux de psycholinguistique datant de ces années évitent de se référer à la linguistique chomskyenne. L'impact réel de Chomsky en psychologie ne peut être saisi qu'en référence au contexte scientifique que nous venons de décrire.

Chomsky et la grammaire interne

L'attitude des psychologues vis-à-vis de Chomsky a beaucoup évolué. Après qu'on se soit appuyé, durant de nombreuses années, sur la théorie chomskyenne pour élaborer une véritable psycholinguistique, après qu'on ait constitué un corpus expérimental fondé sur cette théorie, une tendance souvent rencontrée actuellement est de rejeter cette même théorie, dont l'adoption aurait constitué une erreur, une impasse pour la psychologie. Nous ne pensons pas que les travaux issus de la théorie de Chomsky nécessitent une entreprise de réhabilitation, ni plus ni moins que ceux de Skinner ; mais ils justifient par contre, tout autant que pour ce dernier cas, une tentative pour cerner leur impact réel sur l'évolution des conceptions en psycholinguistique et en didactique des langues. Deux remarques préliminaires sont cependant nécessaires.

1. On ne peut s'expliquer l'importance du succès de la théorie chomskyenne en psychologie sans prendre en compte le contexte scientifique de l'époque : l'analyse de Chomsky (notamment 1957, 1965) est en effet apparue à un moment où, nous l'avons vu, les conceptions théoriques dominantes aboutissaient à des impasses importantes, ou tout au moins à la reformulation de certains problèmes dans des termes qui dépassaient clairement les limites de ces théories. Les conceptions de Chomsky sont ainsi apparues rapidement comme susceptibles de permettre un développement de la psychologie du langage qui réponde à beaucoup des préoccupations que nous avons mentionnées dans les pages précédentes. La

« rupture » chomskyenne est une réalité indéniable, ne serait-ce qu'en raison de la radicalisation de certaines prises de position, qui ont marqué fortement l'ensemble des Sciences Humaines. Mais présenter l'« avant Chomsky » en psychologie comme une période d'unique obscurantisme skinnerien serait d'un simplisme tout à fait outrancier.

2. Il n'y a pas « une » théorie de Chomsky, mais plusieurs versions de celle-ci, dont les plus importantes pour la psycholinguistique sont la théorie syntaxique stricte (*Syntactic structures*, 1957), et la théorie standard (*Aspects of the theory of syntax*, 1965). L'évolution, voire les contradictions de l'une à l'autre et par rapport à des textes ultérieurs, sont importantes sur certains aspects centraux : notions de structure de surface et de structure profonde, statut des transformations, relation compétence-performance, place de la sémantique. Ce qui peut être considéré comme la dimension historique d'une théorie en évolution prend cependant parfois l'allure d'un flou théorique étonnant, surtout pour ce qui concerne les interprétations psychologiques des concepts invoqués, et plus encore les applications éventuelles dans le domaine des acquisitions. Il est vrai que Chomsky, tout en contribuant parfois à les développer, récuse volontiers les unes et les autres.

Il estime en effet que la référence à la grammaire générative pour construire un modèle du locuteur et de l'auditeur relève d'un « perpétuel malentendu » (1965, traduction française : 1971, p. 19) : « Lorsque nous disons qu'une phrase a une certaine dérivation du point de vue d'une grammaire générative particulière, nous ne disons rien sur la manière dont un locuteur ou un auditeur pourrait procéder, d'une façon pratique ou efficace, pour construire une telle dérivation » (pp. 19-20). Dans les lignes précédentes Chomsky opposait le caractère explicite et bien défini de la grammaire générative du linguiste, au caractère intériorisé, non conscient et en général non explicitable de la grammaire générative en tant que connaissance intuitive de la langue par le sujet ; mais il introduit dans le même moment une hypothèse psychologique à propos de la première : « Une grammaire générative ayant quelque intérêt traitera, pour la plus grande part, de **processus mentaux** dépassant de loin le niveau de la conscience actuelle ou même potentielle » (p. 19, souligné par nous). La grammaire **explicitée** par le sujet n'est donc que de peu d'intérêt, ce que le psychologue ne saurait contester. Cependant la grammaire intériorisée n'est pas considérée comme une pure construction logique, mais bien comme une des « connaissances » à l'œuvre dans l'acte linguistique.

De plus, des hypothèses sont avancées sur la manière dont une telle grammaire peut être acquise : elles portent sur l'existence d'un « modèle d'acquisition, MA, qui utilise des données linguistiques pour découvrir la grammaire de la langue dont relèvent ces données. La façon précise dont le dispositif MA sélectionne une grammaire sera déterminée par sa structure interne, par les méthodes d'analyse dont il dispose, et par les contraintes initiales qu'il impose à toutes les grammaires possibles » (1967, traduction française : 1969, p. 131). Chomsky considère que « déterminer la nature du dispositif MA » est un problème qui est bien du ressort du linguiste, et relie ce problème à celui de la découverte d'un « système de contraintes universelles auxquelles toute grammaire [doit] se conformer ». Ceci opère un rapprochement saisissant entre la position du linguiste, qui cherche à rendre compte de la grammaire de l'utilisateur d'une langue, et la position de celui qui, en situation d'acquisition, tente de repérer un système de règles inhérent aux signaux auxquels il est confronté.

Si Chomsky se déclare par ailleurs « franchement plutôt sceptique quant à la signification, pour l'enseignement des langues, de points de vue et d'explications tels que ceux auxquels la linguistique et la psychologie ont abouti » (1966, p. 43, cité par Roulet, 1972, notre traduction), une telle précaution ne peut donc effacer la présence de notions et d'hypothèses qui renvoient à des présupposés psychologiques, notamment sur les processus d'acquisition, ce qui n'autorise nullement à laisser de côté le problème de l'intervention pédagogique sur ces processus.

On est ainsi confronté à une double difficulté lorsqu'on se préoccupe du domaine d'application qui est le nôtre : d'une part les implications extra-linguistiques de la théorie de Chomsky sont loin de correspondre à quelque chose de stable dans les textes de son auteur ; d'autre part elles sont, en tout état de cause, considérées par lui comme des extrapolations sans fondement. La référence à la linguistique chomskyenne est néanmoins une quasi-constante dans les travaux de psycholinguistique à partir de 1960, et il n'existe guère plus de pédagogue de la L1 qui se permette de l'éviter. La question n'est donc plus tellement de savoir si telle interprétation est ou non justifiée, ou si telle « application » a encore quelque chose à voir avec la thèse originelle. Ce qu'il nous importera surtout d'analyser, ce sont les principaux aspects des développements théoriques, issus de manière plus ou moins éloignée de la théorie chomskyenne, qui ont eu un impact en psycholinguistique et en psycho-pédagogie du langage.

La précaution que l'on doive cependant prendre à ce sujet est de préciser que **certains** textes de Chomsky sont en priorité ceux qui conduisent à envisager une problématique psychologique ou psychopédagogique : *Aspects of the theory of syntax* (1965), *Language and Mind* (1968), *Reflections on language* (1975) ; c'est dans ces textes que sont le mieux explicités certains présupposés psychologiques.

C'est surtout dans cette perspective que sera présentée ici la théorie de Chomsky. Nous ne prétendrons donc pas, dans la suite de cet exposé, tenir compte des différentes versions de la théorie, comme le ferait un exposé technique exhaustif.

Pourquoi peut-on admettre que l'axiomatique chomskyenne, dont l'objectif premier est la construction d'une grammaire formelle, a véritablement conduit à une reformulation du problème du langage du point de vue du psychologue ? Au-delà de l'intérêt présenté par la tentative de formalisation elle-même, une des clés de la théorie de Chomsky est la notion même de « grammaticalité » : la grammaire d'une langue est un dispositif capable d'engendrer une infinité de phrases, qui soient des phrases pouvant être considérées comme appartenant à cette langue, et uniquement des phrases répondant à cette définition. La formalisation chomskyenne n'est donc alors qu'un épiphénomène par rapport à un postulat beaucoup plus fondamental sur la nature de la grammaire : c'est pour répondre à l'exigence de constituer un dispositif de **génération** langagière que la formalisation est nécessaire. Ce n'est donc pas tant l'aspect formel qui est central dans une telle « grammaire », mais plutôt l'aspect **créatif** : la grammaire est un ensemble d'algorithmes susceptibles de produire **toutes** et **rien que** les phrases grammaticales d'une langue.

Les règles des grammaires traditionnelles sont écrites sous la forme d'énoncés portant sur des aspects spécifiques de la langue : propriétés des éléments constituant les phrases, conjugaisons et déclinaisons, marquage du genre, accords entre adjectifs, noms et verbes... Ces aspects de la langue sont considérés comme relativement indépendants les uns des autres, et les énoncés des règles de grammaire correspondantes n'ont que peu de relations entre eux. La thèse de Chomsky est qu'il est possible de concevoir une grammaire dont les règles soient constituées en un système, qui est à la fois une formalisation unifiée de la grammaire, et un mécanisme dont la fonction est la production des phrases grammaticales d'une langue et seulement de celles-ci.

C'est sur cet aspect générativiste de la théorie de Chomsky que nous voulons insister. Le psychologue - comme sans doute le pédagogue - ne peut rester indifférent face à un modèle du langage qui prétend fournir les règles de génération des phrases. La « grammaire », dans cette perspective, peut être en effet considérée comme un des éléments constitutifs de tout acte de parole, comme un des dispositifs dont la mise en œuvre est nécessaire à l'émergence de productions langagières. C'est bien la perspective de Chomsky, qui envisage la grammaire générative comme une construction hypothétique susceptible de rendre compte de la compétence sous-jacente aux comportements linguistiques effectifs. A ce titre, il considère les mécanismes génératifs comme devant nécessairement être pris en compte par quiconque veut étudier l'utilisation et l'acquisition du langage.

On peut comprendre la séduction exercée par une telle théorie, dans les années soixante, sur des psychologues soucieux alors de rendre compte des mécanismes sous-jacents, des processus mentaux à l'œuvre dans des comportements complexes. A défaut de preuves empiriques - les méthodes de recherche de Chomsky sont bien éloignées de celles des psychologues expérimentalistes - ceux-ci ont vu dans cette théorie un modèle d'une très grande richesse, ce qui explique à la fois une remise en cause radicale de certaines conceptions relatives au fonctionnement du langage, et un souci de validation expérimentale des concepts chomskyens.

La théorie chomskyenne et la psychologie du langage

La grammaire, du point de vue de Chomsky, peut être assimilée à une « connaissance » dont dispose le sujet, et qui préside à la réalisation de tout acte de langage. La distinction compétence / performance, bien que présentant quelques ambiguïtés dans certains textes en ce qui concerne la dépendance de la performance par rapport à la compétence (cf. Bronckart, 1977, p. 228), touche à une problématique qui n'était pas neuve en psychologie. La **compétence** est un savoir implicite, n'apparaissant pas nécessairement au plan comportemental ; la **performance** est la mise en œuvre de cette compétence dans des situations concrètes. Cette distinction rappelle certaines de celles que nous avons évoquées plus haut, par exemple à propos de l'apprentissage latent étudié par Tolman, entre connaissance et comportement. Mais ce qui nous paraît être l'apport fondamental de Chomsky concerne la nature de cette connaissance.

Dans la tradition expérimentaliste des psychologues, chez Tolman pour ce qui concerne les acquisitions, comme chez Miller pour ce qui concerne la perception du langage, il s'agit de connaissances spécifiques, constituées de manière progressive, à partir d'expériences limitées, relatives à une situation donnée ou à un matériau fini. Pour Chomsky, le savoir concernant le langage ne porte pas sur les caractéristiques physiques d'une langue, mais sur ses potentialités créatives. Les connaissances implicites de tout locuteur sont des « règles de grammaire » d'une très grande puissance, permettant d'engendrer un nombre infini de phrases. Ces connaissances - implicites - sont d'ailleurs largement supérieures à celles - explicites - du linguiste, incapable actuellement de proposer un modèle générant efficacement un nombre infini de phrases. Les jugements de grammaticalité sont ainsi du ressort du seul locuteur, ou du linguiste en tant que locuteur privilégié (et non en tant que constructeur d'un modèle formel) : le locuteur est bien le détenteur d'un savoir concernant la langue qu'il parle. C'est de cette connaissance implicite que la grammaire générative doit - au plan linguistique - rendre compte.

Déterminer les caractéristiques de cette connaissance implicite ne peut se faire qu'à travers des comportements langagiers effectifs, qui subissent des contraintes autres que grammaticales : limitation de mémoire, distractions, déplacements d'intérêt ou d'attention, erreurs fortuites ou caractéristiques, c'est-à-dire, selon le vocabulaire de Chomsky, des contraintes de performance. Celle-ci reflète néanmoins la compétence, c'est-à-dire la connaissance que le locuteur-auditeur a de sa langue. L'objet d'étude du linguiste est en principe un « locuteur-auditeur idéal » (1965, traduction française : 1971, p. 12) non affecté par les variables de performance. Mais les modalités de l'étude de cet objet doivent tenir compte de l'ensemble des facteurs qui ont un effet sur les comportements effectifs : « Le problème, pour le linguiste **aussi bien que pour l'enfant qui apprend la langue**, consiste en ceci : déterminer, à partir des données de la performance, le système sous-jacent de règles qui a été maîtrisé par le locuteur-auditeur et qu'il met en usage dans sa performance effective » (p. 13, souligné par nous).

Trois remarques doivent être faites à ce sujet :

1. Il reste à déterminer quels sont les moyens mis en œuvre par « l'enfant qui apprend la langue » pour construire un tel système sous-jacent de règles ? Ce point sera discuté dans un moment, à propos de la conception chomskyenne des acquisitions linguistiques.

2. Si le « mentalisme » de Chomsky ne peut faire de doute (la linguistique « ... s'attache à découvrir une réalité mentale sous-jacente au comportement effectif », p. 13), l'opposition souvent faite entre « mentalisme » et « mécanicisme » peut paraître suspecte. La théorie de Chomsky vise à la conception d'un modèle de simulation de la compréhension et de la production du langage, tel que la construction d'une machine automatisant ces activités humaines soit théoriquement envisageable. On est confronté là à un type de mécanicisme qui est celui que développent aussi les courants théoriques en psychologie issus de la théorie de l'information, influencés par la cybernétique ou par les recherches en intelligence artificielle (voir ci-dessus dans ce chapitre). La théorie de Chomsky participe donc bien d'un vaste courant des Sciences Humaines centré sur la formalisation et la simulation : le langage y est lié à un mécanisme descriptible en termes d'éléments constitutifs et de règles liant ces éléments (cf. Dreyfus, 1984, pour une analyse critique de ces courants).

3. Si la compétence sous-jacente est l'un des facteurs susceptibles de déterminer les caractéristiques de la performance linguistique, on doit pouvoir en discerner les effets au travers d'une analyse des performances réelles : la question qui a longtemps préoccupé les psycholinguistes d'inspiration chomskyenne est celle de la « réalité psychologique » des traits de la grammaire conçue par Chomsky. Le modèle génératif-transformationnel étant considéré comme décrivant les processus sous-jacents aux comportements linguistiques du locuteur, la psychologie s'est un moment assigné pour tâche d'attester la valeur explicative de cette théorie par rapport à ces comportements : compréhension, production, mais aussi perception et mémorisation du langage : « ...une grammaire ou une théorie linguistique a une réalité psychologique quand on peut démontrer que la dite grammaire est une partie intégrante de la performance et constitue un moyen essentiel permettant aux individus de parler et de comprendre le langage » (Mehler, 1968, p. 137 ; cf. aussi Mehler, 1969). Plusieurs de ces recherches - il faut le noter - ont été menées par G.-A. Miller ou des collaborateurs (le recueil de Mehler et Noizet, 1974, fournit des traductions de plusieurs textes représentatifs).

Miller, Ojemann et Mc Kean (1964) par exemple ont fait effectuer à des sujets une tâche consistant à découvrir dans un ensemble de phrases celle qui correspond à la transformation (passive, interrogative, négative, etc.) d'une autre phrase présentée par ailleurs. On montre ainsi que le temps d'appariement de deux phrases est fonction du nombre de transformations nécessaires au passage d'une phrase à l'autre.

Plusieurs travaux portent sur la mémorisation de phrases. Mehler (1963) fait l'hypothèse d'un double codage en mémoire, l'un correspondant à la structure profonde, l'autre aux transformations aboutissant à la structure de surface. Il montre que la structure profonde est plus facilement accessible : les phrases simples (Kernel) sont plus faciles à apprendre ; de nombreuses erreurs portent sur les aspects syntaxiques des phrases présentées, et non sur leurs aspects sémantiques.

C'est aussi une hypothèse de codage que formulent Savin et Perchonock (1965) : chaque transformation appliquée à une phrase noyau est conçue comme un trait dont le codage en mémoire est nécessaire à la reproduction de la structure de surface. Dans ces conditions, la « place en mémoire » prise par une phrase doit être fonction du nombre de transformations subies par la phrase. Les auteurs vérifient cette hypothèse en utilisant une technique de mémorisation à court terme : on présente une phrase et huit mots isolés ; le sujet doit répéter la phrase puis le plus grand nombre possible de mots. La capacité de mémorisation immédiate étant supposée limitée, le nombre de mots isolés mémorisés est un indicateur de la place prise en mémoire par la phrase. Les auteurs montrent effectivement une relation entre complexité transformationnelle et mémorisation.

A la suite de la publication d'*Aspects of the theory of syntax* (1965), d'autres travaux expérimentaux ont porté sur la réalité psychologique de la structure profonde. Ainsi Blumenthal (1967), Blumenthal et Boakes (1967), ont utilisé des phrases ayant une même structure de surface mais des structures profondes différentes (John is eager to please / John is easy to please). Après la présentation d'une liste de phrases de ce type, on présentait un mot isolé extrait d'une des phrases, et on demandait au sujet de rappeler la phrase correspondante. Les auteurs ont montré ainsi que le taux de rappel de la phrase, déclenché par la présentation d'un mot, dépend plus du statut de ce mot dans la structure **profonde** que de son statut dans la structure de **surface** : dans l'exemple ci-dessus, « John » est un meilleur déclencheur pour la première phrase que pour la deuxième.

De nombreuses expériences de ce type ont été mises en œuvre, dont les résultats ont le plus souvent comme caractéristique d'être extrêmement fragiles : les hypothèses de ce type ne sont vérifiées que si la tâche demandée au sujet reste artificielle, liée à des opérations (effectuer des transformations, par exemple !) qui n'ont sans doute rien à voir avec les opérations en jeu dans les activités langagières réelles. Lorsqu'interviennent des facteurs « perturbateurs » par rapport à la tâche expérimentale (si, par exemple, le sujet est conduit à prendre en compte le sens du matériau présenté), ces phénomènes sont beaucoup plus difficiles à mettre en évidence. Ceci explique sans doute tout à la fois le succès fulgurant de ce type de recherches pendant une dizaine d'années, puis la remise en cause de la pertinence même de la question posée eu égard à la complexité des comportements linguistiques réels. Une telle simplification des rapports entre compétence et performance ne pouvait guère déboucher.

Ce qui pose d'ailleurs problème, de manière plus générale, dans cette conception du langage, est le formalisme lié à la notion de compétence. Peut-on parler d'**une** compétence linguistique unique, en dehors par exemple de la prise en considération de différents niveaux de langue ? En fait, un même locuteur / auditeur met en œuvre successivement des compétences variées, en grande partie liées à la situation dans laquelle s'insèrent les activités linguistiques où il se trouve inséré (cf. Chapitre 5). L'absence de prise en compte des aspects fonctionnels du langage (cf. Chapitre 6) constitue, du point de vue du psychologue, un handicap majeur pour une théorie du langage susceptible de servir de référence linguistique dans l'élaboration d'une théorie des activités de langage. Le débat Skinner / Chomsky est, de ce point de vue, largement faussé, tant les aspects du langage pris en considération sont hétérogènes d'une théorie à l'autre.

La grammaire générative et les acquisitions linguistiques

L'innéisme du langage - et donc le refus de recours au concept d'« apprentissage » tel qu'il est développé en psychologie - apparaît assez tardivement dans les textes de Chomsky, mais d'une manière très forte, notamment dans *Reflections on language*. L'hypothèse en est avancée essentiellement en raison de la rapidité, voire de l'instantanéité, des acquisitions linguistiques : « ...certaines réalisations intellectuelles, comme l'apprentissage du langage, relèvent strictement d'une capacité déterminée. Nous sommes "spécialement conçus" pour ces activités, au point que nous développons des structures cognitives complexes et intéressantes, rapidement et sans effort conscient ou presque » (1975, traduction française : 1981, p. 38). « ... La théorie linguistique... telle que nous venons de l'esquisser, est une propriété innée de l'esprit humain. En principe, on devrait être capable d'en rendre compte en termes de biologie » (p. 46). Il convient d'ailleurs de signaler que ce principe va bien au-delà des capacités linguistiques : « Une "hypothèse de l'innéisme" générale inclura également des principes portant sur la place et le rôle des individus dans la société, la nature et les conditions de travail, mais aussi sur la structure de l'action humaine, la volonté, le choix, etc. Ces systèmes sont probablement inconscients et même hors d'atteinte pour l'introspection consciente » (pp. 46-47).

L'hypothèse d'innéité se fonde en partie sur des argumentations d'ordre biologique, développées en particulier par Lenneberg (1967). L'acquisition du langage se produit, chez les jeunes enfants, de manière relativement stable, entre 18 mois et 4 ans ; on peut supposer que cela correspond à une période pendant laquelle le cerveau de l'enfant dispose d'une capacité à apprendre la langue (structure linguistique latente), capacité dont l'adulte ne peut plus ensuite disposer. Lenneberg avance ici deux types d'arguments empiriques :

- Des observations sur le développement anatomique et physiologique du cerveau, de la naissance à la maturité, chez les enfants normaux et chez des enfants retardés au plan linguistique.
- Les possibilités de récupération du langage chez les sujets souffrant d'aphasie post-traumatique. On a pu montrer en effet que ces possibilités varient selon l'âge, quantitativement et qualitativement : de 15 mois à la puberté, le réapprentissage ne pose pas trop problème ; il n'en est pas de même après la puberté, et il ne semble plus alors s'agir d'un réapprentissage, mais plutôt de l'annulation d'inhibitions temporaires au sein d'un ensemble de capacités déjà fixées ; en tout état de cause, les capacités non recouvrées cinq mois après la blessure sont perdues définitivement : le réentraînement ne sert plus alors à rien.

Au plan psycholinguistique, l'expression la plus forte de l'hypothèse d'innéité a été élaborée par McNeill, qui fonde son argumentation sur le fait que « la part la plus abstraite du langage est la première qui apparaisse au cours du développement » (1970, p. 70, notre traduction). L'analyse faite par McNeill l'amène à considérer que les premiers énoncés des enfants sont très proches des structures profondes telles qu'elles sont décrites par la grammaire générative transformationnelle. Il en conclut que l'enfant dispose, de manière innée, de schémas abstraits qui, appliqués au matériau linguistique qu'il peut avoir à sa disposition, permettent la constitution d'une compétence grammaticale. La caractéristique du LAD (Language Acquisition Device / Dispositif d'acquisition du langage) est de permettre le développement d'une « théorie » concernant les régularités qui sous-tendent le corpus linguistique auquel l'enfant est exposé. Les structures profondes sont innées et universelles (les mêmes catégories grammaticales sont présentes dans toutes les langues) ; ce qui se modifie au cours du développement, c'est la manière d'exprimer la structure sous-jacente à travers des phrases, autrement dit l'application de transformations (cf. aussi McNeill, 1966).

Plusieurs arguments sont avancés en faveur de cette thèse, qui montrent que les enfants disposeraient d'une capacité cognitive innée à développer leur propre système grammatical :

- les données linguistiques apportées à l'enfant par son entourage sont souvent de mauvaise qualité, approximatives ou semi-grammaticales ; cela n'empêcherait pas l'enfant d'acquérir des règles abstraites, complexes ou d'application rare, et de les appliquer correctement ;
- on peut noter la production, chez l'enfant, d'énoncés semi-grammaticaux, qui correspondraient à des sortes de structures intermédiaires par rapport aux dérivations complètes (phénomène par ailleurs observé dans les productions approximatives des adultes) ;
- pour analyser la grammaire précoce de l'enfant, il ne suffit pas de simplifier celle de l'adulte : elle ne peut donc être le résultat d'une simple imitation ;
- il existerait une liaison entre la complexité transformationnelle des énoncés et leur ordre d'acquisition.

Il ne nous appartient pas ici d'élaborer une analyse critique d'une telle théorie en ce qui concerne la psycholinguistique génétique. Mais notons que certains de ces points seront repris ultérieurement et examinés, dans le cadre de problématiques relatives à l'acquisition des L2 (cf. Chapitre 5) :

- hypothèse d'un ordre d'acquisition canonique (éventuellement plus ou moins semblable, même chez l'adulte, à l'ordre d'acquisition observé en L1) ;
- hypothèse de systèmes intermédiaires rendant compte de manière provisoire du fonctionnement de la langue ;

- problèmes concernant le rôle des interactions linguistiques entre l'apprenant et un ou des natifs lors de l'acquisition d'une L2.

Le point de vue de Chomsky sur le problème de l'acquisition des connaissances en général est particulièrement développé dans *Aspects of the theory of syntax* (1965), lorsqu'il oppose l'approche empiriste et l'approche rationaliste (traduction française, 1971, pp. 69-74).

Un dispositif d'acquisition du langage, d'un point de vue empiriste, est limité à des mécanismes de traitement périphériques, portant sur des composants du langage qu'on peut distinguer oralement (donc ne portant pas sur quelque structure profonde que ce soit). A ces mécanismes sont adjoints des mécanismes analytiques de traitement des données, qui fonctionnent par induction, selon des principes simples : par exemple des liaisons associatives, des processus de généralisation portant sur diverses dimensions perceptives, des principes taxonomiques de segmentation et de classification tels que ceux développés par la linguistique structurale. La « connaissance » est le résultat de l'application de tels principes inductifs aux données de l'expérience analysées initialement (cf. Chapitre 1).

Du point de vue rationaliste, défendu par Chomsky, il existe des principes innés de différentes sortes, qui déterminent la « forme » de la connaissance acquise d'une façon assez étroite et hautement organisée. Ces mécanismes innés sont activés quand des stimulations appropriées se présentent au sujet. Chomsky se réfère là à la thèse de Humboldt, selon lequel on ne peut en fait enseigner une langue, mais seulement faire en sorte que se présentent les conditions sous lesquelles elle se développera, à sa façon, de manière spontanée. La forme d'une langue (le schéma de sa grammaire) est dans une large mesure donnée, mais ne deviendra disponible que si se présente une expérience appropriée (p. 74).

Cette analyse conduit Chomsky (pp. 76-77) à qualifier la linguistique « taxonomique » d'empiriste : elle suppose en effet que la théorie linguistique a pour objet de constituer un ensemble de procédures qui permettent de déterminer la grammaire d'une langue à partir d'un corpus. La « forme » de la langue n'y est donc pas spécifiée a priori, à ceci près qu'il existe des restrictions sur les grammaires possibles, en raison des choix liés à la définition de cet ensemble de procédures. Ceci s'oppose à un point de vue rationaliste, selon lequel il existe différents universaux de forme et de substance, qui sont des propriétés intrinsèques du système d'acquisition du langage, et qui fournissent un schéma appliqué aux données de l'expérience.

Les « applications » pédagogiques de la théorie chomskyenne

Partant de ces principes, on voit mal ce que l'enseignant peut retirer des conceptions de Chomsky, ni d'ailleurs ce qu'un quelconque enseignement peut bien apporter à l'émergence du langage chez un individu. C'est d'ailleurs bien le point de vue défendu par Chomsky en une phrase lapidaire : « Pour ce qui est de l'affirmation selon laquelle le langage est non seulement appris mais enseigné, et que cet "enseignement" est capital pour établir le sens des expressions linguistiques, cette idée n'a de fondements ni empiriques ni conceptuels. » (1975, traduction française : 1981, p. 69).

Cette présentation mérite cependant d'être précisée, car l'innéisme chomskyen ne signifie nullement, nous l'avons vu, que le langage apparaisse de manière spontanée, indépendamment de l'environnement de l'individu. C'est ce qui apparaît lorsque Chomsky invoque dans ce même ouvrage un « système de mécanismes et de principes mis en œuvre dans l'acquisition du langage - c'est-à-dire l'acquisition de la structure cognitive spécifique que nous appelons "grammaire" - à partir de données qui constituent "un échantillon correct et adéquat de ce langage" » (p. 40). L'idée est donc qu'un dispositif inné doit être nécessairement présent et mis en œuvre, mais que ce dispositif n'est **fonctionnel qu'en liaison avec une exposition minimale à un matériau linguistique**. Ce que doit être « un échantillon correct et adéquat » de langage permettant la mise en œuvre effective du mécanisme d'acquisition reste cependant bien flou dans les textes de Chomsky !

Cette situation explique sans doute la contradiction qu'on peut relever entre d'une part la rareté des méthodes pédagogiques directement inspirées de la théorie de Chomsky, et d'autre part le très grand impact de cette théorie sur l'évolution de la pédagogie des langues en général : le point de vue radicalement neuf de Chomsky sur la nature même des langues a eu des effets sans commune mesure avec des « applications » au sens strict.

1. Ce que pourrait être une méthodologie **d'inspiration chomskyenne** dans le domaine des L2 est présenté par van Passel (1970) sous le nom de méthodologie « logico-structurale ». L'objectif essentiel est d'utiliser au mieux le « talent inné » des êtres humains pour organiser les phénomènes, en particulier auditifs, de la langue. Pour cela il n'est pas nécessaire de présenter du matériau linguistique en grande quantité : le vocabulaire utilisé est un vocabulaire minimal ; il doit simplement permettre d'introduire une unité linguistique définie. A travers ce matériau limité, une phase d'incubation donnant la priorité à l'audition doit permettre l'induction de règles, et, partant, la déduction de nouvelles phrases, en particulier par transformations et substitutions (cf. Torrey, 1971).

Il y a là le souci d'utiliser et de développer les capacités d'expression créatrice liée à la maîtrise du langage, ce qui explique par ailleurs la valeur positive attribuée aux erreurs de l'élève, liées chez celui-ci à une activité de test d'hypothèses sur le fonctionnement de la langue. Ce type de méthode ne récuse pas non plus la possibilité de fournir des exemples agrammaticaux, qui doivent être des occasions de percevoir les limites des règles. Enfin les explications grammaticales y sont conçues comme des aides utiles, à titre d'activité cognitive exercée sur le matériau linguistique, à condition toutefois qu'elles portent sur des aspects de la langue ayant fait par ailleurs l'objet d'une activité d'organisation implicite.

Il faut noter cependant combien les concepts chomskyens nécessitent de prudence lorsqu'on envisage de passer à des « applications ». Pour prendre un exemple, faire faire des exercices de « transformation » de phrases actives au passif a-t-il quoi que ce soit de chomskyen ? Il s'agirait en quelque sorte d'exercices structuraux d'un nouveau genre (cf. Roulet, 1972, p. 64), inspirés d'une lecture quelque peu rapide de la première version de la théorie chomskyenne (dans la seconde version, seules les transformations dites obligatoires jouent un rôle pour rendre compte du fonctionnement de la langue). Si certains ont cru voir dans de tels exercices une possible extension de la technique pédagogique des exercices structuraux qui tienne compte des apports de la grammaire générative transformationnelle, on peut douter que le fait même d'exercer des structures soit bien d'inspiration chomskyenne ! Rien ne dit, dans la théorie de Chomsky, qu'il faille s'exercer à des transformations pour apprendre une langue... La notion même d'exercice n'a guère de sens si l'on accepte le point de vue de Chomsky sur les acquisitions ; ce qui compte n'est pas l'exercice d'une structure, mais sa présentation dans des conditions adéquates (en liaison notamment avec des structures dérivées) permettant le repérage et l'explicitation des fonctionnements linguistiques correspondants.

2. Sur un plan plus général, on considère le plus souvent (cf. par exemple Roulet, 1972) que l'apport de la théorie de Chomsky se situe surtout au plan de **l'analyse linguistique** : elle aboutit à une meilleure compréhension de la nature et du fonctionnement de la langue (et des langues en général). La grammaire générative transformationnelle est capable, en particulier, de formuler et d'expliciter de manière efficace des caractéristiques de la langue, dont la grammaire traditionnelle, mais non la linguistique structurale, cherchait à rendre compte. C'est le cas par exemple de l'approche de certains énoncés ambigus (« la peur des ennemis »), dont l'analyse en structure superficielle et en structure profonde permet de mettre en évidence l'ambiguïté. Une conséquence pratique essentielle, au niveau méthodologique, de la distinction structure superficielle / structure profonde, est le souci de ne pas offrir dans une même leçon

des énoncés de structure superficielle identique et de structure profonde différente ; à l'inverse on pourra trouver un intérêt pédagogique à mettre en évidence les ressemblances profondes entre énoncés de structure superficielle variée. Une méthodologie d'inspiration chomskyenne doit donc mettre en évidence des régularités sous-jacentes, dont la grammaire traditionnelle ne peut rendre compte. Il s'agit alors d'une tendance générale à un plus grand niveau d'abstraction dans l'explicitation des règles, ce qui doit élargir les possibilités de construction d'énoncés grammaticaux, en particulier d'énoncés complexes, autrement dit favoriser le développement de la compétence linguistique dans tous les aspects créatifs du langage.

On doit noter aussi l'impact qu'a pu avoir la théorie de Chomsky sur les conceptions relatives aux rapports L1 - L2. Si l'on accepte le postulat d'existence d'universaux, si l'on prend en compte les analogies de structure profonde entre des énoncés ayant des structures superficielles très différentes d'une langue à l'autre, alors on ne peut plus considérer la L1, lors de l'apprentissage d'une L2, sous l'angle essentiellement négatif des interférences qui risquent d'apparaître entre les deux langues. Ce point de vue suppose qu'un enseignement de la L1 bien conçu doive conduire à des connaissances générales du système et du fonctionnement d'une langue. Développer, à propos de la L1, des concepts valables pour toutes les langues (c'est-à-dire pour le langage, ce qui implique qu'il s'agit là de connaissances d'ordre métalinguistique), est susceptible de favoriser grandement l'apprentissage d'une L2 (cf. Roulet, 1980). Pour reprendre l'analyse faite plus haut, il est indispensable, dans la perspective d'acquisition ultérieure d'autres langues, que la grammaire de la L1 traite séparément de phrases identiques en surface mais distinctes en profondeur.

3. En suivant la logique de l'analyse que nous avons faite de l'impact de la théorie de Chomsky, il nous faut à nouveau souligner que cet impact est très indirect en ce qui concerne les aspects plus proprement psycholinguistiques des **acquisitions**. Ce qui, dans l'œuvre de Chomsky, est suggéré quant à la nature des processus cognitifs sous-jacents est très insuffisant, mais constitue sans aucun doute une piste essentielle pour le psycholinguiste.

Les ambiguïtés même de Chomsky quant à l'articulation linguistique-psychologie indiquent clairement un déplacement des préoccupations du linguiste : la langue perd en fait de sa centralité en tant qu'objet d'étude, au profit du locuteur / auditeur, ce qui ne peut manquer d'avoir des conséquences sur les conceptions didactiques. Paradoxalement, cette théorie nativiste a mis en relief des problèmes d'apprentissage (et non plus d'enseignement) de la langue qui vont être au centre des préoccupations des psycholinguistes et didacticiens pendant de nombreuses années. Il est caractéristique qu'une grande partie des travaux consacrés à l'analyse d'erreurs se réfère en priorité à Chomsky (cf. Corder, 1967). L'idée que des procédés de « découverte » du fonctionnement de la langue sont mis en œuvre au cours de l'acquisition est bien conforme aux thèses avancées par Chomsky : l'erreur est de ce point de vue un moyen privilégié d'apprentissage, en tant que procédé de test des hypothèses relatives à ce fonctionnement. On retrouve ainsi une problématique très proche de celle avancée au début de ce chapitre à travers l'exposé des conceptions de Miller et Bruner : quelle est la nature des stratégies qui peuvent aboutir à l'élaboration de telles hypothèses ? Si des hypothèses sont ainsi faites, cela implique, de la part de celui qui acquiert la langue, l'élaboration d'un système de règles provisoire, rendant compte des régularités repérées mais susceptible d'être remis en cause par l'observation de nouveaux échantillons linguistiques : quelle est la nature de tels systèmes intermédiaires ? Ce sont là des questions qui seront au centre de très nombreuses recherches (cf. Chapitre 5).

Psychologie cognitive et apprentissages

Le terme « cognitif » fait référence à la **connaissance** : nous avons examiné, à propos des travaux de Miller et de Bruner, en quoi les caractéristiques et l'organisation des connaissances acquises (explicites ou implicites) peuvent déterminer la manière dont nous percevons, c'est-à-dire dont nous prenons en compte les informations de notre environnement. On peut élaborer sur cette base une hypothèse générale relative à ce qu'on appelle **l'apprentissage** dans la terminologie classique de la psychologie, c'est-à-dire l'acquisition de nouvelles connaissances ou capacités : dans une perspective cognitiviste, les connaissances qu'un individu possède déjà sont le principal déterminant de ce que cet individu peut apprendre, qu'il s'agisse d'une situation d'apprentissage implicite (expérience quotidienne) ou explicite (exercice scolaire). Ces connaissances préalables ne sont pas nécessairement liées directement aux stimulus présents dans la situation d'apprentissage ; elles peuvent servir à élaborer les informations présentes, à émettre des hypothèses sur ces informations ou sur la conduite à tenir en leur présence.

Il est en fait assez difficile de se référer directement à ce que serait une théorie cognitive de l'apprentissage : la nature même des positions cognitivistes est telle qu'on ne peut trouver dans un manuel de psychologie cognitive un chapitre sur les « mécanismes d'apprentissage », qui constitue classiquement un élément fondamental des ouvrages behavioristes. La psychologie cognitive est plus connue par des travaux sur l'intelligence, la résolution de problème, les concepts, ou de manière plus générale sur le traitement complexe de l'information (cf. Chastain, 1969 et Carroll, 1976, qui présentent, du point de vue de l'enseignement des L2, l'opposition Behaviorisme / Cognitivisme). Un aspect sans doute central de la psychologie cognitive est en effet qu'il n'y a pas, selon elle, de fonction autonome d'apprentissage ou de mémorisation, mais que les acquisitions constituent une des conséquences de l'activité mentale : celle-ci a un produit (perception d'objets, compréhension ou production d'énoncés verbaux, etc.) ; ce qui est « stocké » par le sujet, ce n'est pas ce produit, mais c'est l'activité mentale qui en est la cause : traitement perceptif, opérations psycholinguistiques, etc. (cf. Neisser, 1967, pp. 284-286). Dans ces conditions, le rappel n'est pas une réactivation de traces latentes, mais correspond à une nouvelle construction mentale qui prend comme base les traces laissées par une activité mentale antérieure.

Beaucoup des théories que nous avons présentées ici (Chapitres 3 et 4) considèrent qu'une caractéristique essentielle de l'activité mentale est d'être structurante. On fait l'hypothèse que le sujet possède un « système cognitif » ayant son organisation propre ; l'activité cognitive correspond à des processus dont le but est de traiter le matériel présenté (on peut dire de manière plus générale de « traiter l'information »), non pas selon des caractéristiques inhérentes à ce matériel, mais selon des schémas extraits du système cognitif et susceptibles de s'appliquer à ce matériel (cf. Neisser, 1967, pp. 286-292). C'est principalement cet aspect structurant que retiennent les didacticiens de L2 : pour Galisson par exemple, « l'approche cognitiviste ou structurante pose en principe que l'apprentissage d'une compétence communicative étrangère relève de l'autostructuration de matériaux verbaux et non-verbaux et consiste, pour l'apprenant, à se construire des règles afférentes au code et à son emploi par la découverte et l'expérimentation de leur fonctionnement » (1980, p. 40).

Ce point de vue est directement calqué sur une analyse cognitive de la résolution de problème ou de l'acquisition de concepts : étant donné un matériau (ici le langage) présentant à la fois une grande variabilité et certaines régularités, l'activité mentale du sujet qui y est confronté consiste à en détecter les régularités et les conditions de variabilité. Cette activité ne se fait pas au hasard : elle est dirigée par les structures cognitives du sujet, qu'elle modifie en retour.

Pour compléter la vision qu'on peut se faire des différents courants qui ont contribué à l'émergence d'une « théorie cognitive », il nous faut présenter quelques concepts dont le point commun est d'être issus d'une approche **cybernétique** de la psychologie : l'être humain y est conçu comme un système de traitement de l'information (cf. Lindsay et Norman, 1977). A l'image d'un ordinateur, le **système cognitif** qui sous-tend les activités psychologiques est supposé être composé essentiellement de quatre parties : un dispositif d'**entrée** (saisie) des informations ; une **mémoire** (stockage des connaissances) ; un dispositif de **traitement**, qui peut accomplir un ensemble d'opérations sur les informations (issues de l'entrée, ou du système de stockage) ; un dispositif de **sortie**. On peut représenter, de manière très schématique, les relations entre ces composants par la Figure 4.1 (ce qui ne constitue pas forcément un modèle accepté par tel ou tel auteur représentatif de ce courant, mais plutôt un modèle « minimal »).

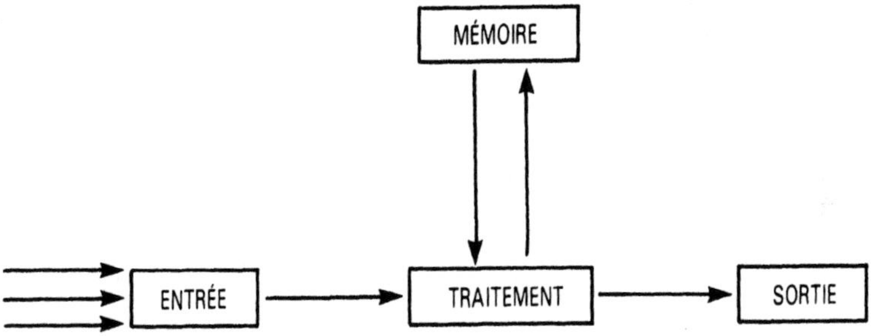

Figure 4.1 : Schéma des relations entre les composants du système cognitif

Si l'on accepte un tel schéma lorsqu'on s'intéresse aux apprentissages, on doit tenter de préciser en quoi ce que nous avons appelé ici « mémoire » (les connaissances préalables du système) peut jouer un rôle dans les « traitements » qui aboutiront à l'élaboration de nouvelles connaissances.

A l'instar de conceptions actuellement développées en intelligence artificielle (cf. par exemple Bonnet, 1984), les connaissances mises en œuvre sont à la fois **déclaratives** (ou propositionnelles, relatives à des contenus) et **procédurales** (relatives à des plans d'action). Un « plan », selon Miller, Galanter et Pribram (1960), est « n'importe quelle procédure hiérarchisée, présente dans l'organisme, susceptible de contrôler l'ordre dans lequel une séquence d'opérations doit se dérouler » (p. 16, notre traduction). Alors que les connaissances propositionnelles sont sans doute organisées en fonction de relations intrinsèques (cf. les travaux sur la « mémoire sémantique » : Ehrlich et Tulving, 1976), les connaissances procédurales seraient ordonnées selon des séquences temporelles. Selon Miller, Galanter et Pribram, tous nos comportements, y compris linguistiques, sont contrôlés par des processus cognitifs, qui développent des **plans** que l'organisme tente ensuite d'exécuter. Nos apprentissages dépendent de la mise en œuvre de tels plans ; l'objectif des apprentissages est aussi la constitution de plans, au titre de « programmes d'action » susceptibles d'être mis en œuvre dans une situation ultérieure. Ce qu'on apprend, ce ne sont donc pas des réponses (au sens des Behavioristes), mais des programmes de comportement, qui se réalisent à travers des séquences de réactions correspondant à une hiérarchie de sous-plans.

L'analogie avec le traitement informatique apparaîtra encore lorsqu'on aura précisé que chaque élément d'un plan se décompose en **opérations** et en **états** : l'examen d'un état du système (test) permet le branchement conditionnel vers telle ou telle opération, éventuellement le retour vers une étape antérieure. Ce point de vue est schématisé par la Figure 4.2, qui représente « l'unité de base » d'un programme d'action, unité désignée dans le texte de Miller, Galanter et Pribram par le sigle TOTE (Test - Operate - Test - Exit).

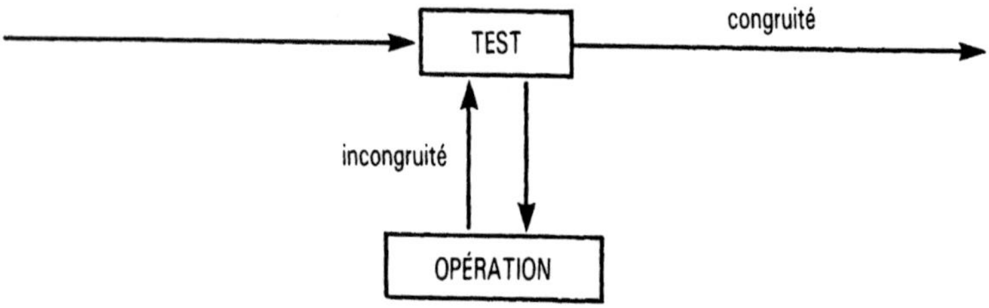

Figure 4.2 : L'unité TOTE
(d'après Miller, Galanter et Pribram, 1960, p. 26)

Par « incongruité », les auteurs entendent ici l'existence d'une différence entre l'état initial de l'organisme (état qui peut être la résultante d'un TOTE antérieur) et l'état qui constitue le but du comportement, du point de vue du plan d'ensemble gérant ce comportement. Les unités ainsi définies (unités moléculaires, ou tactiques) sont donc hiérarchisées de par l'existence de plans d'ensemble (unités molaires, ou stratégies). Chaque opération peut être elle-même une unité, constituée de la séquence Test - Opération - Test - Sortie, séquence alors soumise au contrôle de celle qui l'a déclenchée.

Acquisition du langage et stratégies

En ce qui concerne le langage, Miller, Galanter et Pribram proposent l'analyse suivante de ce qu'ils appellent un « plan grammatical », susceptible de générer des phrases correctes de la langue : « Sa structure correspond à la hiérarchie des règles grammaticales de formation et de transformation. L'objet sur lequel portent les opérations est testé pour son "caractère phrastique" ("sentencehood''). Ceci revient à la question de savoir si sont présents un syntagme nominal et un syntagme verbal. Le test relatif au syntagme nominal échoue ; le système déclenche alors la génération d'un syntagme nominal, etc., jusqu'à ce qu'éventuellement on ait satisfait à tous les sous-tests et sous-sous-tests et que le système retourne au test principal, qui est alors positif... » (p. 156, notre traduction).

Il s'agit là, de manière tout à fait flagrante, d'une modélisation cybernétique de la conception chomskyenne de la génération des « phrases grammaticales ». Le succès de cette conception, dans les années 60, malgré son caractère très formel, a été sans doute à l'origine du développement de la notion de **stratégie**, tout d'abord dans les domaines clés de la psychologie cognitive, mais aussi en psycholinguistique. En psychologie cognitive, il s'agit d'une notion reliée à celle de **métaconnaissance**, c'est-à-dire à la connaissance qu'on a des processus en jeu dans son propre fonctionnement mental. Pour ce qui concerne la mémoire par exemple, on peut montrer l'existence de stratégies qui tiennent compte de certaines caractéristiques générales ou individuelles : autorépétition de maintien, moyens mnémotechniques (rimes, mots-clés, associations), récupération par analogie, ou fondée sur des caractéristiques connues de ce qu'on recherche en mémoire... Ces stratégies peuvent tenir compte de l'objectif visé (mémorisation immédiate ou à terme par exemple). La **métamémoire** est la connaissance et le contrôle, par le sujet, de son propre système de mémoire, la connaissance des stratégies possibles et le contrôle de leur application. On sait que l'utilisation et le contrôle de telles stratégies apparaissent, chez l'enfant, assez tard (cf. Chi, 1976 ; Flavell et Wellman, 1977). Certains auteurs considèrent que le développement de ces capacités métamnémoniques joue un rôle essentiel sur l'ensemble du développement cognitif (Brown, 1978 ; Chi, 1985).

Dans le domaine de la résolution de problème, le terme de stratégie est utilisé en liaison avec deux concepts opposés à plusieurs titres : les algorithmes et les heuristiques (conceptualisation également centrale en intelligence artificielle : cf. Graham, 1979 ; Bonnet, 1984). Lindsay et Norman proposent les définitions suivantes (1980, p. 544) : « Dans l'étude de la résolution de problème, les plans ou les opérateurs sont de deux genres : les stratégies **algorithmiques** et **heuristiques**. Ce qui différencie ces stratégies, c'est le fait que le plan offre ou non une garantie de mener au bon résultat. Un algorithme est un ensemble de règles qui, si on les suit bien, produiront automatiquement la bonne solution. Les règles de la multiplication sont un bon exemple d'algorithme : si vous les appliquez correctement, vous obtenez toujours la bonne réponse. Les stratégies heuristiques ressemblent plus à des règles empiriques ; ce sont des tactiques de recherche de solutions relativement faciles à appliquer, et leur identification ne repose souvent que sur leur efficacité dans la solution de problèmes antérieurs. Contrairement aux algorithmes, les méthodes heuristiques n'assurent pas le succès. Mais dans le cas de la plupart des problèmes les plus compliqués et les plus intéressants, on n'a pas découvert d'algorithme approprié, et il se peut même qu'il n'en existe pas. Par conséquent, on a recours aux stratégies heuristiques. »

L'algorithme est donc une procédure figée, aboutissant automatiquement à un résultat déterminé, mais qui doit prendre en compte de manière exhaustive et systématique toutes les données du problème. Les heuristiques par contre présentent un intérêt quand il est difficile sinon impossible de prendre en compte tous les cas et toutes les données. Il faut alors sélectionner les règles selon leur importance estimée, en fonction de critères variables. C'est le cas par exemple au jeu d'échecs, pour lequel des règles heuristiques seraient : « Essayez de contrôler les quatre carrés du centre. Assurez-vous que votre Roi est en sécurité » (Lindsay et Norman, 1980, p. 545).

On voit donc que, dans ce domaine, les types d'opérations qu'on peut mettre en œuvre sont de nature très variable, très hétérogène, dépendant largement de la nature et de la complexité des composantes des problèmes à résoudre.

L'acquisition du langage en tant que processus de résolution de problème

Un exemple typique de l'application de la situation « résolution de problème » dans le domaine du langage est proposé par Lindsay et Norman, sous la forme d'une petite nouvelle de science-fiction (1980, p. 509) :

« Pour comprendre les problèmes que rencontre l'enfant (pour apprendre une langue), essayez de vous situer dans un environnement complètement nouveau. Imaginez que vous êtes sur une planète étrange. L'environnement ne correspond à absolument rien de ce que vous avez pu connaître auparavant : des formes insolites vous entourent, certaines fixes, d'autres mobiles, comme si elles subissaient continuellement des transformations de structure, de grandeur, de consistance et de couleur. Tout autour, des sons bizarres se font entendre.

« Un cercle lumineux plane à un mètre au-dessus de votre tête depuis que vous avez commencé à explorer la planète. Au début, vous lui accordez peu d'attention, si ce n'est d'être intrigué par sa présence. Tout à coup, en allumant votre lampe de poche pour éclairer certaines ombres, cette forme lumineuse se met à bouger. En faisant clignoter votre lampe, vous constatez que le cercle imite vos clignotements. Maintenant, alors que vous laissez votre lampe éteinte pour un moment, le cercle s'éloigne de vous pour se déplacer vers des rochers aux formes singulières, s'y arrête et présente des changements systématiques de couleur. Il revient vers vous et répète alors le même processus. Lentement, vous réalisez que cette forme lumineuse est l'organisme intelligent de la planète : elle essaie de vous enseigner son langage, et ce en commençant par le nom d'un objet.

« Au début, probablement que vous ne prêtiez pas une grande attention aux rochers, mais maintenant vous constatez que le cercle identifie ceux qui ont certains points en commun (ils présentent tous des saillies) et qui diffèrent des autres rochers (qui n'en ont pas). Heureux de cette découverte, vous imitez le clignotement du cercle avec votre lampe de poche. Vous donnez même au cercle le nom de **Halo**. A chacun de vos flashes, Halo s'anime et tourne autour de vous dans un chatoiement de couleurs. Cependant, vous notez que ses mouvements se modifient dans le temps. Lorsque vous éclairez les rochers saillants, Halo manifeste beaucoup d'activité, mais la même séquence de flashes sur d'autres rochers aussi saillants provoque une tout autre réponse : vous réalisez tout à coup que vous avez **surgénéralisé**. Vous pensiez que tous les rochers comportant une saillie déclenchaient la même séquence lumineuse. Maintenant, vous constatez que les rochers diffèrent : le nombre de leurs saillies a de l'importance. »

Des processus considérés comme centraux quant à l'acquisition du langage sont décrits sur ce modèle, proche de ce que la psychologie appelle classiquement « l'apprentissage de concepts » (cf. aussi Anglin, 1976) :

- La surgénéralisation : « Imaginons l'enfant confronté au chien de la maison. Chaque fois que le chien s'approche de l'enfant, les parents lui disent : "Pitou !" Quel concept l'enfant développe-t-il de ce mot ? Une hypothèse est qu'il s'en remette aux propriétés perceptives de la situation : **un objet noir de la même dimension qu'un bébé et qui se meut à peu de distance du plancher**. Ces caractéristiques perceptives renferment alors les structures cognitives qu'a l'enfant du concept « Pitou ». Pour lui, tout objet qui possède ces caractéristiques est un « Pitou ». Un autre chien pourrait se nommer ainsi, et aussi bien un chat, une personne se traînant à quatre pattes ou même un gros jouet mobile (tel qu'une voiturette). On appelle **surgénéralisation** la confusion qui en résulte : l'utilisation d'un mot est généralisée à des situations ayant certaines caractéristiques communes avec la bonne, mais dont l'emploi reste inadéquat » (Lindsay et Norman, 1980, pp. 512-513).

- La surdiscrimination : « ...supposons [que l'enfant] note trop de caractéristiques ou qu'il se limite à une caractéristique trop précise ? Dès lors, il **surdiscrimine** et ne donne un nom particulier à un objet que si celui-ci rencontre un ensemble précis d'exigences. Revenons à l'exemple de l'enfant qui entend prononcer le nom "Pitou". Supposons que son premier contact s'établisse avec un grand chien tacheté, haletant, aux yeux luisants et aux oreilles pendantes. Si l'enfant relève toutes ces caractéristiques, le concept "Pitou" deviendra tellement spécialisé que presque rien ne pourra le satisfaire. Il n'appellera certainement pas les chats et les gens "Pitou", pas plus d'ailleurs que les autres chiens. De plus, si le chien que nous avons décrit réapparaît avec la gueule fermée (et donc sans langue apparente), l'enfant ne l'appellera pas un "Pitou". » (p. 514).

Apprendre à parler consisterait donc à résoudre de tels problèmes formels, soumis à l'enfant par les événements qui se produisent dans son entourage. On ne peut d'ailleurs réduire cette approche à l'aspect « construction de catégories conceptuelles » en liaison avec l'émission de séquences sonores, ce qui serait une analyse peu éloignée du Behaviorisme. Si l'on cherche à imaginer comment de telles conceptions peuvent être appliquées dans le domaine de la syntaxe, on rejoint l'approche chomskyenne des acquisitions linguistiques : le problème pour l'enfant n'est plus alors seulement de repérer des règles ponctuelles permettant de produire des réponses verbales correctes, mais des règles génératives permettant la production de toute phrase grammaticale.

Une des premières argumentations développées en ce sens l'a été par Brown et Fraser (1963), qui ont cherché à mettre en évidence chez l'enfant des stratégies conduisant à l'induction de « règles de construction » du langage. Ils ont noté en particulier l'apparition d'**erreurs systématiques** dans les productions des jeunes enfants, erreurs non explicables en termes d'imitation du langage adulte. Tant que l'enfant parle « correctement » en effet, on ne peut écarter l'hypothèse selon laquelle il répète ce qu'il a entendu ; les erreurs, par contre, ne peuvent pas (en général...) provenir d'une imitation, d'autant que celles relevées par Brown et Fraser ne sont pas aléatoires : ce sont le plus souvent des surgénéralisations de règles existant effectivement dans la langue. Cette tendance à la simplification (rejet des exceptions) suppose la capacité d'induire des règles, caractéristique que Brown et Fraser rattachent à la perspective chomskyenne sur le langage.

Après un examen critique des méthodes traditionnelles de L2 (apprentissage de règles, répétition de structures), Brown et Fraser esquissent une analogie entre L1 et L2 : « Il nous a semblé que l'acquisition de la langue maternelle doit avoir beaucoup en commun avec celle d'une langue seconde, et aussi avec les méthodes scientifiques utilisées pour la découverte des structures linguistiques.

La caractéristique commune qui autorise cette analogie est la nécessité, dans les trois cas, d'induire des règles de construction générale à partir d'ensembles de phrases » (1963, pp. 159-160, notre traduction). C'est un point de vue qui sera largement examiné tout au long de notre chapitre 5.

Il est en fait peu vraisemblable que les conditions d'acquisition du langage par l'enfant soient telles qu'une approche aussi formelle (et à la limite algorithmisable) soit possible : « Dès sa naissance, l'enfant est assailli par des phrases grammaticales bien construites, des fragments de phrases mal formées, des énoncés qui prennent la forme d'anticipations, des questions, sans oublier ses propres babillages et tentatives pour communiquer. A partir de ce méli-mélo d'énoncés verbaux, il doit de quelque façon extraire les règles de transmission de l'information conceptuelle et relationnelle » (Lindsay et Norman, 1980, p. 516).

On sait (cf. Rondal, 1983) que les acquisitions de l'enfant sont fondées plus sur la signification que sur la grammaire : les corrections, les simplifications, les expansions, traits spécifiques des interactions parent-enfant visent en priorité l'établissement et le maintien de la communication, plus que la correction des énoncés (nous développerons plus longuement cet aspect dans le chapitre 6). La situation d'acquisition du langage évoque plus, de ce point de vue, l'utilisation de stratégies heuristiques que d'algorithmes.

Les heuristiques dans l'acquisition et l'utilisation du langage

Une façon de s'y retrouver dans le « méli-mélo » évoqué par Lindsay et Norman serait d'appliquer des « règles », non plus formelles mais heuristiques, qui présenteraient une efficacité suffisante malgré leur absence de systématicité. Il en est ainsi sans doute, chez l'enfant, de la stratégie consistant à considérer (en compréhension ou en production) que l'ordre des mots dans une phrase doit répondre à la structure canonique S-V-O (Sujet - Verbe - Objet), ou encore de l'utilisation de « mots-pivots » placés systématiquement en tête des phrases pour en assurer la thématisation. Ce ne sont pas des stratégies infaillibles ; ce sont des stratégies qui permettent, avec des risques limités, de respecter des contraintes cognitivo-linguistiques importantes : la relation agent-patient, la thématisation des énoncés.

Moreau et Richelle (1981, pp. 80-85) estiment, à travers les données recueillies sur la compréhension, par les enfants, de messages verbaux exprimant des actions, que trois grands types de stratégies sont utilisées successivement au cours du développement génétique :
- stratégies sémantico-pragmatiques (si un syntagme nominal

représente un « être animé », il est considéré comme l'agent) ;

- stratégies d'ordre (l'agent est le premier syntagme nominal de la phrase) ;

- stratégies d'utilisation des marques syntaxiques (le sujet grammatical des phrases actives est l'agent, celui des phrases passives le patient).

Slobin (1970), arguant de la grande uniformité dans le développement du langage chez les enfants, fait l'hypothèse que certaines stratégies correspondent à des « universaux » psycholinguistiques, qui seraient fondés sur des contraintes cognitives plus que linguistiques : contraintes liées aux limites des capacités de traitement, de mémorisation, mais aussi aux connaissances pragmatiques et conceptuelles de l'enfant. Des exemples d'universaux de ce type seraient l'utilisation, par simplification, de mots sans flexion (en contradiction avec les usages éventuellement repérables chez l'adulte), ou la limitation de la complexité structurale des phrases, du point de vue de la compréhensibilité, ou des caractéristiques des productions (cf. Ervin-Tripp, 1973 ; Moreau et Richelle, 1981, pp. 86-92, pour un examen des différents aspects de l'utilisation des stratégies dans l'acquisition du langage ; cf. aussi, sur les recherches interlangues et l'acquisition du langage, Kail, 1983a, b).

Slobin (1973) a systématisé l'analyse des stratégies induites à partir de corpus recueillis dans un certain nombre de langues. Il les énonce en termes de « préceptes » (on pourrait dire de « recettes »), qui sont des « règles heuristiques », très proches de celles que nous avons évoquées plus haut à propos de certains modes de résolution de problème. Les principes heuristique de Slobin sont considérés comme universels, dans la mesure où leur identité peut être attestée lors de l'acquisition de L1 très différentes ; mais le poids de chacun d'eux (sa pertinence fonctionnelle) peut varier selon les caractéristiques spécifiques de la langue à laquelle l'enfant est confronté. Voici la liste de ces principes (1973, pp. 187-208, notre traduction) :

A. Faire attention aux terminaisons des mots.

B. La forme phonologique des mots est susceptible d'être modifiée de manière systématique.

C. Faire attention à l'ordre des mots et des morphèmes.

D. Éviter la rupture et le bouleversement des unités linguistiques.

E. Les relations sémantiques sous-jacentes doivent être « marquées » explicitement et clairement.

F. Éviter les exceptions.

G. La présence de marques grammaticales doit correspondre à des valeurs sémantiques.

Visant à une analyse beaucoup plus globale des activités de langage, Noizet (1980) a proposé une synthèse des « stratégies de compréhension » que l'utilisateur adulte du langage peut mettre en œuvre. Il s'agit bien là d'heuristiques (et non de règles figées), au sens où l'activité essentielle du sujet est, selon Noizet, de faire des **hypothèses** sur les relations entre les éléments constitutifs de la phrase. Les déterminants du traitement sont d'abord syntaxiques (indices de position, marqueurs morphosyntaxiques) ; les aspects sémantiques n'interviennent que pour favoriser (ou éventuellement gêner) certaines hypothèses.

Pour Noizet (cf. 1980, pp. 136-142 et 219-221), il s'agit d'heuristiques qui sont très proches des stratégies perceptives (nous avons déjà, à plusieurs reprises, argumenté sur cette analogie perception / langage) : comprendre une phrase consiste à décoder un signal, à le segmenter, à établir des relations entre les éléments ainsi repérés, à leur attribuer des fonctions. Comme pour la perception (cf. ci-dessus Bruner), l'efficacité du traitement d'une phrase doit être jugée à la fois en fonction de l'adaptation à un objectif (comprendre), et en fonction du coût du traitement (temps, nombre d'indices utilisés) ; il s'agit donc aussi d'un processus de décision, avec le risque d'erreur qui y est associé. Les heuristiques liées à l'activité de compréhension ont justement pour rôle de contrôler le choix des indices pertinents, l'établissement des relations susceptibles d'aboutir à une intégration efficace des éléments constitutifs.

L'acquisition du langage dans le constructivisme piagétien

Toute la présentation que nous venons de faire des concepts fondamentaux de la psychologie cognitive, et de leur impact dans le domaine des acquisitions linguistiques, permet de voir que le langage n'y a aucunement des caractéristiques spécifiques, qui rendraient son acquisition redevable d'une théorisation particulière. Les connaissances implicites, l'attente et la préparation perceptives invoquées par Miller, les processus de catégorisation liés aux hypothèses et aux stratégies décrits par Bruner, les traitements, stratégies et heuristiques des théories psychologiques d'inspiration cybernétique, sont des concepts qui s'appliquent à tout objet de connaissance, le langage n'étant que l'un de ceux que le sujet peut rencontrer dans son environnement. Nous verrons ultérieurement (fin du Chapitre 6) que certaines conceptions cognitivistes, celle de Bruner en particulier, ont évolué dans un sens assez différent, en raison notamment de la prise en compte de la fonction communicative du langage. Si nous plaçons à la fin du présent chapitre une présentation des thérories de Piaget, c'est qu'elles nous paraissent bien illustratives de cette problématique, qui nous servira d'axe jusqu'à la fin de ce travail : le degré de spécificité des activités de langage, et ce qui en découle quant à la nature des acquisitions langagières.

La théorie cognitive de Piaget présente certes des caractéristiques très spécifiques par rapport à celles que nous venons de présenter : la **fonction sémiotique**, en particulier, y joue un rôle fondamental. Mais nous allons voir d'une part que le langage (en tant qu'outil de représentation) n'a pas de statut particulier au sein de la fonction sémiotique ; et d'autre part que le langage (en tant qu'objet de connaissance) ne diffère pas fondamentalement des autres objets du monde physique et social. La diffusion des conceptions de Piaget sur le développement de l'enfant, sur l'intelligence, sur l'acquisition des connaissances, est telle qu'il ne paraît pas utile, dans le cadre de cet ouvrage, d'en donner une nouvelle présentation détaillée (cf. Piaget, 1964 ; Piaget et Inhelder, 1966 ; Schwebel et Raph, 1976 ; Bronckart, 1977). Il nous semble par contre indispensable, pour terminer ce chapitre, de replacer la perspective piagétienne sur le langage dans le cadre des développements de la psychologie cognitive.

Il faut rappeler avant tout que la théorie piagétienne est « cognitive » en ce sens qu'elle vise à élaborer une **théorie de la connaissance**, ce qui nous place dans un contexte beaucoup plus large que celui qui vient d'être présenté à propos des théories cognitives d'origine américaine. La théorie de la connaissance défendue par Piaget s'enracine dans l'application d'une loi biologique fondamentale : l'organisme possède des **structures adaptatives**, constituées de systèmes actifs de réponse et de réorganisation. Un tel système tend à la fois :

- à se conserver, à intégrer tout nouvel objet ou toute nouvelle situation, par un mécanisme d'**assimilation** aux schèmes disponibles ;
- à s'adapter aux éventuelles stimulations du milieu, par un mécanisme d'**accommodation**, qui permet de modifier les schèmes disponibles pour améliorer la maîtrise d'un nouvel objet ou d'une nouvelle situation.

D'où les deux notions clés, qui nous permettront de présenter la perspective piagétienne sur le langage :

- **Interactionnisme.** L'organisme vise à maintenir un état d'équilibre ; si celui-ci est rompu par des perturbations extérieures, l'organisme cherche à le retrouver par un processus d'auto-régulation. Il y a donc une interaction permanente entre le sujet et le milieu.
- **Constructivisme.** Ce qui est dès lors primordial, c'est l'activité de l'organisme, ou plus exactement l'action qu'il exerce sur le milieu, et les résistances que celui-ci lui oppose. L'élaboration des structures de connaissance est progressive, selon une succession d'équili-

bres et de perturbations, donc de paliers ou stades ; les acquis d'un stade ne sont pas perdus lorsqu'un déséquilibre transitoire survient, mais ils sont intégrés dans ceux du stade ultérieur.

Si l'on aborde la théorie de Piaget à travers la notion de stade, on peut dire du langage qu'il se développe à travers des systèmes successifs, dont chacun possède ses propres règles de fonctionnement, sa propre cohérence : production de mots juxtaposés ; marquage « syntaxique » lié à l'intonation, puis à des mots de liaison ; complexification des relations fonctionnelles exprimables linguistiquement. On doit insister sur le fait que chacun de ces « états » de langue possède une cohérence suffisante pour fonctionner à son propre niveau : les premiers stades ne sont pas caractérisés par l'absence de règles de production, mais par l'émergence de règles autres que celles de la norme du langage adulte ; mais aussi sur le fait que le système des opérations correspondant à un état donné est inclus dans le système suivant : chaque état constitue un système d'opérations à partir duquel l'état ultérieur est construit.

Par ailleurs, la psycholinguistique piagétienne a pu montrer qu'il existe une liaison étroite entre développement cognitif et développement linguistique : c'est assez tard, dans le développement de l'enfant, que des marqueurs complexes permettent par exemple d'exprimer un ordre temporel différent de l'ordre syntaxique : « avant de manger, je me lave les mains. » L'intérêt de telles acquisitions syntaxiques est la possibilité de faire correspondre des marqueurs linguistiques de plus en plus précis à des opérations mentales rendant compte de relations complexes entre des référents. La difficulté d'acquisition de la forme passive, par exemple, est liée à la possibilité d'exprimer une relation où le sujet grammatical est différent du sujet logique, surtout lorsque les deux sujets sont réversibles : « la fille est poussée par le garçon ». La difficulté est moindre lorsqu'il n'y a pas inversion possible de l'agent et du patient : « la voiture est lavée par le garçon », cas où l'analyse syntaxique peut être inutile, au bénéfice de la seule plausibilité sémantique (cf. Bronckart, 1977, pour une synthèse critique de la psycholinguistique piagétienne ; cf. aussi Sinclair, 1967 ; Ferreiro, 1971).

Ce qu'il nous faut retenir de cette perspective est que l'acquisition du langage utilise les structures opératoires générales de l'intelligence, et n'est donc pas isolée du reste du développement intellectuel. Le langage, chez Piaget, n'est jamais étudié « pour soi » :

1. Il n'est qu'une des manifestations de la **fonction sémiotique** (cf. Piaget, 1945), au même titre par exemple que le jeu symbolique ou l'imitation différée. La fonction sémiotique correspond à l'élaboration d'instruments de **représentation**, instruments qui permettent à l'intelligence de prendre de la distance par rapport à

l'action et à la perception. Les différentes représentations ainsi construites ne possèdent certes pas exactement les mêmes propriétés : les images mentales, les symboles, les signes langagiers n'établissent pas de la même façon la figuration des propriétés de la réalité. Mais il existe entre ces modes de représentation une continuité fonctionnelle : le signifié y est toujours le résultat d'une opération cognitive, le produit d'une assimilation. La « signification » est donnée aux objets par leur assimilation à des schèmes existant, donc sous la dépendance de l'activité cognitive qui leur est appliquée.

2. Il est en relation étroite avec les **activités opératoires**, mais sans qu'il puisse constituer une explication du développement opératoire : l'exercice du langage ne peut modifier le résultat d'épreuves de niveau opératoire (cf. Piaget, 1963). Par contre, le langage suppose, pour être assimilé, l'existence antérieure de structures logiques qui rendent cette assimilation possible : la caractéristique spécifique de l'homme n'est pas le langage, mais la disposition de structures cognitives, dont dépend l'émergence du langage.

On voit ainsi que le langage, non seulement n'est pas un outil de représentation vraiment privilégié (sinon peut-être plus efficace que d'autres), mais encore qu'il peut être considéré, quant à ses caractéristiques proprement linguistiques, comme un objet qui, parmi tous les objets de l'environnement physique et social, peut être exploré par l'enfant, et sur lequel l'enfant peut appliquer des mécanismes de traitement cognitif généraux. C'est un objet « assimilable » (au sens piagétien du terme) comme les autres.

L'application de lois interactionnistes au langage se retrouve dans des travaux qui visent à rendre compte, dans une perspective fonctionnaliste, de l'acquisition du **système langagier**. Il s'agit alors de montrer que l'activité de l'enfant vise essentiellement à introduire une **organisation** dans cet aspect particulier de son environnement qu'est le langage, autrement dit à construire, pour pouvoir le maîtriser, les règles internes du langage. C'est par exemple le travail qu'a réalisé Karmiloff-Smith (1977) à propos de la maîtrise du genre des déterminants en français. A différents moments du développement il peut exister différentes règles dans le choix du genre d'un déterminant (règles liées aux caractéristiques phonologiques, sémantiques, contextuelles). Chacune de ces règles peut fonctionner de manière autonome, possède sa propre logique, comme un **micro-système**. Chaque micro-système possède une relative efficacité fonctionnelle, mais se fonde sur des données différentes. Le passage d'un système de règles à l'autre s'effectue lorsque se présente un conflit, lié à l'apparition de stimulations en contradiction avec le micro-système dominant.

Conclusion

Cette présentation de la perspective piagétienne nous permet d'insister sur les convergences de cette perspective avec les principaux thèmes abordés dans ce chapitre :

1. Une telle théorie est peu éloignée de celle défendue par Chomsky quant au problème des acquisitions : l'accent est mis sur l'existence de structures qui rendent l'acquisition possible de par le rôle qu'elles jouent dans l'interaction avec le milieu. Celui-ci n'est en quelque sorte qu'une occasion d'acquisition, qu'un apport de stimulations. La divergence entre Chomsky et Piaget (cf. Piatelli-Palmarini, 1979) tient à la conception non de la fonction des **structures de connaissance**, mais de leur nature. Il existe, pour Chomsky, des structures spécifiques aux acquisitions linguistiques, et leur innéité est liée au caractère unique du langage humain. Pour Piaget, les structures de connaissance sont générales : elles trouvent leur fondement dans des structures biologiques, mais il n'existe pas, de manière innée, de structure spécialisée pour l'acquisition de la fonction spécifiquement humaine qu'est le langage. L'équipement inné qui permet l'émergence de telles structures n'est pas spécialisé, mais fonctionnel : il permet l'application de mécanismes cognitifs aux échanges avec le milieu, et par là la construction de l'intelligence humaine, dont la maîtrise du langage est un aspect.

2. Ces différences n'enlèvent rien à l'existence d'une convergence sur des points fondamentaux relatifs aux processus d'acquisition du système langagier. Cette convergence concerne l'ensemble des conceptions que nous avons présentées dans ce chapitre. Elles se réfèrent toutes à une **approche formelle** du langage : les connaissances qui font l'objet d'un processus d'acquisition sont relatives à un **système de règles**. Le développement ne consiste pas à apprendre ces règles mais à les **découvrir** (hypothèses, stratégies), ou plus exactement à en établir un système intériorisé. Les interactions avec l'environnement sont fondées sur le postulat qu'il fonctionne bien selon ce système de règles, faute de quoi celui-ci doit être modifié en conséquence.

C'est pour l'essentiel sur ces notions que sont fondés les travaux qui, à partir d'une analyse cognitive des erreurs, ont tenté de rendre compte des **processus d'acquisition** d'une L2. L'utilisation de la notion d'interlangue, la référence à une hypothétique « séquence naturelle d'acquisition » (cf. Chapitre 5) correspondent à une théorisation tout à fait congruente avec celles de Chomsky ou de Piaget.

Une analyse critique de cette théorisation nous conduira (Chapitre 6) à aborder les processus d'acquisition d'une L2 sous l'angle des activités langagières. Lorsque Piaget centre son analyse du langage et de son acquisition sur la fonction de **représentation**, il néglige en effet la fonction de **communication**. Cela revient à ne considérer que l'aptitude des sujets à mettre en correspondance une signification et une structure linguistique, sans qu'on envisage que les phénomènes d'interaction sociale liés au langage puissent intervenir dans l'acquisition de celui-ci. C'est à propos de ce problème que sera reprise, à la fin du Chapitre 6, l'analyse théorique que nous venons de présenter.

Bibliographie sélective

Bronckart, J. P. *Théories du langage : une introduction critique*, Bruxelles, Mardaga, 1977, Chapitres 2, 7, 8.

Lindsay, P. H., Norman, D. A. *Traitement de l'information et comportement humain : une introduction à la Psychologie*, Montréal, Éditions Études Vivantes, 1980, Chapitres 12 et 13.

Mehler, J. Noizet, G. *Textes pour une psycholinguistique*, Paris - La Haye, Mouton, 1974.

Moreau, M. L., Richelle, M. *L'acquisition du langage*, Bruxelles, Mardaga, 1981.

Mehler, J. (Éd.) Psycholinguistique et grammaire générative, *Langages*, 1969, n° 16.

Reuchlin, M. *Psychologie*, Paris, P.U.F., 1984, Chapitre 4 : Les activités intellectuelles ; Chapitre 5 : La fonction sémiotique et le langage.

Chapitre 5.

L'acquisition d'une langue étrangère : processus cognitifs et situations d'acquisition

La référence à Chomsky est fréquente, durant les années 70, dans les travaux de linguistique ou de psycholinguistique appliquées à l'acquisition des L2. Malgré les ambiguïtés des positions chomskyennes sur le problème des acquisitions linguistiques, certains développements notionnels essentiels ont été établis sur la base de la faillite behavioriste et de la révolution chomskyenne. Il en est ainsi en particulier d'une évolution importante dans le statut théorique et pratique attribué aux erreurs dans le cours de l'apprentissage d'une L2.

Corder (1967, 1971, 1980) propose une hypothèse générale de grande portée lorsqu'il rejette le caractère aléatoire des erreurs. La position behavioriste est en principe, nous l'avons vu, qu'une bonne méthode doit conduire à un apprentissage sans erreur. Si en réalité des erreurs se produisent, c'est que la méthode n'est pas correctement conçue, ou que des circonstances particulières liées à l'élève (inattention, fatigue...) conduisent à une performance imparfaite. La théorie behavioriste prédit la possibilité d'un univers de contingences de renforcement en principe parfaitement maîtrisable, en réalité soumis à de nombreuses circonstances aléatoires parce que « rien n'est parfait ». Si l'on observe en L2 de nombreuses erreurs d'interférence dues à la L1, c'est que l'analyse contrastive de celle-ci et de la langue-cible n'est pas encore suffisante pour qu'on puisse aboutir à une progression d'apprentissage tenant compte des zones de difficulté dans le passage de l'une à l'autre.

L'objectif de Corder est de prendre en compte les hypothèses chomskyennes sur l'acquisition de la L1, et d'en examiner la pertinence éventuelle en ce qui concerne l'acquisition d'une L2. Il admet que les conditions d'acquisition sont différentes, notamment en matière de motivation, mais il postule que reste latente chez l'adulte une capacité d'acquisition, de même nature que la prédisposition innée qui, dans la théorie de Chomsky, est la base de l'acquisition de la L1 par l'enfant. Peut-on dès lors considérer qu'existe une identité des procédures et des stratégies qui président à l'acquisition de toute langue, L1 ou L2, même si la mise en œuvre de ces procédures et stratégies se fait dans des conditions différentes, notamment en ce qui concerne la rapidité de la progression ?

Le point central est que les « **erreurs** » linguistiques de l'enfant, en L1, sont considérées, ainsi que nous l'avons vu (cf. Brown et Fraser, 1963), comme des **indices d'un processus actif d'acquisition** : c'est notamment leur caractère systématique qui conduit à faire cette hypothèse. Les erreurs sont une manifestation d'un état du développement langagier de l'enfant ; elles permettent, à ce titre, de décrire la « connaissance » de la langue par l'enfant (sa « grammaire », au sens chomskyen) à un stade donné. Cela implique que ce ne sont pas les données linguistiques en elles-mêmes qui sont le facteur déterminant de l'apprentissage (acquisition d'habitudes verbales), mais en fait le matériau linguistique mis à la disposition de l'apprenant et **contrôlé** par celui-ci sous l'effet d'un **programme interne**. Ce programme interne a une position dominante par rapport au « programme » de l'enseignant ou de la méthode ; il aboutit logiquement à une progression construite par l'apprenant lui-même.

Dès lors, le caractère **systématique** de certaines erreurs en L2, d'ailleurs très souvent proches des erreurs relevées chez les enfants en L1, doit être lié à la présence d'un **système**, c'est-à-dire d'une compétence transitoire (différente de la compétence du locuteur de la langue-cible), et non à des aléas de performance. Le relevé et l'analyse des erreurs doivent permettre à l'enseignant et au chercheur de déterminer où en est l'apprenant (c'est-à-dire de caractériser son système transitoire de langue), mais aussi de connaître les stratégies et les processus qui sont à l'origine de tels systèmes (ce qui suppose une certaine communauté entre les systèmes de compétence transitoire d'un groupe d'apprenants).

Mais par ailleurs ceci confère aux erreurs un statut essentiel dans le développement des acquisitions langagières : leur évaluation est pour l'apprenant l'occasion d'infirmer des **hypothèses** sur le fonctionnement de la langue qu'il apprend. La production d'erreurs est ainsi un mode fondamental d'apprentissage : « (...) l'apprentissage des langues est une activité d'ordre cognitif de traitement de données et de formation d'hypothèses. Ce point de vue considère les phrases idiosyncrasiques de l'apprenant comme autant de manifestations d'hypothèses fausses. Lorsque l'apprenant aura été exposé à plus de données, et qu'il les aura traitées, soit par l'observation directe, soit à l'aide d'explications du professeur (...), l'interaction entre celles-ci et les hypothèses de départ lui permettra de formuler de nouvelles hypothèses plus conformes aux faits linguistiques de la langue-cible » (Corder, 1971, traduction française : 1980, p. 27).

L'hypothèse de **régularité** et de **systématicité** liées à des étapes d'acquisition conduit Corder (1971) à parler à ce sujet de « dialectes idiosyncrasiques », en ce sens qu'il s'agit de systèmes de langue dont les règles sont propres à celui qui parle ce dialecte. Mais, parmi d'autres dialectes idiosyncrasiques (le langage poétique, le discours des aphasiques, le langage des enfants en L1), celui des apprenants en L2 possède des caractéristiques importantes, qui feront l'objet de nombreuses recherches ultérieures :

1. Les dialectes idiosyncrasiques des apprenants sont par nature **instables**, puisque liés à des étapes transitoires dont la destinée est d'être remise en cause par la confrontation à la réalité linguistique (cf. la notion de « perméabilité » chez Adjemian, 1976). Cette caractéristique est importante, au plan théorique, quant à la nature des acquisitions concernées ; elle soulève par ailleurs des problèmes méthodologiques difficiles, pour ce qui concerne la possibilité de décrire de tels dialectes (cf. Porquier, 1977).

2. Le « programme interne » à l'origine des systèmes transitoires est considéré par Corder (1980, p. 40) comme un « itinéraire naturel d'acquisition des différents aspects de la langue-cible » : « le processus naturel de développement de la connaissance implicite est un processus de croissance organique ». Ce point de vue donnera lieu à de nombreux travaux sur le degré de **similitude entre les processus d'acquisition de la L1 et ceux d'une L2**. Il aboutira aussi au développement de théories, telle celle de Krashen, distinguant les apprentissages formels explicites des acquisitions linguistiques « naturelles ».

3. Les dialectes idiosyncrasiques des apprenants ne peuvent être décrits ni à travers le système de règles de la L1, ni à travers le système de règles de la langue-cible ; ils partagent, selon Corder (1971, traduction française : 1980, p. 20), des traits de chacun de ces systèmes. Aussi Corder n'exclut-il pas le rôle possible des interférences dans le développement d'un système transitoire ; celui-ci peut être en fait considéré comme **composé de trois sous-systèmes** :
- une partie du système de la L1 ;
- une partie du système de la langue-cible ;
- un système de règles n'appartenant ni à l'un ni à l'autre de ces deux systèmes, donc spécifique du dialecte idiosyncrasique constitué à un moment donné.

Le statut et l'importance relative de ces sous-systèmes hypothétiques ont fait l'objet de nombreuses études théoriques et empiriques, notamment au début des années 70 dans le cadre d'une « confrontation » entre l'analyse contrastive et l'analyse des erreurs liée à la notion d'interlangue.

Erreurs des apprenants et processus d'acquisition

Les notions introduites par Corder ont été développées par d'autres auteurs sous différents vocables, notamment « système approximatif » (Nemser, 1971 ; Sampson et Richards, 1973) et « interlangue » (« interlanguage » : Selinker, 1972). L'objectif déclaré de Selinker est la construction d'une théorie psycholinguistique de l'apprentissage d'une L2. Considérant que très peu d'adultes réussissent véritablement l'apprentissage d'une L2 (5 % ?), Selinker fait l'hypothèse que seuls ceux-ci réactivent une **structure linguistique latente** (au sens de Lenneberg, 1967 ; cf. Chapitre 4) en fait identique à celle qui a présidé à l'acquisition de la L1. Les 95 % restant activent une « **structure psychologique latente** », différente de la première, lorsqu'ils tentent de traiter une langue pour apprentissage. Dans ce cas, selon Selinker, un véritable apprentissage est en fait impossible, car l'objectif visé est de forger une compétence formelle, explicite et complète de la langue : d'une part parce qu'une compétence ne s'« enseigne » pas (ce qui rejoint clairement la position de Chomsky), d'autre part parce qu'un tel apprentissage ne peut en fait porter que sur une norme particulière de la langue et non sur ses aspects diversifiés et mouvants.

Ce sur quoi insiste Selinker, c'est que les productions en L2 de cette grande majorité d'apprenants ont des caractéristiques tout à fait intéressantes : elles sont différentes de celles du locuteur natif ; elles ne tendent pas forcément vers le système de la L1 de l'apprenant ; elles sont par trop systématiques pour être dues au hasard. Ces caractéristiques sont, selon Selinker, celles d'un système linguistique séparé, c'est-à-dire d'une interlangue. La formation d'un tel système proviendrait de la mise en œuvre d'un certain nombre de processus, qui constituent la « structure psychologique latente » mentionnée plus haut :

- transfert d'éléments de la L1 ;
- transfert d'apprentissage : l'émergence de certaines productions résulte de la présence de procédures d'entraînement spécifiques, par exemple l'utilisation systématique du pronom anglais HE (et non de SHE) dans les exercices, les manuels ou dans les énoncés du professeur ;

- stratégies d'apprentissage, par exemple en cas de prise de conscience par l'apprenant d'une non-compétence particulière dans un domaine particulier de la langue-cible ;
- stratégies de communication : la simplification systématique du système de la langue-cible, par exemple, permet souvent d'établir une communication minimale avec des locuteurs natifs ;
- surgénéralisation des règles de la langue-cible.

La combinaison de ces processus peut aboutir, selon Selinker, à la fossilisation des compétences de l'apprenant : l'interlangue est figée si ses stratégies de communication induisent l'apprenant à penser qu'il connaît suffisamment le système de la langue-cible pour communiquer. Ce phénomène peut se produire au niveau individuel (l'apprenant cesse d'apprendre), ou au niveau d'un groupe social (formation d'un nouveau dialecte, ou « pidginisation » : cf. Schumann, 1974, 1977).

De tels phénomènes sont d'ailleurs considérés comme une des preuves de l'existence de systèmes approximatifs de langue : pour de nombreux immigrés par exemple, un phénomène de « plateau » apparaît lorsqu'un niveau suffisant de compétence linguistique est atteint. Ceci est particulièrement évident pour des systèmes linguistiques « utilitaires » n'ayant à remplir que des fonctions sémantiques limitées, avec très peu de contraintes lexicales et syntaxiques, comme c'est le cas pour certaines professions touristiques : les contacts avec des étrangers sont alors fréquents, mais les besoins de communication très circonscrits. Chacun de ces systèmes a sa cohérence, son autonomie, est régi par des règles, même si ces règles sont parfois très éloignées de celles de la langue-cible (cf. Nemser, 1971).

On doit noter que Corder, Selinker ou Nemser prennent en compte le développement de systèmes intermédiaires de langue, mais admettent que ces systèmes peuvent être l'objet d'interférences dues au système de la L1 : il s'agit alors d'interférences de système à système, et non plus, comme dans l'analyse contrastive classique, d'élément linguistique à élément linguistique. L'interlangue doit donc être relativement proche, à un stade donné, pour des apprenants de même L1, mais différente pour des apprenants de L1 différente. L'hypothèse d'interlangue est exprimée de manière plus radicale quand on se réfère à un autre type de preuve largement avancée en sa faveur : l'existence d'erreurs « intralinguales », c'est-à-dire sans interprétation possible en termes d'analyse contrastive entre L1 et L2, donc, peut-on supposer, spécifiques du processus d'acquisition de la langue-cible.

Richards par exemple (1971a, 1971b ; cf. aussi Sampson et Richards, 1973) insiste sur le rôle important que jouent des erreurs liées au fonctionnement du système intermédiaire lui-même, donc d'erreurs qui doivent être communes à tous les apprenants, quelle que soit leur L1, pour une langue-cible donnée, ainsi qu'aux enfants apprenant cette même langue-cible à titre de L1. Richards considère en particulier que c'est le cas des erreurs de surgénéralisation (« he goed », « he can sings »), du non-respect des restrictions de règles (« the man who I saw him »), du non-respect de règles (comme dans le cas de calque de la forme d'une réponse sur la forme de la question : « what's he doing » / « he opening the door »), ou de l'utilisation de marqueurs considérés à tort comme universels (tel « was » pour le passé : « one day it was happened... »). Aucune de ces erreurs n'est explicable en termes de performance (fatigue, limitation de la mémoire) ; elles correspondent essentiellement, pour Richards, à des tentatives de construction d'hypothèses sur la langue-cible, à partir d'une expérience linguistique limitée.

Il s'agit donc d'erreurs liées à des processus sans doute très proches de ceux qui se produisent en L1. Certaines erreurs typiques de surgénéralisation se retrouvent d'ailleurs aussi bien chez les enfants en L1 (cf. Chapitre 4) que chez les adultes en L2 : « comed », « goed » ou en français « on poudra » sur le modèle de « on voudra » ; « content/malcontent » sur le modèle de « heureux/malheureux » (cf. Richards, 1971b). Dans ce même texte, Richards tente un inventaire des stratégies utilisées pour « s'enseigner à soi-même une langue », c'est-à-dire des processus (considérés comme universels : nous reviendrons sur ce sujet) utilisés pour traiter les données linguistiques que l'apprenant a à sa disposition. Travailler à une typologie des erreurs des apprenants est pour lui la meilleure voie d'accès à l'étude de ces stratégies.

L'argumentation devient particulièrement forte lorsqu'on peut repérer des erreurs qui ne **devraient** pas se produire si l'apprenant était influencé par sa L1 (cf. Py, 1980). Par exemple, l'énoncé (a) produit par un hispanophone ne peut être expliqué par un « décalque » d'une strucure espagnole, l'énoncé correct (b) ayant au contraire son strict équivalent en espagnol :

(a) Quand sont les hirondelles parties ?
(b) Quand sont parties les hirondelles ?
¿Cuando han salido las golondrinas?

On peut l'expliquer par contre si on fait référence à une « règle » (explicite ou non) qui aurait été élaborée par exemple à partir d'un énoncé tel que (c), et appliqué indûment (pour des raisons qui peuvent relever cette fois de la linguistique contrastive) à un autre cas (cf. Py, pp. 35-36) :

(c) Quand sont-elles parties ?

Les raisonnements ci-dessus ont été tenus essentiellement sur la base de l'observation d'erreurs syntaxiques, morphologiques ou lexicales, et la phonologie reste souvent considérée comme le dernier bastion de l'analyse contrastive, le domaine des acquisitions linguistiques où le problème des interférences interlinguistiques se pose avec le plus d'acuité. Certains travaux cependant tendent à montrer l'existence d'erreurs phonologiques intralinguales. Garnica et Herbert (1979) par exemple distinguent trois types d'erreurs chez les anglophones apprenant différentes langues :

- substitution séquentielle : un phonème prend la valeur d'un autre phonème qui le précède dans la séquence phonologique de l'item lexical : [kʃeʃwo] pour [kʃeswo] en polonais, par exemple ;
- substitution absolue : [rozi] pour [robi] en polonais ;
- métathèse : [raguda] pour [raduga] en russe.

Dans aucun de ces trois cas l'erreur ne peut être attribuée à une interférence, car les sons remplacées existent dans le répertoire phonologique de la L1 de l'apprenant. Les auteurs estiment qu'on peut interpréter ces erreurs en termes de stratégies d'acquisition, tout comme on l'a fait pour ce qui concerne les acquisitions phonologiques de l'enfant en L1 (Waterson, 1971). Les stratégies les plus courantes seraient par exemple :

- prêter attention aux parties les plus saillantes des énoncés, ignorer les variations mineures dans la prononciation des mots ou expressions ;
- considérer l'énoncé (mot, expression) comme une unité globale : certains traits phonémiques peuvent être ainsi perçus sans que soit perçue leur localisation précise dans la séquence phonologique.

Langue maternelle et langue étrangère : identité des processus ?

Une des hypothèses liées à la notion d'interlangue est la possibilité d'une théorie commune pouvant rendre compte des acquistions en L1 et en L2. En poussant jusqu'au bout le raisonnement fondé sur l'existence hypothétique d'un dispositif inné d'acquisition, il n'y a pas de raison en effet de ne pas envisager le cas où ce dispositif pourrait être disponible pour l'acquisition d'une L2, sinon chez l'adulte, du moins chez l'enfant jusqu'à un certain âge.

Chez l'enfant

Natalicio et Natalicio (1971) ont comparé le taux d'erreurs relatif à différentes formes de pluralisation orale en anglais. On observe que les formes [-s] (bets), [-z] (beds) et [-iz] (matches) sont de difficulté croissante ; la proportion de réussite suit une évolution très proche chez des enfants ayant l'anglais pour L1 et chez des enfants hispanophones apprenant l'anglais. L'argument d'un ***même ordre d'acquisition*** des éléments de la langue en situation L1 et L2 sera souvent repris dans les travaux de ce type.

Une recherche d'Ervin-Tripp (1974) porte sur des enfants de quatre à neuf ans anglophones après une exposition au français de l'ordre de neuf mois. Différentes épreuves de français leur étaient proposées : compréhension de phrases (la tâche étant d'exécuter l'action décrite par la phrase avec des poupées), imitation de paires phonologiques minimales, traductions de structures de base. L'auteur enregistrait en outre quotidiennement deux de ces enfants. Elle montre ainsi la réapparition, en français L2, de phénomènes identiques à ceux qu'on peut observer en L1 : tendance à la simplification (« moi » pour my/me : adoption d'une forme au lieu de deux lorsque celles-ci correspondent à une même situation référentielle), stratégies d'interprétation du type sujet-verbe-objet (SVO), ce qui conduit à des erreurs d'interprétation sur les passives (erreurs qui ont par ailleurs, pour ces mêmes enfants, disparu en L1), effets de primauté et de récence lorsque la mémoire est impliquée.

Une série de recherches de Dulay et Burt (1972, 1973, 1974a, b ; cf. aussi Krashen, 1978 ; Burt et Dulay, 1980) portent également sur l'acquisition d'une L2 par les enfants. L'ensemble de ces travaux rejettent l'hypothèse contrastive, au profit d'une hypothèse d'identité des processus d'acquisition de la L1 et d'une L2 : « Les enfants en dessous de l'âge de la puberté :

- feront des erreurs de syntaxe en L2 semblables aux erreurs développementales en L1 ;
- ne feront pas d'erreurs qui refléteraient le transfert de la structure de leur L1 sur la L2 qu'ils apprennent » (Dulay et Burt, 1972, p. 241, notre traduction).

Dans cette première recherche, partant d'observations faites par elles-mêmes ou d'autres auteurs, Dulay et Burt font valoir effectivement que l'on ne rencontre, dans ces recueils, que très peu d'erreurs d'interférence ; les erreurs les plus fréquentes sont de type « développemental » (observées également en L1), ou de type « unique » (sans lien avec la structure de la L1 de l'enfant, mais non observées en L1)[1]. A partir d'un test systématique de production à partir d'images, Dulay et Burt (1973) recueillent des énoncés d'enfants hispanophones, de 5 à 8 ans, apprenant l'anglais. Dans ces énoncés, 3 % seulement des erreurs peuvent être considérées

1. D'un point de vue méthodologique, l'affectation d'une erreur à chacune de ces catégories peut évidemment parfois être contestée ; la ressemblance entre une erreur L2 et une erreur L1 ne prouve pas que l'erreur L2 soit indépendante de la L1 de l'apprenant.

comme le résultat d'interférences par rapport à l'espagnol. En reprenant la même catégorisation que ci-dessus, on considère que 85 % des erreurs sont « développementales » et 12 % « uniques » (dans une autre recherche (1974a) Dulay et Burt rapportent des résultats très proches : 4,7 %, 87,1 % et 8,2 %). La description des erreurs « développementales » montre qu'elles sont essentiellement de deux types : suppression de mots fonctionnels, au profit d'un ordre standard agent-action-objet (« dog eat turkey »), surgénéralisations (« foots »).

Dans l'article de 1973, Dulay et Burt rendent compte aussi de l'ordre d'acquisition des mots fonctionnels (inflexions nominales et verbales, articles, auxiliaires, copules, prépositions), se demandant si la remarquable stabilité de cet ordre d'acquisition pour l'anglais L1 (Brown, 1973) peut être retrouvée en anglais L2. Travaillant avec des enfants hispanophones de différentes origines et apprenant l'anglais dans des situations différentes, les auteurs mettent en évidence une grande communauté de l'ordre d'acquisition entre ces enfants, mais montrent que cet ordre est différent de celui observé pour l'anglais L1. Ce résultat est retrouvé en comparant des enfants (6-8 ans) de L1 espagnole et chinoise (Dulay et Burt, 1974b) avec différentes méthodes : dans tous les cas, l'ordre d'acquisition des mots fonctionnels anglais est remarquablement stable.

Chez l'adulte

L'article de Cook (1973) rapporte deux expériences. Dans la première on montre au sujet une image et on lit une phrase ; on lui demande ensuite de répéter la phrase, puis de répondre à une question se rapportant à cette phrase. Les phrases utilisées permettent de tester différents aspects des propositions relatives. Elles sont présentées d'une part à des adultes apprenant l'anglais depuis un an, d'autre part à des enfants anglophones de trois à cinq ans. Les productions ainsi recueillies ont des caractéristiques très proches chez les enfants et chez les adultes :

- omission ou remplacement du relatif « that » ;
- difficultés plus grandes à traiter les relatives qualifiant l'objet de la phrase que celles qualifiant le sujet ;
- recodage de la structure syntaxique prenant en compte le sens des phrases.

Dans une seconde recherche, Cook reprend une technique utilisée pour l'étude de la L1 (Cromer, 1970) : on présente des phrases de même structure de surface mais de structures profondes différentes, telles que : (1) the wolf is happy to bite, (2) the duck is hard to bite. On demande au sujet d'indiquer qui est l'exécutant de l'action décrite par la phrase. Trois patterns de réponses sont possibles qui, génétiquement, sont successivement les réponses les plus fréquentes : (1) l'acteur est toujours le sujet grammatical de la phrase ; (2) réponses mixtes : soit du type 1 soit réponse correcte ; (3) réponse toujours correcte. Cook trouve cette même succession chez l'adulte en anglais L2, en rapport avec le temps consacré à l'apprentissage de l'anglais (de deux à cinq ans). Pour ces adultes cependant, on retrouve moins souvent des patterns de réponses composés uniquement du type 1.

C'est en suivant un principe expérimental identique, dans une autre recherche, que Cook (1977) reprend le travail de E. Clark (1971) sur l'acquisition de « before » et « after ». Celle-ci avait étudié le mode d'expression de relations temporelles en compréhension (simulation, sur des jouets, d'événements exprimés par une phrase) et en production (réponse à des questions concernant des événements survenant à des personnages ou objets représentés par des figurines). Elle pouvait ainsi montrer que deux facteurs déterminent la difficulté des phrases exprimant une relation temporelle :

- la concordance ou non-concordance entre l'ordre syntaxique et l'ordre des événements ;
- un facteur d'orde sémantique : « before » est de manière générale plus facile à traiter, car considéré, selon Clark, comme l'élément « positif » de la paire before-after.

Ce sont ces facteurs qui détermineraient l'ordre d'acquisition, décelable à travers des stratégies successives : stratégie fondée sur l'ordre syntaxique, puis détermination de l'ordre temporel par analyse de « before » puis de « after ». Dans l'expérience de Cook, on demandait aux sujets (adultes apprenant l'anglais depuis un ou deux ans) de désigner par « 1 » et « 2 » les membres de phrases présentés, en fonction de la succession des événements décrits. Les sujets avaient le même niveau de réussite pour toutes les phrases avec « before », une réussite plus faible pour « after » dans le cas d'une concordance entre ordre syntaxique et ordre sémantique, et nettement plus faible pour « after » dans le cas contraire. Comparés aux données de Clark, ces résultats conduisent à penser que les adultes en L2 adoptent des stratégies se rapprochant des stratégies les plus fréquentes, en L1, chez les enfants de trois ans et demi à quatre ans et demi (stades II et III de Clark).

Bailey, Madden et Krashen (1974), se référant aux résultats de Dulay et Burt (1973) sur la constance de l'ordre d'acquisition en L2 chez les enfants, cherchent à tester l'hypothèse selon laquelle cet ordre pourrait également se retrouver chez les adultes acquérant la même L2. Malgré les larges différences existant entre les adultes examinés, de L1 très variée, Bailey, Madden et Krashen montrent qu'existe entre eux un degré de similitude important quant à la maîtrise de morphèmes ayant un statut fonctionnel en anglais ;

les résultats ainsi trouvés rejoignent ceux mis en évidence chez les enfants en L2, dont les performances sont plus proches de celles des adultes que de celles des enfants en L1.

Les auteurs qui ont travaillé dans ce domaine ont cherché à étendre ces résultats à des zones du langage plus larges que celle des morphèmes grammaticaux. Ainsi Krashen, Sferlazza, Feldman et Fathman (1976) ont utilisé une technique de production provoquée, à partir d'images et de questions, faisant intervenir une vingtaine de structures anglaises typiques. Ils trouvent de très fortes corrélations, entre différents groupes d'adultes de L1 différentes, quant au degré de réussite dans la production de ces structures, et ceci quel que soit le mode d'apprentissage de l'anglais (formel ou naturel) subi par ces sujets. De plus, ces taux de réussite sont en très bonne correspondance avec les mêmes mesures effectuées par ailleurs sur des enfants en L2.

L'impression générale qui ressort de ces travaux est d'une cohérence assez forte (entre apprenants de L1 et de L2, entre différents apprenants de L2) quant aux caractéristiques d'un certain nombre d'observables, dans des domaines du langage il est vrai assez souvent limités, et relatifs principalement à des aspects formels. Au-delà des critiques méthodologiques opposables à ces approches, les difficultés majeures qui nous apparaissent portent sur l'interprétation générale qu'on peut faire de telles observations, quant à une **théorie des acquisitions en L2**. La référence majoritaire à la linguistique chomskyenne, et l'utilisation - très rarement explicitée il est vrai - de concepts proches de ceux de Piaget lorsqu'on traite des analogies entre L1 et L2, ne sont sans doute pas étrangères à l'émergence de lourdes ambiguïtés.

Interprétation génétique des acquisitions en langue étrangère

Le mot « naturel » apparaît de manière régulière dans les commentaires et interprétations dont nous venons de rendre compte. Dulay et Burt intitulent leur article de 1973 : « Devons-nous enseigner la syntaxe aux enfants ? », et concluent qu'à cette question les recherches actuelles permettent de répondre « non », suggérant de « créer dans la classe un environnement linguistique qui mette à profit les processus naturels d'acquisition linguistique de l'enfant » (1973, p. 245, notre traduction). On rencontre ainsi les expressions « séquence naturelle d'acquisition » ou « ordre naturel d'acquisition », chez l'enfant ou chez l'adulte (Bailey, Madden et Krashen, 1974 ; Dulay et Burt, 1974b ; Krashen, Sferlazza, Feldman et Fathman, 1976 ; Krashen, 1978), et nous avons vu que Corder 1980, p. 40) en appelle à un « itinéraire naturel d'acquisition des différents aspects de la langue-cible ».

Ces hypothèses, bien entendu, ne peuvent être exclues a priori. Il se peut que, pour un apprenant, la simple « exposition » à un matériau linguistique soit l'occasion d'activer, ou de réactiver, des processus d'acquisition du langage. Il est tout à fait vraisemblable que des adultes ou des adolescents **puissent** apprendre une L2 de manière « naturelle ». Mais cela ne prouve nullement que ceci constitue le meilleur moyen d'apprendre une L2, les cas d'échec ou de fossilisation grave en milieu naturel constituant un contre-argument de taille au mythe de l'acquisition naturelle. En admettant même que ce type d'acquisition soit le plus approprié, encore faudrait-il pouvoir déterminer ce qui, dans une « situation naturelle » constitue les facteurs déterminant la réussite de l'apprentissage : disponibilité d'un matériau linguistique riche ; absence de progression systématique ; possibilité de « bain linguistique » (accent sur les activités de compréhension) ou opportunités de s'exprimer dans la langue-cible (accent sur les activités de production) ; priorité accordée au contenu par rapport à la forme ; présence de référents permettant de traiter des énoncés « en situation » ; confrontation à des situations d'interaction... Démonter ainsi d'éventuels processus naturels est évidemment d'un grand intérêt pour le chercheur, qui, par métier, ne peut se contenter de constater l'existence de phénomènes naturels, mais aussi bien sûr pour l'enseignant, qui sait par expérience qu'il existe quelques obstacles à l'épanouissement harmonieux de la nature, et qu'ainsi celle-ci mérite parfois d'être un peu aidée.

L'ambiguïté d'un cadre conceptuel fondé sur des explications essentiellement génétiques conduit souvent à des hésitations, pleines de sens, entre une hypothèse « développementale » stricte (selon « un processus de croissance organique », dit Corder, 1980) et des hypothèses faisant intervenir des facteurs externes. Selinker (1972) invoque, nous l'avons vu, une « structure psychologique latente », dont il ne précise guère la nature (sinon qu'elle semble avoir le même statut que la « structure linguistique latente » des chomskyens) ; cette structure est activée « à chaque fois que [les apprenants] tentent de produire une phrase en langue seconde, c'est-à-dire à chaque fois qu'ils tentent d'exprimer des significations, qu'ils peuvent déjà posséder, dans une langue qu'ils sont en train d'apprendre » (p. 212, notre traduction). Il faut dès lors, pour rendre compte des apprentissages, invoquer d'une part des processus qui contrôlent les productions de l'interlangue, mais aussi d'autre part un dispositif qui contrôle en quelque sorte la distance entre l'interlangue et la langue-cible, ou qui détermine « la réorganisation du matériau linguistique, à partir d'une interlangue, pour identification à une langue-cible spécifique » (p. 224).

Il s'agit là d'un problème que Selinker ne fait qu'évoquer, à la fin de son article, et qu'il évacue rapidement en le considérant du domaine de l'enseignement (teaching) et non de l'apprentissage (learning). Cette distinction ne résout rien, puisqu'elle n'explique nullement que des processus liés à une « structure psychologique latente » puissent à la fois être à la source de productions dans l'interlangue (différente de la langue-cible), à l'origine d'une connaissance par l'apprenant d'un objectif à atteindre (la langue-cible), et que l'interaction entre les deux soit facteur de progrès. Autrement dit, la référence à une telle structure ne rend pas compte du caractère mouvant et orienté des processus mis en jeu par l'apprenant.

Des soucis identiques, concernant l'interaction entre l'apprenant et le matériau linguistique, sont exprimés par d'autres auteurs, mais sans que soit jamais développée une théorie psychologique susceptible de rendre compte du caractère constructif de cette interaction. Ainsi Sampson et Richards (1973) estiment que l'apprenant lui-même est générateur de la « grammaire » de ses productions dans la langue-cible, et précisent qu'il s'agit là pour l'apprenant d'un processus d'intériorisation de la grammaire de la langue-cible, par des essais de dérivation de règles s'appuyant sur les donnés linguistiques auquel il est confronté. Dans leurs travaux successifs, Dulay et Burt (1972, 1973, 1974a, b) font l'hypothèse d'un double processus mis en œuvre dans les acquisitions linguistiques :

1. L'apprenant possède une organisation mentale innée spécifique qui le conduit à utiliser un ensemble limité de stratégies de traitement pour produire des phrases dans une langue.

2. L'apprentissage conduit à transformer ces stratégies en règles linguistiques que l'apprenant ajuste progressivement quand il organise de plus en plus la langue particulière qu'il entend. Ainsi la variation des éléments linguistiques à la disposition de l'apprenant conduit à des acquisitions effectivement différentes malgré l'identité des stratégies de traitement.

Corder (1980) estime quant à lui que « la façon dont [la connaissance d'une langue] se construit est en grande partie indépendante des connaissances antérieures de l'apprenant et résiste dans l'ensemble aux tentatives de lui imposer une progression autre » (p. 40). Cette référence négative aux « connaissances antérieures » de l'apprenant pose problème. Il semble bien acquis expérimentalement qu'on retrouve en L2 des phénomènes démontrant l'existence d'ordres d'acquisition identiques à ceux de la L1. Cela prouve effectivement que l'apprenant peut progresser d'une manière indépendante par rapport à des données linguistiques immédiates : indépendance par rapport à l'ordre d'enseignement de la langue-cible, indépendance par rapport à des connaissances spécifiques concernant sa L1. Cela ne prouve pas qu'il soit alors indépendant des connaissances générales qu'il a acquises sur le langage (à travers sa L1 ou d'autres L2), ou sur les processus d'acquisition du langage.

Autrement dit, ces hypothèses ne prennent nullement en compte la référence au métalinguistique et au métacognitif dans la situation de L2 : rien ne permet de dire en effet que des processus **apparemment identiques** sont **mis en œuvre de la même manière** dans des situations aussi différentes que l'acquisition de la L1 et d'une L2 ; rien ne permet d'attribuer les qualificatifs tels que « naturels » ou « organiques » à ces processus en arguant de leur présence dans ces deux situations. Pour ce faire encore faudrait-il montrer :

1. qu'ils ont le même statut dans le fonctionnement psycholinguistique de l'enfant et de l'apprenant adulte ;
2. qu'il s'agit bien là de processus importants pour ce qui concerne les acquisitions effectivement réalisées dans l'un et l'autre cas.

Examinons par exemple le cas des sujets de Cook, qui prennent en compte l'ordre syntaxique des éléments d'un énoncé pour en inférer un ordre sémantique. La présence de ce processus en L1 et en L2 ne nous indique pas qu'il corresponde dans l'un et l'autre cas à un même « objectif » de la part de l'enfant et de l'adulte apprenant. Les résultats de Cook n'attestent d'ailleurs la présence chez l'adulte, dans la situation expérimentée, que de l'**une** des étapes par ailleurs repérées chez l'enfant. Il ne s'agit donc pas forcément d'un processus lié de manière intangible à un développement, mais peut-être plus simplement d'une **stratégie provisoire liée à une demande particulière de la tâche**. Les difficultés de traitement pour l'adulte ne sont probablement pas d'ordre cognitif, au sens de mise en œuvre de relations logiques ; le problème pour l'adulte est sans doute plutôt lié à la présence **simultanée** de difficultés cognitives (habituellement maîtrisées) et de difficultés inhérentes à la maîtrise des éléments de la L2.

Nous reviendrons sur cette hypothèse, esquissée par Cook, du caractère « multi-procédural » de la situation d'acquisition d'une L2. Si l'adulte apparaît en situation de « régression », encore nous faut-il en préciser le statut : s'agit-il d'une étape obligée pour acquérir, à travers un nouveau « développement », la maîtrise des éléments de la langue-cible ? ou plus simplement d'un état facultatif et provisoire permettant de satisfaire, de manière incomplète, à des contraintes multiples ? Deux types d'arguments nous conduisent à pencher en faveur de la seconde hypothèse : d'une part le fait que les caractéristiques des acquisitions sont largement dépendantes des situations au sein desquelles elles se développent ; d'autre part l'existence d'arguments, relatifs à l'effet de l'âge des apprenants, remettant largement en cause l'hypothèse de l'acquisition « naturelle ». Ce sont ces arguments que nous présentons ci-dessous.

Le rôle des situations d'acquisition

Selinker, Swain et Dumas (1975) estiment que l'explication génétique de l'acquisition d'une L2 par l'enfant (avant la puberté) est remise en cause par des résultats observés lorsque deux conditions relatives à la situation sont remplies : l'apprentissage de la L1 et celui de la L2 ne sont pas simultanés ; l'apprentissage de la L2 se déroule en l'absence d'enfants parlant cette langue comme L1 (pairs natifs). Dans ces conditions, les caractéristiques de l'interlangue des enfants en L2 sont différentes de celles d'enfants apprenant la même langue en L1, contrairement à beaucoup des résultats que nous avons cités plus haut. Selinker, Swain et Dumas font cette observation sur des enfants anglophones de sept ans, apprenant le français par « immersion » en classe, mais vivant par ailleurs en milieu anglophone. Ces enfants ont peu de difficultés d'expression et de communication entre eux (sauf pour l'utilisation de certaines structures grammaticales), ce qui démontre la présence d'une interlangue relativement commune ; mais les auteurs notent, comme chez l'adulte, la fossilisation de certaines erreurs. Les stratégies relevées sont de surgénéralisation (ordre des mots, formes lexicales, conjugaisons), de simplification (infinitif), mais aussi, de manière non négligeable, de transfert de la L1 à la langue-cible :
- au niveau lexical : traduction littérale non appropriée sémantiquement, ou utilisation de mots anglais,... ;
- au niveau syntaxique : transfert de la structure grammaticale de surface (ordre des mots, place des prépositions, règles d'effacement...).

Si la nature du développement linguistique dépend du « contexte d'acquisition », on peut penser que celui-ci n'est en fait pas figé : il dépend lui-même des acquisitions linguistiques réalisées, puisque celles-ci modifient l'usage de chacune des langues par l'apprenant, le statut qu'il leur attribue, bref le type de contact entretenu entre les deux langues du point de vue de l'apprenant lui-même. Ainsi Taylor (1975) admet une pluralité des sources d'erreurs, et examine l'hypothèse selon laquelle la part relative de ces sources évolue dans le temps :

- Il accepte, d'une part, l'hypothèse générale de l'interlangue. L'acquisition d'une langue supposant la mise en œuvre d'un processus actif de la part de l'apprenant, certaines erreurs sont liées à des processus de traitement de la langue, sans référence notable à la L1. De plus, pour compenser le manque de connaissances concernant certains aspects de la langue-cible, l'apprenant utilise fréquemment des procédures visant à la réduction de la complexité du système de celle-ci ; il s'agit le plus souvent de l'utilisation systématique et étendue d'une règle simple de la langue-cible, ce qui correspond au sens strict à la constitution d'une interlangue.

- D'un autre côté, en se référant à la théorie de Ausubel (1963), selon lequel un apprenant, lorsqu'il est confronté à une situation nouvelle, s'appuie pour la traiter sur ses connaissances antérieures, Taylor estime que la situation des élèves de L2 dépend beaucoup de leur degré d'avancement dans l'apprentissage. Il propose ainsi l'hypothèse qu'un apprenant débutant devra, beaucoup plus qu'un apprenant avancé, faire reposer ses acquisitions sur ses connaissances de la L1. On peut ainsi penser qu'il y aurait, tout au long de l'apprentissage, une inversion de la source majoritaire des erreurs, partant des erreurs d'interférence au profit ultérieur des erreurs du type surgénéralisation.

C'est ce qu'il observe sur des sujets adultes hispanophones apprenant l'anglais, classés par des enseignants en « élémentaires » (quasi-débutants) et « intermédiaires ». Utilisant une procédure de production « provoquée » inspirée des techniques de Corder (en fait très proche de la traduction), il montre que 39 % des erreurs sont des erreurs d'interférence chez les « élémentaires », contre 23 % chez les « intermédiaires ».

Seliger (1978) a montré de même que la nature des erreurs faites par des apprenants est fonction de leur participation interactive dans la classe. Il a comparé deux populations d'apprenants : HIG (« high input generator »), qui font preuve d'un taux important d'interaction, LIG (« low input generator »), qui n'émettent que peu de comportements interactifs, et ne reçoivent que peu de données ; ce sont des élèves qui répondent surtout à des situations d'exercices formalisés. Cette distinction, selon Seliger, porte à la fois sur des comportements de production, mais aussi de réception, dans la mesure où les élèves les plus productifs sont aussi ceux qui se donnent l'occasion de recevoir des rétroactions de la part de l'enseignant, sous la forme de réponses, de modulations ou de corrections. Ayant effectué une mesure du taux de participation chez des adultes apprenant l'anglais depuis moins d'un an, Seliger fait effectuer par des juges bilingues un classement des erreurs de production relevées lors d'interviews enregistrées. Alors que les HIG parlent plus et font plus d'erreurs, la proportion d'erreurs attribuées à des interférences de la L1 est nettement plus faible chez eux que dans les productions des LIG (35 à 40 % contre 50 à 55 %).

Chez l'enfant, une recherche de Cancino (cf. Hakuta et Cancino, 1977, pp. 300-301) porte sur l'évolution de la nature des erreurs dans le temps : il s'agit du cas d'un enfant de cinq ans hispanophone apprenant l'anglais, en situation d'acquisition naturelle. Des enregistrements de productions spontanées sont effectués deux fois par semaine pendant huit mois, et Cancino examine à partir de ces enregistrements les différentes formes exprimées de la relation de possession. Elle montre ainsi une évolution très nette, selon le schéma suivant :

- prédominance de la forme espagnole « de » ;
- utilisation de l'ordre des mots se référant à la forme possessive (sans 's) dans des contextes où cette forme apparaît dans des productions de natifs ;
- remplacement de « de » par « of », pour l'ordre possédé-possesseur ;
- forme possessive avec 's.

Cancino note qu'aucune forme d'erreur ne disparaît brusquement : il y a simultanément diminution des types d'erreurs initiaux et progression des autres types. Par ailleurs, certaines erreurs d'interférence ne se produisent que pendant une courte période, au tout début de l'acquisition d'une structure linguistique. Ceci conforte considérablement le point de vue de Corder (1967), selon lequel une étude des stratégies d'acquisition nécessite une méthodologie longitudinale de recueil des données : la référence à un état d'interlangue à un moment donné n'a, du point de vue des processus d'acquisition, guère de signification, et ceci d'autant que l'évolution des stratégies dans le temps peut être très rapide.

Nous verrons d'ailleurs dans un moment que la stratégie de transfert de la L1 n'a sans doute pas un statut unique : elle apparaît dans les résultats de Cancino comme une stratégie de débutant, en l'absence d'autre moyen linguistique ; cette absence peut être caractéristique également de situations complexes, où la maîtrise simultanée de difficultés sémantiques et formelles est difficile : la L1 peut être là aussi un recours (cf. Ervin-Tripp, 1974). A l'inverse, une stratégie rencontrée chez les débutants peut être le recours à des formulations « toutes faites » de la langue-cible : il ne s'agit alors ni d'interlangue ni d'interférence mais de processus que l'on pourrait qualifier d'« automatismes » (nous développerons ce problème plus loin dans ce chapitre).

Le rôle de l'âge des apprenants

L'opinion courante, ainsi que certains résultats exprérimentaux (Dulay et Burt, 1973, 1974 ; Krashen, Sferlazza, Feldman et Fathman, 1976) laissent penser que les interférences dues à la L1 seraient plus fortes chez les adultes que chez les enfants, et que, de manière générale, l'apprentissage d'une L2 serait d'autant plus difficile qu'on est plus âgé. Cela est loin de correspondre à une évidence. Beaucoup de recherches tendent à montrer au contraire un effet facilitateur de l'âge. C'est le cas par exemple des résultats de Fathman (1975) dans une épreuve de production orale, sur des enfants de six à quinze ans apprenant l'anglais : pour ce qui concerne les aspects morphologiques et syntaxiques des productions, les enfants réussissent mieux à partir de dix ans ; pour ce qui concerne la prononciation par contre, les enfants de moins de dix ans font preuve d'un meilleur taux de réussite.

Pour interpréter correctement ce type de résultat, encore faut-il sans doute tenir compte des conditions de l'apprentissage. Ainsi Asher et Price (1967) estiment que la supériorité parfois notée chez les jeunes enfants tient à ce que ceux-ci ont plus d'occasions d'apprendre dans des situations où les énoncés correspondent à des actions effectives. Lorsque les adultes ou les adolescents ont la possibilité d'apprendre des énoncés en rapport avec des gestes effectués, leur apprentissage est largement supérieur à celui des enfants, pour une tâche de compréhension orale. Asher et Garcia (1969) montrent par ailleurs que la prononciation est plutôt meilleure chez les jeunes enfants (notamment jusqu'à six ans, selon ces résultats), mais notent que pour un certain nombre d'élèves plus âgés la prononciation peut également être acquise de manière excellente. Même si le pourcentage en reste relativement faible, cette possibilité contredit notablement une explication fondée sur des hypothèses d'ordre biologique, telle celle de l'âge critique proposée par Lenneberg (cf. Chapitre 4).

Olson et Samuels (1973) rejettent également cette hypothèse en présentant des résultats où les apprenants les plus âgés réussissent mieux, sous certaines conditions, que les plus jeunes. Ces auteurs observent en effet que les recherches habituelles faites sur ce sujet prennent en compte des observations relatives à des enfants - souvent immigrés - apprenant dans des **conditions quasi-naturelles**. Ils ont au contraire comparé les acquisitions phonologiques de trois groupes d'élèves (10 ans, 14-15 ans, 18-26 ans) dans des **conditions scolaires** habituelles, et aboutissent à démontrer la supériorité des plus âgés. Olson et Samuels considèrent que, dans ces conditions, la durée de l'entraînement et la qualité du modèle sont bien contrôlées, alors que les enfants bénéficient souvent, en situation naturelle, de contacts linguistiques plus riches que ceux dont profitent leurs parents, dont les interactions les plus fréquentes se produisent en fait avec d'autres immigrés.

Nous avons déjà évoqué les résultats d'Ervin-Tripp (1974), obtenus sur des enfants anglophones en Suisse. Elle montre clairement les avantages dont les enfants les plus âgés (entre 7 et 9 ans) peuvent bénéficier dans les épreuves proposées :

- meilleure capacité à répéter les séquences longues ; il s'agit là de la disponibilité de meilleures stratégies de mémorisation, déjà largement démontrées par ailleurs, notamment en ce qui concerne la répétition immédiate de séquences verbales (cf. Chi, 1976, 1977) ;
- meilleure connaissance des caractéristiques générales des langues, tant du point de vue phonologique que morphologique ou syntaxique, ce qui confirme les résultats de Olson et Samuels ; à un certain niveau de généralité, les langues sont en fait, pour l'apprenant, plus semblables que différentes, et un apprenant plus âgé peut davantage, selon Ervin-Tripp, profiter de ces similitudes, par exemple utiliser sa connaissance implicite des critères de discrimination phonologique ;
- meilleures stratégies de découverte et d'utilisation des règles ;
- possession d'un système sémantique plus large et mieux organisé, ce qui permet des transferts plus ou moins directs pour la constitution d'un système sémantique de la langue-cible.

Krashen, Long et Scarcella (1979) distinguent cependant la vitesse d'acquisition et la compétence finale, et estiment qu'on ne peut prendre en compte, pour traiter ce problème, que des recherches portant sur l'effet à long terme des apprentissages : d'après un certain nombre de recherches analysées par ces auteurs, les adultes et les enfants les plus âgés acquièrent, dans un premier stade, la L2 plus rapidement que les jeunes enfants, du point de vue morphologique et syntaxique ; mais les jeunes enfants ont en général un niveau supérieur si l'on examine le résultat final. Encore faut-il préciser que cette supériorité ne vaut que pour des enfants dont l'exposition à une L2 s'est faite dans des conditions relativement naturelles, c'est-à-dire peu éloignées d'un bilinguisme vrai.

En tout état de cause, un certain nombre de données montrent clairement que la **nature des acquisitions** est sans doute, dans beaucoup de cas, différente chez les adultes et chez les enfants. Heilenman (1981), par exemple, a repris sur des adultes la procédure appliquée par Tremaine (1975, cité par Heilenman) sur des enfants : appariement de phrases orales et d'images ; appariement de phrases synonymes présentées oralement. Alors que les enfants font environ les 2/3 de leurs erreurs par rapport à la structure syntaxique des phrases et le 1/3 restant par rapport au respect de règles morphémiques, cette proportion est simplement inversée chez l'adulte (18-25 ans, étudiant le français). L'interprétation proposée par

Heilenman porte sur les contraintes spécifiques de l'acquisition de ces différents aspects de la langue :

- les acquisitions morphémiques supposent simplement une « exposition linguistique » suffisante ;
- les acquisitions syntaxiques, liées au repérage et à l'acquisition de règles, nécessitent une maturation cognitive suffisante.

Cette interprétation rejoint celle de Larsen-Freeman (1976), qui montre, à partir d'une analyse corrélationnelle d'un certain nombre de recherches expérimentales, que l'ordre d'acquisition des morphèmes est en fait lié à la fréquence d'occurrence de ceux-ci dans le matériau linguistique que l'apprenant peut avoir à sa disposition. Cela remet en cause considérablement le poids de l'interprétation « développementale » des similitudes d'acquisition entre l'enfant et l'adulte. Pour certaines zones du langage, il se peut que les connaissances générales de l'adulte sur le langage ne lui soient en fait d'aucun secours ; dans ce cas, le traitement que l'adulte peut faire des données linguistiques qu'il a à sa disposition ne peut être que semblable à celui opéré par l'enfant, c'est-à-dire ici lié aux conditions d'exposition. Pour ces zones du langage, l'adulte ne peut être a priori favorisé, et se trouve sans doute même défavorisé par rapport à la richesse des expériences linguistiques liées à des situations proches de l'acquisition naturelle. Ce point de vue (défendu uniquement, rappelons-le, à propos des acquisitions morphémiques) remet aussi en cause, et c'est là un résultat aux conséquences très importantes, une analyse uniquement cognitiviste des processus d'acquisition. Larsen-Freeman considère que les résultats qu'elle mentionne constituent une justification des thèses behavioristes pour ce qui concerne les acquisitions morphémiques (1976, p. 133 ; cf. aussi Larsen-Freeman, 1978). C'est un point de vue sur lequel nous reviendrons en conclusion.

Quoi qu'il en soit, l'ensemble de ces résultats ne permettent guère de soutenir de manière consistante une hypothèse de « période critique », c'est-à-dire l'idée d'une impossibilité croissante d'acquisition des langues, notamment à partir de l'adolescence. Cook (1973, 1977) montre que la supériorité cognitive de l'adulte ne joue pas toujours en sa faveur, mais constate néanmoins que beaucoup d'adultes **réussissent effectivement** à apprendre une L2, et de certains points de vue apprennent mieux que les enfants. En proposant un **modèle multifonctionnel du langage**, Cook (1977) s'appuie sur l'idée que la situation de l'adulte ou de l'adolescent apprenant une L2 est tout à la fois un atout et un écueil pour l'apprentissage, par rapport à la situation d'acquisition de la L1. Les avantages de la situation « L2 » sont en rapport avec les capacités cognitives que possède l'apprenant :

- stratégies de mémorisation, que nous avons déjà évoquées ;

- développement conceptuel, qui peut jouer favorablement sur le repérage et la maîtrise des règles syntaxiques ;

- connaissance des fonctions de communication pour lesquelles le langage est employé ; c'est, du point de vue de Cook, un atout majeur : l'apprenant d'une L2 connaît déjà les potentialités du langage, c'est-à-dire, en paraphrasant Halliday (1975), qu'il sait déjà comment une langue en particulier s'y prend pour produire du sens (« How to mean »), et qu'il peut utiliser cette connaissance pour découvrir comment cette potentialité se réalise dans une autre langue (cf. Chapitre 6).

Ceci suppose néanmoins une extrapolation partant de la L1, ou d'autres L2 : l'apprenant ne sait pas quelles sont les connaissances qui portent sur le langage en général, et qui sont donc transposables, et quelles sont celles qui portent sur une langue particulière. C'est un premier handicap. D'autres difficultés sont illustrées par une série de résultats dont rend compte Cook (1977). L'ensemble de ces données sont relatives aux difficultés de **traitement** que peut rencontrer l'adulte, lorsque ses activités mentales portent sur un matériau dont la connaissance implicite (telle que nous l'avons présentée à travers les travaux de Miller, cf. Chapitre 4) est limitée :

- Le traitement de certaines phrases syntaxiquement complexes (« the cat the dog bites likes the horse ») est plus difficile en L2 : les adultes en L2 sont alors assez proches des enfants en L1. Les adultes en L1 ont d'ailleurs aussi des difficultés par rapport à des énoncés de ce type, mais de manière amoindrie : les difficultés cognitives de traitement d'une telle phrase sont alors compensées par une meilleure connaissance des éléments linguistiques qui la compose.

- La mémoire à court terme d'éléments verbaux est moins bonne. Il s'agit là de situations de mémorisation où les stratégies mnémoniques (donc les activités cognitives) sont d'un faible secours, mais où la familiarité du matériau mémorisé joue un grand rôle.

- Le fonctionnement de la mémoire à long terme est rendu plus difficile : on sait par exemple que les activités de structuration (regroupement sémantique des mots composant une liste), fondamentales dans la mémorisation des mots de la L1 (cf. Ehrlich, 1975), sont peu efficaces en L2, même chez des étudiants assez avancés.

Dès lors il devient difficile de maintenir l'argumentation fondée sur l'approche théorique de Chomsky et de Lenneberg, et reprise par exemple par Selinker (1972) lorsqu'il envisage deux modes d'acquisition des langues : l'un fondé sur des capacités naturelles, et donc disponible, de manière générale, seulement jusqu'à un certain âge (« structure linguistique latente »), l'autre, disponible ultérieurement, fondé sur la disponibilité de capacités logiques supérieures (« structure psychologique latente »). La position cognitive supérieure de l'adulte ou de l'adolescent ne lui permet en effet :

- ni de fonder son apprentissage sur un mode « naturel » d'acquisition : on ne retrouve en fait jamais vraiment d'identité totale entre l'acquisition d'une L2 et l'acquisition de la même langue en L1 ; il est donc peu probable que les rapprochements observés soient liés à la mise en route d'un processus développemental, d'une nouvelle progression « génétique » calquée sur celle de la L1 ;
- ni véritablement de passer outre certaines progressions relatives à des acquisitions, qui ne peuvent s'appuyer sur des acquis cognitifs en fait liés à la L1 de l'apprenant : on peut alors concevoir les identités repérées entre les processus d'acquisition d'une L2 et de cette langue en tant que L1, comme des régressions provisoires, comme le retour à des processus permettant de traiter des données non familières en tenant compte d'une limitation globale des capacités de traitement.

Caractéristiques cognitives des situations d'acquisition d'une langue étrangère

L'analyse qui précède nous conduit à proposer un certain nombre d'hypothèses générales sur les processus qui seraient mis en œuvre dans les situations d'acquisition d'une L2. Plusieurs types de données permettent de penser que la ***nature des tâches*** liées à cette acquisition serait un déterminant essentiel des fonctionnements cognitifs sous-jacents : elles portent sur la ***multiplicité*** des processus d'acquisition, et sur les caractéristiques des stratégies qui en ***contrôlent*** la gestion.

La nature des processus d'acquisition

Nous avons vu que la situation d'acquisition d'une L2 conduit, dans certaines circonstances, à l'utilisation de processus de traitement proches de ceux qui sont utilisés pour l'acquisition de la L1. Généralisation et simplification en sont les exemples les plus courants. Mais il est apparu, dans l'analyse qui précède, que cela ne permettait nullement de conclure que ces processus étaient mis en œuvre de manière identique dans l'une et l'autre situation. Ce qu'on peut essentiellement retenir, de notre point de vue, c'est que des activités mentales d'un grand degré de généralité sont présentes dans les tâches que nous avons étudiées : les traitements qu'un apprenant applique aux informations dont il dispose correspondent à des processus de **sélection** et de **reconstruction**.

Se référer à des processus cognitifs de ce type a l'avantage d'éviter une conception surtout linguistique des activités mentales. Prenons l'exemple du processus dit de simplification (cf. par exemple Wode, 1982). Il s'agit en particulier de l'utilisation de « morphèmes libres », c'est-à-dire de formes qui apparaissent normalement de manière isolée, par exemple en réponse à une question (l'anglais « no » par exemple), mais qui sont utilisées pour construire une structure syntaxique non permise (« I no can see » par exemple). Il y a là liaison privilégiée entre un item lexical et une structure syntaxique spécifique ; cette liaison permet une expression la plus riche possible, avec cependant un minimum de redondance grammaticale ; elle prend effectivement la forme d'une simplification importante de la langue-cible. Le problème est justement celui de cette référence à la langue-cible : décrire un tel processus à travers une comparaison des productions de l'apprenant par rapport à la langue-cible présenterait le risque de ne voir, dans ce qu'on appelle **simplification**, qu'une **réduction** linguistique. L'interlangue n'est pas un sous-ensemble de la langue-cible, mais le résultat d'une activité mentale. Celle-ci doit répondre à une double contrainte :
- les limites des capacités de traitement, qui impliquent une réduction de la charge mentale telle que seuls certains aspects de la langue sont pris en compte à un moment donné de l'acquisition ;
- la nécessité d'expression et de communication, qui conduit à utiliser au maximum les aspects repérés, et donc éventuellement à en reconstruire le statut linguistique.

On peut trouver l'illustration d'une hypothèse proche dans la description de processus dits de « décomposition » (cf. par exemple Felix et Simmet, 1982). L'activité de l'apprenant y est conçue comme une analyse en traits pertinents : le principe en est de ne travailler au départ que sur une dimension à la fois, puis d'ajouter progressivement d'autres dimensions. Le cas étudié par Felix et Simmet est celui des pronoms personnels, pour lesquels sont pris en compte successivement : le cas, le nombre, la personne, le genre. Si seuls le cas et le nombre sont pris en compte, par exemple, des erreurs de substitution seront observées entre les pronoms anglais I et she (mais pas avec my ou they). Les auteurs montrent ainsi que la sélection des informations par les apprenants ne consiste pas à retenir certains items lexicaux ou certaines structures, mais à tenter de maîtriser certains aspects d'un système, et à exploiter ces aspects en fonction de besoins de communication, d'où des erreurs liées à la mise en œuvre du processus d'acquisition lui-même.

On ne peut cependant en conclure que l'adulte suive un cheminement identique dans l'acquisition d'une L2 et d'une L1, même en acceptant que les vitesses d'acquistion de l'une et de l'autre soient différentes. Notre proposition est qu'on **peut** trouver des phénomènes proches, dans ces deux situations, du fait qu'une partie des tâches à réaliser sont identiques, et donc redevables de processus de traitement identiques. L'identité des **objets à acquérir** (du point de vue des contenus formels) n'est cependant pas suffisante pour expliquer ces rapprochements : nous avons vu en effet que c'est **l'activité de l'apprenant** qui est le plus souvent le facteur prépondérant de l'acquisition. Il faut dès lors tenir compte à la fois de :
- la variation des activités mentales impliquées dans les acquisitions, en fonction de la situation, des critères de réussite, de la nature des interactions...
- la constance de certaines propriétés générales de ces activités mentales, liées à des caractéristiques fondamentales du système cognitif.

Autrement dit, le problème n'est pas de rendre compte d'une plus ou moins grande ressemblance des processus, mais bien plutôt de la **présence simultanée de processus identiques et de processus différents.** Les stratégies développées par rapport à l'utilisation de ces processus sont largement différentes, et surtout sont beaucoup plus riches, variées, flexibles chez l'adulte ou l'adolescent que chez l'enfant.

La multiplicité des processus d'acquisition

Nous concevons les processus d'acquisition d'une L2 comme étant caractérisés par une très grande variabilité et flexibilité. Nous touchons là sans doute à la critique majeure que le psychologue peut faire à la notion d'interlangue : elle sous-tend une théorie implicite des acquisitions fortement liée à une approche formelle et unidimensionnelle de la langue. Nous souhaitons défendre ici une théorie des acquisitions se référant à la **multiplicité** des processus en jeu, ainsi qu'à la pluralité des niveaux de fonctionnement des activités de langage.

On peut noter tout d'abord que les processus considérés comme les plus généraux (généralisation, simplification, évoqués ci-dessus) sont liés à des stratégies de production : il s'agit d'exprimer un contenu pouvant être relativement riche, avec des moyens linguistiques limités. On sait que ce n'est pas là la seule stratégie attestée dans les situations d'acquisition de L2. La méthode pédagogique, mais aussi des variables liées à la personnalité des élèves, peuvent induire une approche de la langue dans laquelle les activités de production soient peu représentées : lorsque la **perception** de la langue-cible est l'activité prépondérante, les processus du type généralisation ou simplification sont peu mis en œuvre. Autrement dit, les différents « modes d'exposition » à la langue conduisent à l'activation de stratégies différentes. En production, l'acquisition est liée de manière importante à des stratégies de communication, alors que dans les activités impliquant plus la perception, aucun critère de réussite explicite n'est en jeu : dans ce dernier cas, l'apprenant n'est pas impliqué directement dans l'affrontement à des difficultés liées à la situation d'interaction. Ceci n'implique pas forcément une plus grande passivité, mais à tout le moins l'absence de certaines stratégies, telle la stratégie d'évitement ou de contournement de certaines difficultés linguistiques, typique de la situation de production. A l'intérieur même de la situation de production, certaines modalités peuvent renforcer de telles stratégies : c'est ainsi que la situation scolaire est particulièrement favorable au développement de stratégies d'évitement, et induit sans doute des stratégies spécifiques, telle la reprise, dans les réponses, d'aspects formels des questions correspondantes.

On voit ainsi que les **modes d'acquisition** de la langue ne peuvent être séparés des **activités de langage** impliquées par la situation : la mise en œuvre de tel ou tel processus est fonction des stratégies induites par les contraintes de la tâche, induites par exemple, pour continuer l'analyse des situations de production, par la nature et l'importance du risque lié à la réalisation de la tâche (cf. Bautier-Castaing et Hébrard, 1980 ; Gaonac'h, 1983 ; Beebe, 1983). Rien ne permet en effet de considérer les compétences linguistiques de manière absolue, c'est-à-dire sous l'angle de processus liés à un état de l'interlangue ; on peut penser au contraire que toute production dépend de stratégies de communication, qui jouent un rôle essentiel dans la mise en œuvre de tel ou tel processus. La simplification, par exemple, n'est pas forcément le reflet d'un **état** de l'interlangue, mais peut correspondre en fait à un **processus** de simplification d'une interlangue hypothétique, **sous la dépendance d'une stratégie de communication** (cf. Porquier, 1979).

Comparant les productions d'enfants apprenant l'anglais en situation naturelle, et les productions de ces mêmes enfants en situation contrôlée (production « provoquée »), Burmeister et Ufert (1980) constatent l'existence d'importantes variations, et proposent d'utiliser à ce sujet le concept de « changement de stratégie » (« strategy switching », par analogie au « code switching »). Plusieurs phénomènes sont observés en situation contrôlée :
- augmentation des interférences liées à la L1 ;
- retour à des structures « archaïques » (du type simplification) ;
- évitement de structures complexes (par ailleurs utilisées en situation naturelle).

De manière générale, les structures utilisées sont alors très variées et peu comparables à celles observées en situation naturelle ; de plus, la comparaison des productions individuelles montre une plus grande hétérogénéité entre les enfants. Les auteurs estiment que les situations contrôlées, du fait de leur plus grand degré de contrainte, empêchent le locuteur de choisir une stratégie fondée sur l'intention de communication. La planification des productions n'appartient plus au locuteur, mais à l'expérimentateur (ou, de manière plus générale, à la situation expérimentale), ce qui est considéré par les auteurs comme une contrainte cognitive supplémentaire, et donc un handicap lié à la situation elle-même. Dans ces conditions, les productions ne sont plus un reflet fidèle des compétences de l'apprenant, mais en fait des possibilités de mise en œuvre de ces compétences dans une situation donnée. La notion de compétence elle-même perd alors beaucoup de sa signification, puisqu'elle est indissociable de celle de stratégie dans le cadre d'une situation de langage : l'apprenant doit résoudre une tâche (et non pas seulement parler le mieux possible) ; ce sont les contraintes de cette tâche qui déterminent les stratégies, c'est-à-dire « les dispositifs par lesquels l'enfants fait usage de ses connaissances linguistiques à un moment donné pour satisfaire ses besoins de communication » (Burmeister et Ufert, 1980, p. 111, notre traduction).

Plusieurs travaux permettent aussi d'établir une évolution des stratégies en fonction de l'avancement des acquisitions. Nous avons déjà vu dans ce chapitre que le recours à la L1 semble posséder différents statuts à différents moments de l'apprentissage. Selon Hakuta et Cancino (1977), il s'agit, chez les débutants dans les premières phases de l'apprentissage, de compenser l'absence totale de moyens linguistiques adéquats. Le travail d'Ervin-Tripp (1974) montre par contre le recours à la L1 chez des apprenants avancés, lorsqu'ils se trouvent dans la nécessité d'exprimer des significations complexes, plus difficiles quant à la relation entre sens et forme.

Autrement dit, le recours à la L1 dépendrait, chez le débutant, de l'évolution des compétences linguistiques : ceci implique, à un moment donné, un usage systématique du calque de la L1, remplacé ensuite de manière nette par un autre processus, lié à la maîtrise d'un nouvel aspect de la langue-cible (ce que montre effectivement Cancino : cf. Hakuta et Cancino, 1977). Ultérieurement, ce recours peut être rencontré alors que les aspects formels de la langue-cible sont maîtrisés, mais quand les contraintes cognitives de la tâche deviennent importantes, par exemple en raison de la complexité de ce qui est exprimé : le recours à la L1 dépend alors non des difficultés linguistiques du matériau utilisé, mais de la situation dans laquelle ce matériau est utilisé.

Le recours à la L1 n'est d'ailleurs pas toujours conçu comme un « recours » : il peut s'agir, selon certains auteurs (cf. par exemple Vincent, 1982) d'une stratégie parfaitement délibérée, permettant de tester une hypothèse, dont la probabilité de vérification dépend du degré de transparence de la langue-cible par rapport à la L1. Le calque d'un item lexical ou d'une structure à partir de la L1 est alors loin de constituer une « interférence » au sens classique du terme (effet négatif d'un apprentissage constitué sur un apprentissage en train de se constituer) : c'est au contraire un des modes de construction du système de la langue-cible. On peut d'ailleurs faire le même raisonnement pour ce qui concerne l'utilisation d'une autre L2 déjà connue, jugée par l'apprenant proche de la langue-cible (l'anglais pour les asiatiques apprenant le français, par exemple).

D'autres stratégies, typiques des débutants, ont été décrites : la référence à des « règles » considérées comme ayant un haut degré de généralité (règles d'ordre des mots par exemple : cf. Ervin-Tripp, 1974, ce qu'on peut rapprocher des « stratégies universelles » de Slobin, 1973) ; utilisation de formules toutes faites, de « routines », apprises et reproduites comme des unités (cf. Hakuta, 1974 ; Ervin-Tripp, 1974 ; Krashen et Scarcella, 1978). Ce peuvent être des routines socialement établies (« what's your name ? »), ou des ensembles réutilisés tels quels sans tenir compte de leur statut syntaxique (par exemple : « do you » comme marqueur interrogatif dans « what do you doing ? »). Ces routines semblent d'ailleurs posséder, en termes de stratégie, un statut proche de celui du recours à la L1 chez les débutants : elles permettent de répondre à des contraintes de communication lorsque la compétence linguistique n'est pas suffisante. Elles ne semblent pas par contre permettre à l'apprenant de s'appuyer sur le matériau linguistique ainsi mémorisé pour développer une connaissance constructive des structures correspondantes. Krashen et Scarcella (1978) montrent en effet, à partir de plusieurs recherches sur ce thème, que l'utilisation de routines et l'acquisition de règles génératives implicites correspondent à des processus distincts et indépendants :

- contrairement aux structures liées à l'acquisition d'une règle, ces routines font preuve d'emblée d'un degré de correction très élevé ;
- leur production persiste souvent, malgré l'acquisition de structures proches dont les règles de génération sont bien maîtrisées ;
- il n'y a pas de transfert des structures acquises sous forme de routines à d'autres structures ;
- les apprenants qui utilisent des routines ne sont pas toujours capables de reconnaître ou d'utiliser, individuellement, les mots qui les composent : les routines sont utilisées comme des suites sonores, prises globalement ;
- l'utilisation de routines tend à s'accroître lorsque les contraintes communicatives s'accentuent.

Ce dernier point explique sans doute que l'utilisation de routines puisse persister de manière non négligeable, y compris chez l'adulte, alors que l'ensemble des autres acquisitions continuent à progresser. L'apprenant de L2 possède d'ailleurs à ce propos un atout considérable par rapport à l'enfant en L1 : une plus grande capacité à mémoriser des énoncés d'une certaine longueur, au niveau de leur structure de surface. Hakuta (1974) note que cette capacité est particulièrement bien utilisée chez les enfants les plus âgés, qui sont plus confrontés à des situations nécessitant rapidement une interaction, et ceci éventuellement malgré un niveau assez faible au plan des acquisitions linguistiques générales.

Il ne faut sans doute pas conclure de ce qui vient d'être dit que l'utilisation des routines en L2 est quelque chose de massif et capital. Il s'agit là d'aspects des productions langagières assez limités. Mais leur présence et leur statut démontrent de manière particulièrement vive l'utilisation qui peut être faite de stratégies d'une grande variété, reposant sur des capacités très diversifiées mises en œuvre en fonction des contraintes de la tâche. On peut d'ailleurs s'interroger, comme pour le recours à la L1, sur l'éventualité d'une utilisation rationnelle voire raisonnée des routines dans le cadre de situations linguistiques complexes, en particulier lorsque les contraintes **cognitives** de la tâche sont importantes (traduction simultanée par exemple). Faire un inventaire des facteurs qui déterminent les « contraintes de la tâche » ne serait pas chose aisée. Une taxonomie des tâches, ou une ergonomie mentale appliquée aux situations scolaires, nous semblent encore du domaine du futur. Deux pistes pourraient être suivies :

- Ce type de problèmes mériterait une analyse plus fouillée des contraintes réelles des exercices scolaires ; la notion même de « situation » appliquée aux apprentissages institutionnalisés reste d'un grand flou : la nature des interactions, le degré d'initiative de l'élève, la tolérance grammaticale, la relation sens-forme, les contraintes cognitives associées aux contraintes linguistiques,... ne sont actuellement définis que de manière très empirique.

- Dans les « contraintes de la tâche », il est sans doute important d'inclure l'élève lui-même, nous voulons dire par là la manière dont il perçoit et conçoit la tâche, mais aussi, de manière plus générale, à quel type de tâche renvoie pour lui le problème général qui lui est posé : apprendre une langue. Il s'agit là du problème, très vaste, des croyances et attitudes vis-à-vis du langage et des apprentissages (cf. Bogaards, sous presse). L'élève lui-même est en quelque sorte un théoricien de l'acquisition des L2, en ce sens qu'il possède et met en œuvre une certaine conception de ce qu'il faut faire pour apprendre une langue ; rien n'oblige à ce que cette conception soit compatible avec celle(s) développée(s) par la méthode et/ou le professeur (cf. aussi Gaonac'h, 1982).

Le contrôle des processus d'acquisition

Il serait tentant de conclure de tout cela que l'acquisition d'une L2 est soumise à des facteurs si variés, si complexes, si fluctuants voire aléatoires, qu'il est vain de vouloir constituer une théorie intégrée des processus d'acquisition. Ce serait, en tout état de cause, une attitude peu scientifique : se référer à la flexibilité des stratégies n'a d'intérêt que si l'on peut prétendre rendre compte un tant soit peu de ce qui gouverne cette flexibilité.

Le problème de la cohérence des processus d'acquisition est posé de manière aiguë dans les conceptions qui prétendent opposer les acquisitions « naturelles » aux acquisitions conscientes et raisonnées (cf. Corder, 1967, 1980 ; Krashen, 1976, 1981). Il s'agit de cadres théoriques s'inspirant en particulier des analyses sur les « ordres naturels d'acquisition », que nous avons présentées plus haut. Corder, nous l'avons vu, estime que les acquisitions linguistiques ne correspondent pas à des processus cognitifs du type élaboration de concepts. Elles dépendent, au contraire, d'une progression inhérente à la nature de l'esprit humain ou à la structure de toute langue naturelle. Les acquisitions sont donc en grande partie indépendantes des connaissances antérieures de l'apprenant. Pour les mêmes raisons, elles peuvent apparaître comme incohérentes par rapport à l'enseignement conçu par la méthode ou par le professeur, c'est-à-dire par rapport à une progression explicite formelle et cumulative. La cohérence des acquisitions ne peut être trouvée qu'à travers des caractéristiques psychologiques (système cognitif à l'origine d'une progression naturelle) et linguistiques (structure de la langue).

Corder ne rejette pas, cependant, la possibilité d'établir une connaissance explicite de la langue, à travers par exemple des exercices scolaires. Mais cette possibilité n'est en fait, selon lui, d'aucun secours dans l'expression linguistique spontanée. Il en découle que l'apprenant développe en quelque sorte, plus ou moins simultanément, deux grammaires différentes, l'une implicite et efficace dans les productions spontanées, l'autre explicite et dont l'efficacité ne touche qu'à une réflexion sur la langue, ou à des productions dans des circonstances particulières, disons « non spontanées ». C'est ce qui explique, selon Corder, que les productions linguistiques peuvent apparaître incohérentes du point de vue des règles qui semblent les gouverner : elles sont en fait soumises à des modes de contrôle radicalement différents. La difficulté reste de définir avec un peu de précision ce que peuvent être des productions « spontanées » et « non spontanées ».

La théorie du « moniteur » (« contrôle » serait une meilleure traduction de « monitor ») de Krashen (1976, 1981) est fondée sur une analyse assez proche. Krashen suppose que les données de langage qui permettent l'acquisition d'une langue dépendent de l'environnement au sein duquel se développe cette acquisition. L'auteur distingue les environnements « formels » (notamment scolaires, ou en tout cas à base d'exercices explicites) des environnements « informels » (en situation naturelle, c'est-à-dire sans que la langue soit un objet explicite d'apprentissage). Il rejette l'idée que l'un de ces environnements puisse être plus efficace que l'autre, au profit d'une hypothèse selon laquelle chacun d'eux permet de développer des aspects différents de la compétence en L2. Krashen estime que l'efficacité des acquisitions est plutôt relative au degré d'implication de l'apprenant par rapport au matériau linguistique manipulé, c'est-à-dire à son insertion dans une situation d'interaction réelle. Ce type d'implication active se retrouve essentiellement en situation naturelle, et les processus d'acquisition développés dans une telle situation sont largement inconscients ou « subconscients ». L'opposition entre ces processus et des processus conscients se retrouve à trois niveaux :

1. Krashen distingue l'apprentissage (« learning »), qui suppose de maîtriser des règles explicitées, de l'acquisition (« acquisition »), qui se fonde sur l'élaboration de règles intériorisées implicites.

2. Les processus de production peuvent correspondre selon les cas à des connaissances « acquises » ou à des connaissances « apprises » : dans le premier cas, il s'agit d'expression spontanée, dont la correction n'est contrôlée par le locuteur qu'à travers le « sentiment » (feel) subjectif qu'on peut avoir que quelque chose est juste ou faux : le « moniteur » n'intervient pas ; dans le second cas, les productions sont contrôlées par l'appel conscient à des règles : c'est alors que le « moniteur » est utilisé.

3. Lorsqu'on teste les capacités linguistiques d'un apprenant, les conditions du test peuvent ou non permettre l'appel au moniteur, selon en particulier la vitesse à laquelle l'apprenant doit traiter le matériau présenté : il faut que l'épreuve laisse suffisamment de temps à l'apprenant pour que celui-ci puisse faire appel au moniteur, c'est-à-dire à sa connaissance consciente de la langue.

Les arguments de Krashen en faveur de son modèle sont relatifs à des données que nous avons déjà analysées : supériorité des acquisitions réalisées par les jeunes enfants (supposées plus naturelles, non contrôlées) ; présence, chez l'adulte ou l'adolescent, d'ordres d'acquisition considérés comme naturels. Nous avons relevé déjà la faiblesse des données recueillies à ce sujet (cf. aussi Wode, 1981, 1982 ; Felix et Simmet, 1982, pour une critique de l'opposition entre milieu naturel et milieu institutionnel). L'argumentation de Krashen intègre ces contradictions : les cas où l'on ne retrouve pas un « ordre naturel » correspondraient justement à la mise en œuvre du moniteur, lorsque les circonstances le permettent, ce qui rompt le fonctionnement des processus naturels. Ce type d'argument est en fait parfaitement circulaire, comme l'est aussi l'analyse des différences interindividuelles : celles-ci correspondraient à différents degrés d'utilisation du moniteur, selon notamment les attitudes de chacun vis-à-vis de la correction de ses propres productions (cf. McLaughlin, 1978b, pour une analyse critique de ces points).

Invoquer des processus de différente nature présente sans aucun doute, du point de vue que nous défendons ici, un grand intérêt pour rendre compte des acquisitions en L2. Il nous apparaît tout particulièrement séduisant de considérer que la nature des processus en jeu dans les apprentissages et les productions soit liée aux situations dans lesquelles ils se déroulent : ce qui peut apparaître comme des incohérences des comportements linguistiques correspond en fait à la variabilité de stratégies liées aux conditions d'exercice du comportement, donc à une cohérence interne à chaque grande catégorie de situations.

La pertinence des concepts que Krashen utilise pour décrire la variété des processus peut cependant être mise en doute. Les critères de distinction entre des processus conscients et subconscients sont peu clairs, et en tout cas difficilement opérationnalisables. Quel statut peut-on accorder au « sentiment de grammaticalité », qui serait l'évaluateur essentiel des productions spontanées ? S'il s'agit de la référence à des règles intériorisées, ces règles sont-elles de nature fondamentalement différentes de celles des règles explicites ? Sont-elles isomorphes ou au contraire éventuellement incompatibles ? Le statut du « conscient » n'est guère plus clair (cf. McLaughlin, 1978b ; Gregg, 1984) : quelle est la nature des processus qui contrôlent les comportements de production ? Des processus de contrôle peuvent-ils jouer un rôle aussi en compréhension ? Existe-t-il un lien entre processus soumis à un contrôle et processus se déroulant en dehors de tout contrôle, autrement dit : un aspect de la langue acquis naturellement (sans contrôle) peut-il être soumis à un moment donné à un contrôle ; à l'inverse un aspect appris à travers des règles peut-il donner lieu ultérieurement à un fonctionnement non contrôlé ? Voilà des questions qui conduisent à s'interroger sur la possibilité de construire un modèle rendant compte des activités mentales de l'apprenant/locuteur.

Conclusion

Les développements liés à l'analyse des erreurs et à la notion d'interlangue correspondent à une **approche formelle** du langage, dont nous avons vu les liens avec l'analyse théorique de Chomsky ou de Piaget (cf. Chapitre 4). Cette approche formelle a conduit à s'intéresser à des « processus naturels » d'acquisition, et donc en priorité à des déterminants d'ordre linguistique ou d'ordre cognitif, à un niveau général et très fondamental.

L'intérêt porté aux processus d'acquisition, à leur nature et à leur fonctionnement, conduit néanmoins à admettre que les processus d'acquisition sont beaucoup plus variés et flexibles que ce qu'on pouvait envisager dans une perspective chomskyenne ou piagétienne : les systèmes de règles sont éminemment variables et instables ; les paramètres situationnels sont souvent des déterminants importants de leur constitution. Il s'agit de déterminants externes (caractéristiques de la situation pédagogique, de la situation de communication), et de déterminants internes (connaissances préalables et objectifs d'apprentissage de l'élève). On est ainsi amené à prendre en compte la nature des situations d'acquisition et la nature des activités mentales liées aux acquisitions. Cela revient à analyser les acquisitions langagières à travers les **activités de langage** qui leur servent de support, autrement dit à poser le problème des acquisitions linguistiques dans une perspective fonctionnelle.

Bibliographie sélective

Perdue, C., Porquier, R. (Eds). Apprentissage et connaissance d'une langue étrangère, *Langages*, 1980, n° 57.

Acquisitions d'une langue étrangère II, *Encrages*, 1982, n° spécial : Actes du Colloque de mai 1981.

Chapitre 6.

Activités de langage et communication : approche cognitive

Plusieurs aspects des travaux analysés dans le chapitre précédent nous ont permis d'entrevoir l'importance de la **situation d'acquisition** (au sens des conditions externes liées à l'apprentissage d'une langue), et plus encore de la **nature des activités mentales** impliquées dans les acquisitions (c'est-à-dire des caractéristiques cognitives des tâches qui servent de support à l'apprentissage). C'est surtout de ces aspects cognitifs des activités de langage que nous voulons traiter dans le présent chapitre.

Ce qui apparaît essentiellement au psychologue qui se préoccupe des activités scolaires proposées aux élèves dans une classe de langue, ce n'est pas tant le caractère **artificiel** de ces activités, que leur caractère **complexe** : les contraintes exercées sur les activités de compréhension ou de production proposées à titre d'exercice scolaire sont en réalité beaucoup plus variées, diverses, diffuses que celles qui sont imposées, dans la plupart des cas, aux adultes en L1 dans le cadre d'activités de langage « naturelles ». Ce qui est souvent demandé à l'élève en effet, c'est de maîtriser des formes principalement (voire uniquement) observées en situation scolaire, de manière décontextualisée : le langage est conçu à l'école comme étant en lui-même un outil et un objet d'apprentissage, alors qu'il constitue en principe surtout un outil fonctionnel pour d'autres activités. Ces dernières exercent elles aussi bien entendu des contraintes cognitives importantes (nous l'analyserons par exemple pour la lecture), mais, selon nous, la complexité de leur mise en œuvre est largement compensée par le lien étroit qui existe entre les aspects **linguistiques** et les aspects **fonctionnels** de ces contraintes (cf. McGroarty, 1984).

Un des apports de l'« approche fonctionnelle » en didactique (cf. Vigner, 1980 ; Besse, 1980), est de nous obliger à modifier radicalement notre perspective sur le langage, sous l'influence de courants théoriques récents en linguistique (analyse des opérations discursives, énonciatives, des actes de parole). Lorsqu'elle vise à l'acquisition de compétences liées à des utilisations spécifiques du langage, la didactique fonctionnelle n'est pas pour autant plus « authentique » que d'autres (Besse, 1980) ; elle conduit surtout à faire entrer dans la classe des dimensions du langage le plus souvent négligées, dimensions qui ne peuvent émerger que dans le cadre d'**activités de langage** munies de toutes leurs caractéristiques linguistiques et extralinguistiques. Deux thèmes nous ont paru centraux, dans la littérature récente, pour illustrer ce propos : la pédagogie de l'écrit, que nous aborderons par le biais de travaux psycholinguistiques sur la lecture ; l'approche communicative, dont nous tenterons d'analyser les aspects cognitifs.

I. Lecture et enseignement des langues

L'écrit a bénéficié, au cours de l'évolution des méthodologies de L2, de statuts très variables quant à la place et au rôle qui lui ont été attribués. Sa place prépondérante dans les méthodes traditionnelles tenait surtout au rôle d'**outil** d'apprentissage privilégié qui lui était confié. En tant qu'**objet** d'apprentissage, son rôle était assez restreint, et limité essentiellement à l'accès aux textes littéraires. Peu présent voire totalement absent dans les méthodes audio-orales ou audio-visuelles, il a trouvé cependant dans ces dernières, lorsqu'il a été pris en compte, un statut spécifique : l'accès à l'écrit y est considéré comme une nécessité répondant à des objectifs particuliers, et requérant un entraînement adéquat. Cette perspective s'est trouvée accentuée dans le cadre de l'approche dite « fonctionnelle » en didactique, qui a considérablement accru l'attention accordée à la lecture et à l'expression écrite en L2.

Une des acceptions du terme « fonctionnel » (cf. Alvarez, 1981) fait référence à la prise en compte de l'utilisation qui sera faite de la langue-cible par l'apprenant. Une méthodologie est donc « fonctionnelle » en raison d'un critère externe lié aux objectifs de l'enseignement, et plus précisément à ce qu'on appelle les « besoins langagiers » de l'apprenant. L'enseignement fonctionnel est alors orienté vers un public spécifique (migrants par exemple), ou ayant à un moment donné des objectifs spécifiques, par exemple visant à la maîtrise d'une langue pour la communication scientifique ou technique (cf. Lehmann, 1980 ; Vigner, 1980). Une didactique fonctionnelle de la lecture en L2 aurait par exemple pour objectif l'accès à des documents écrits spécialisés pour des chercheurs, ou l'usage de documents administratifs pour des migrants (Vigner, 1980).

Une autre acception du terme « fonctionnel », relevée par les auteurs que nous venons de citer, est sans doute plus proche de nos préoccupations de psycholinguistique. Elle fait référence aux **fonctions** que remplissent les différents éléments linguistiques (ou paralinguistiques voire extra-linguistiques) dans une situation de langage. L'approche didactique se référant aux actes de parole, par exemple, relève de cette analyse (c'est le cas du travail effectué dans le cadre de « Un Niveau Seuil » : cf. Coste et al., 1976 ; Coste, 1978).

Ces préoccupations « fonctionnelles » sont claires dans les travaux récents qui visent à réhabiliter la lecture parmi les activités scolaires en L2, et à en préciser les objectifs et les modalités (cf. Moirand, 1979 ; Vigner, 1980). L'écrit n'est plus alors considéré au seul titre de texte autonome, et donc compréhensible dès lors que le lecteur en maîtrise suffisamment les éléments linguistiques. Un texte ne peut être appréhendé que par rapport à la situation de sa production (qui écrit, à qui, pourquoi...), même si cette situation n'est, dans la classe, qu'imaginée ou reproduite artificiellement (« discours » dans la terminologie de Vigner). Au plan didactique, cela suppose l'utilisation en classe de textes dont la nature et la forme soient suffisamment variées.

De plus, la compréhension d'un texte peut souvent bénéficier d'aides qui ne sont pas strictement linguistiques. Il peut s'agir de dessins ou photographies, mais aussi d'unités discursives, souvent négligées, qui n'appartiennent pas au texte à proprement parler : titres, sous-titres, index, table des matières, avant-propos, etc. Le terme « document » désigne en didactique un ensemble de signes de différentes natures, dont la convergence vise à produire un effet de sens (Vigner, 1980, pp. 138-139). Dès lors, l'activité pédagogique se trouve souvent décentrée de ce qu'on appelle classiquement la « compréhension » (c'est-à-dire la prise en charge du sens des phrases successives du texte), au profit d'exercices choisis en fonction de l'ensemble des processus cognitifs supposés actifs durant la lecture. Ainsi Moirand (1979) propose des « pratiques de repérage » qui portent sur plusieurs types d'indices (cf. aussi Vigner, 1980) :

- indices formels : données iconiques (typographie, alinéas, schémas), données syntactico-sémantiques liées à l'architecture du texte (articulateurs rhétoriques, éléments anaphoriques) ;
- indices thématiques, relatifs à l'organisation du domaine de référence ;

- indices énonciatifs, c'est-à-dire le marquage de données relatives à la situation d'énonciation : qui écrit, pour qui, où, quand, pourquoi...

Le contexte théorique de ces approches didactiques est, pour le psychologue, très proche de ce que nous avons présenté (Chapitre 4) dans une perspective cognitiviste. Il apparaît en particulier que l'utilisation d'indices n'est pas ici un découpage du texte, mais au contraire une prise en compte de sa globalité : ces indices sont, comme chez Bruner pour ce qui concernait la perception en général, des repères susceptibles de permettre d'inférer l'organisation du texte et son sens global. Moirand (1979, p. 40), reprenant l'analyse d'Escarpit sur la fonction iconique des textes, préconise de s'appuyer sur « les images du texte » pour élaborer, en première approche, des hypothèses sur le sens d'un document. Il peut s'agir d'indices de nature très diverse, très globaux (l'image de la configuration générale du texte) ou plus ponctuels (image d'un signe), mais dont la fonction dans la construction du sens ne se réalise que par la convergence des repères qu'ils constituent.

Au plan pédagogique, l'activité de lecture en classe de L2 est donc conçue pour que soient respectées des contraintes spécifiques à cette activité : le type de texte proposé, l'objectif assigné à sa lecture, les stratégies de lecture induites, sont ici autant de données constitutives de ce que nous avons appelé, à la fin du Chapitre 5, les « contraintes de la tâche ».

Proposer des exercices liés à ces contraintes relève cependant d'un certain paradoxe : « l'apprenant sait lire dans sa langue maternelle », note Moirand (1979, p. 23), et l'on pourrait penser en effet que tout ce qui concerne les stratégies de lecture n'est pas, a priori, fondamentalement différent d'une langue à l'autre, et n'a donc pas à être réappris. Tout au plus pourrait-on admettre que ces stratégies ne sauraient sans doute être réutilisées, par transfert dans la L2, qu'à la condition (nécessaire mais suffisante ?) que l'apprenant dispose d'une maîtrise minimale du code linguistique de cette langue. Les propositions didactiques de S. Moirand ont en fait pour support des hypothèses plus complexes que celle-là : on suppose que l'apprenant peut opérer le transfert des stratégies de lecture de sa L1 à la L2 (notamment par prise de conscience de ses propres stratégies) ; on table sur ses connaissances préalables, relatives au genre ou au contenu des textes (qui doivent être choisis en conséquence), pour compenser une maîtrise insuffisante du code linguistique ; on accentue les possibilités d'interaction entre les différents niveaux linguistiques et extra-linguistiques. Sont abordés ainsi la plupart des thèmes actuellement développés quant aux implications des travaux de psycholinguistique dans le domaine de la lecture.

Les processus cognitifs dans l'activité de lecture

Pour resituer les recherches sur la lecture en L2, il paraît utile de donner d'abord quelques indications sur des conceptions qui paraissent actuellement sinon admises par tous, du moins largement partagées. Ces indications ne prétendent nullement établir un bilan, mais se bornent à présenter des courants qu'on puisse considérer comme suffisamment représentatifs (cf. Adams et Starr, 1981-82).

L'approche constructiviste du langage a conduit à repenser considérablement le rôle du lecteur dans l'activité de lecture (cf. notamment Goodman, 1971 ; Smith, 1971). La lecture n'y est pas conçue comme un recueil d'informations ; elle est **construction de sens** par un lecteur actif s'appuyant sur les indices du texte jugés les plus significatifs : « Le processus de réception du [langage] est amorcé par des données phonologiques ou graphiques, et s'achève par la production de sens, mais l'utilisateur efficace du langage prend, pour atteindre ce but, le chemin le plus direct, et ne prend en compte pour cela que les données strictement nécessaires. Il réalise cette opération par **échantillonnage**, en se fondant sur la redondance du langage, et sur sa connaissance des contraintes linguistiques. Il **prédit** des structures, les **teste** par rapport au contexte sémantique constitué par la situation et l'ensemble du texte, et ensuite les **confirme** ou les infirme lorsqu'il poursuit le traitement du matériau linguistique. Les processus de réception du langage sont constitués de cycles d'**échantillonnage, prédiction, test** et **confirmation**. L'utilisateur du langage se fonde sur des stratégies qui génèrent la prédiction la plus fiable sur la base d'une utilisation minimale de l'information disponible » (Goodman, 1971, p. 136, notre traduction).

La lecture suppose donc la présence d'un objectif, d'un projet global. Comme tout processus de perception, la lecture implique des stratégies anticipatrices (cf. Chapitre 4), liées à des attentes : nous examinerons plus en détail la nature des indices sur lesquels se fondent ces stratégies. Ceci implique la vérification des prévisions ainsi faites, donc une interaction, sans doute fréquente, entre les hypothèses et les données. Une telle perspective suppose, en tout état de cause, le rejet d'une conception de la lecture du type « déchiffrage », qui postule en fait que l'écrit est un simple recodage de l'oral, l'activité du lecteur consistant à retraduire le message écrit en son équivalent oral.

Le texte de Goodman accorde cependant encore un statut très important aux « données », c'est-à-dire, pour ce qui concerne la lecture, aux graphèmes, qui sont positionnés en quelque sorte « en amont » d'un processus dont on peut penser qu'il traite successivement, et dans un ordre intangible, des éléments d'un degré d'élaboration de plus en plus élevé. Le caractère hiérarchisé et unidirectionnel de la lecture (reconnaissance des lettres, des mots, intégration des propositions, des phrases, du texte) correspond à un modèle très traditionnel dans la pédagogie de la lecture, modèle selon lequel la « lecture » d'une lettre est possible en dehors d'un mot, d'un mot en dehors d'une phrase, d'une phrase en dehors d'un texte, et donc peuvent être entraînées isolément.

D'autres aspects des hypothèses de Goodman vont cependant à l'encontre de ce modèle. Si l'on raisonne en effet en termes de **prévisions**, rien n'empêche de considérer que certains types de prévisions puissent être faites en dehors même de toute prise d'information proprement textuelle. L'origine d'un texte, le statut attribué à sa lecture et l'objectif qui lui est assigné, son titre, etc. sont des indices qui aboutissent à l'élaboration de prévisions, fondées en fait sur des **connaissances préalables**, c'est-à-dire sur un ensemble d'informations culturelles, pragmatiques, linguistiques, activées sous l'effet de ces indices. Le texte n'est alors qu'une source d'informations parmi d'autres, et les traitements réalisés au niveau du texte lui-même peuvent dépendre des informations ainsi activées. A un autre niveau, l'identification d'un mot, d'une lettre, peuvent dépendre d'hypothèses élaborées au niveau sémantique ou syntaxique (cf. Smith, 1971, chapitres 9 et 10). Autrement dit, deux hypothèses fondamentales doivent être formulées pour rendre compte de la complexité des processus de lecture :

- Une hypothèse « globaliste » : une lettre, un mot, une phrase ne peuvent être considérés de la même façon seuls et dans un texte ; la perception d'une lettre peut être facilitée si elle est incluse dans un mot, d'un mot dans une phrase significative, d'une phrase dans un ensemble de phrases cohérentes (cf. Miller, 1951, Chapitre 3 ; Noizet, 1980 ; cf. aussi ici Chapitre 4).

- Une hypothèse de traitement « haut-bas » (top-down) : les connaissances préalables du lecteur sont un des facteurs qui permettent de réduire le nombre d'indices susceptibles de contribuer à la construction de la signification ; elles constituent donc en un sens un moyen d'accentuer la redondance du texte (Smith, 1971, chapitre 13).

Ces théories « haut-bas » postulent donc que les indices les plus efficaces sont en priorité des indices de haut niveau : structuration sémantique, modèle syntactico-sémantique de la langue, connaissance du contenu de référence et des caractéristiques liées au genre du texte. Cependant, mettre l'accent sur ces indices, hypothèse indispensable pour remettre en cause la lecture « déchiffrage », ne doit pas masquer le rôle des indices de faible niveau, graphémiques en particulier : les bons lecteurs ne sont pas ceux qui négligent ces indices au profit des niveaux supérieurs (cf. Lesgold et Perfetti, 1978 ; Jackson et McClelland, 1979 ; Just et Carpenter, 1980). Les bons lecteurs sont tout aussi capables - et mieux que les mauvais lecteurs - de traiter le niveau graphémique si cela est utile pour **confirmer** certaines prédictions, si cela permet d'utiliser certains types de redondance, orthographique par exemple. C'est dire que des traitements « bas-haut » (bottom-up) jouent aussi un rôle essentiel dans le fonctionnement de l'ensemble du système. Il semble même qu'un des déficits les plus importants des mauvais lecteurs ou des lecteurs débutants concerne les compétences du bas de la hiérarchie : reconnaissance des mots, repérage des syllabes (Lesgold et Perfetti, 1978). Leurs connaissances lexicales, syntaxiques, textuelles, pragmatiques sont suffisantes, alors que le traitement des lettres et des mots qu'ils peuvent réaliser sont peu efficaces. Ceci expliquerait en particulier que se produisent souvent chez les jeunes lecteurs des erreurs de substitution acceptables sémantiquement mais inexplicables d'un point de vue graphémique. On voit alors que l'efficacité de la lecture tient sans doute surtout à la possibilité d'**interaction** entre les différents niveaux, à la convergence de processus « haut-bas » et « bas-haut ». Nous voudrions insister sur deux aspects d'une telle approche théorique, qui seront centraux dans notre analyse de la lecture en L2.

1. L'hypothèse constructiviste pose que la lecture consiste à représenter ou à organiser l'information en fonction de connaissances précédemment acquises. Les compétences impliquées dans l'activité de lecture se situent à différents niveaux, mais surtout nécessitent une organisation adéquate : la connaissance mise en œuvre « est supposée être organisée de manière telle que l'information contenue dans le stimulus est propagée automatiquement vers le haut en passant par des niveaux d'interprétation de portée de plus en plus large » (Adams et Starr, 1981-82, p. 698). On peut se référer là à la notion essentielle de **schéma** (Adams et Collins, 1979), qui relève d'une approche théorique proche de celle développée par Bruner (cf. Chapitre 4) : la perception ou la compréhension sont possibles grâce à un processus d'assimilation ; il s'agit de construire une représentation de l'information dans les termes des connaissances antérieurement acquises (cf. la notion de catégorisation de Bruner).

Le langage constitue de ce point de vue un « objet à percevoir » très spécifique, dans la mesure où il contraint le récepteur à comprendre la façon dont quelqu'un d'autre (le locuteur, le scripteur) a codé sa compréhension du monde ; cela suppose que le récepteur mette en œuvre sa connaissance du monde, mais aussi sa connaissance de la connaissance du monde qu'a le locuteur/scripteur, sa connaissance des connaissances que le locuteur/scripteur a des connaissances de son auditoire (cf. la notion de visée vers l'auditoire : Clark et Murphy, 1981-82).

Ces connaissances ne portent pas que sur des contenus référentiels, mais aussi sur des caractéristiques du langage qui contraignent le processus de communication et qui doivent être partagées par les interlocuteurs (présents physiquement simultanément ou non) ; passer par le langage pour communiquer nécessite d'utiliser des stratégies spécifiques : procédés rhétoriques, structures prototypiques, marqueurs organisationnels, inférences, etc. Ces indices sont particulièrement difficiles à repérer et à maîtriser à l'écrit, du fait de l'absence de cadre de référence spatio-temporel, de l'absence d'interaction avec l'auteur, de l'absence aussi des références tonales et temporelles de la voix : le repérage des indices organisationnels syntaxiques prend ainsi une importance plus grande qu'à l'oral.

2. L'hypothèse d'une interaction entre processus « haut-bas » et « bas-haut » (cf. Perfetti, 1981-82) implique un fonctionnement coordonné des différentes compétences liées à la lecture. Assurer simultanément le fonctionnement efficace de chacun des niveaux de traitement, et le fonctionnement efficace de la coordination de ces niveaux, ne va pas sans poser problème si l'on admet une limitation des capacités de traitement. L'idée que l'ensemble des processus soient orientés vers la production du sens, c'est-à-dire vers le plus haut degré d'intégration possible, est liée à une contrainte essentielle : cette intégration maximale doit permettre de resteindre la charge de la mémoire en cours de traitement, la mémorisation littérale d'un matériel verbal étant plus coûteuse que sa mémorisation sémantique (cf. les notions de « base de texte » et de « macrostructure » dans Kintsch et van Dijk, 1975, 1978 ; Kintsch, 1976, 1981-82). Dès lors, il est capital de pouvoir disposer d'indices efficaces (typographiques, syntaxiques, textuels) permettant de repérer les endroits où un recodage est possible pour aboutir à une intégration sémantique optimale de ce qui est lu. On peut d'ailleurs envisager que des intégrations transitoires soient effectuées, à différents niveaux, selon les contraintes imposées par la segmentation syntaxique ou sémantique du texte, ce qui impose effectivement un repérage rapide de cette segmentation (cf. Noizet, 1978, 1980, 1981-82 ; Pynte, 1983).

On comprend mieux ainsi que l'efficience des niveaux inférieurs du système soit différenciatrice de l'efficacité de la lecture : lire suppose de pouvoir faire appel à différentes compétences, et surtout de gérer aisément le passage d'un niveau de compétence à un autre ; si un niveau fonctionnel demande une attention active trop soutenue, l'achèvement du but qui lui est assigné se fera au détriment du fonctionnement des autres niveaux. L'efficacité du décodage graphémique, par exemple, n'est donc pas **en soi** un facteur décisif de l'efficacité de la lecture, mais est cependant nécessaire pour que les autres niveaux de traitement puissent fonctionner sans perturbation importante. La compréhension est un processus d'ordre général, dont beaucoup de caractéristiques sont effectivement indépendantes des modalités de la communication ; mais les caractéristiques spécifiques de l'activité de lecture - essentiellement le décodage graphémique - ne doivent pas constituer un handicap pour le fonctionnement global du système.

Si l'on admet que ce système a une capacité globale limitée (cf. Broadbent, 1958, 1963), la gestion de la **part d'attention** assignée à ces différentes composantes est sans doute un facteur essentiel de son efficacité. C'est en ce sens que l'**automatisation** de certains processus peut être le garant de cette efficacité : les bons lecteurs sont ceux qui peuvent mettre en œuvre des processus de bas niveau sans qu'une part d'attention importante leur soit assignée (automatisation), et donc sans que le fonctionnement de ces processus ne soit un handicap pour l'achèvement des objectifs interprétatifs des niveaux supérieurs (cf. Laberge et Samuels, 1974). L'hypothèse d'interaction entre les différents niveaux impliqués prend ici tout son sens. La vérification graphémique ou syntaxique de prédictions sémantiques engage une double contrainte : passer à un niveau de traitement inférieur au plan de l'intégration sémantique ; effectuer ce traitement inférieur en maintenant l'objectif du traitement supérieur en cours (cf. aussi Schneider et Shiffrin, 1977 ; Shiffrin et Schneider, 1977, pour une théorie du rôle de l'attention dans les processus de traitement). L'automaticité peut alors être conçue comme la possibilité de traiter quelque chose à un niveau donné, alors que l'attention active est portée sur un autre traitement à un autre niveau[1].

La lecture dans une langue étrangère

Les travaux récents qui, dans le domaine de la psycholinguistique, portent sur cette question visent pour l'essentiel à analyser le statut des différentes **compétences** qui entrent en jeu dans la lecture, par comparaison d'une même situation en L1 et en L2. On cherche aussi souvent à analyser le problème central des **stratégies** de lecture dans chacune des langues pour un même sujet : présence/absence de telle ou telle stratégie, transfert ou non d'une stratégie donnée de la L1 à la L2.

1. Nous avons surtout évoqué, pour ce qui concerne l'automatisation des processus, les problèmes liés au décodage graphémique. On peut également tenir ce raisonnement si on admet la pertinence d'un codage **phonologique** dans les activités de lecture (cf. par exemple Underwood et Holt, 1978).

1. Le rôle des connaissances préalables

Les enseignants de L2 savent par expérience que les indices de contexte sont peu utilisés lors de la lecture dans une L2, ce qui est quelque peu paradoxal. Le lecteur est en effet, dans cette situation, plus susceptible de rencontrer des données linguistiques non familières (au niveau syntaxique, lexical, orthographique, phonémique), ce qui doit rendre le traitement « bas-haut » plus difficile. La stratégie logique serait alors de compenser ce déficit par une plus grande utilisation de processus « haut-bas ». Il ne semble pas qu'il en soit toujours ainsi.

L'étude menée par Cziko (1980) tente de détecter les stratégies effectivement utilisées par les lecteurs, en recueillant les erreurs faites lors d'une lecture orale. Trois mesures peuvent être principalement utilisées :
- G : pourcentage des erreurs de substitution qui sont proches du texte au plan graphémique ;
- S : pourcentage des erreurs de substitution qui respectent les contraintes syntaxiques et sémantiques du texte lu ;
- O : pourcentage de suppressions ou insertions.

Si l'on admet que tout lecteur doit se fonder sur des indices multiples pour que sa lecture soit efficace, les erreurs ainsi relevées doivent pouvoir rendre compte d'une utilisation préférentielle d'indices graphémiques (erreurs G) ou d'indices contextuels (erreurs S ou O). Les textes présentés sont en français, et les sujets, étudiants, sont : (INT) des anglophones ayant subi un apprentissage scolaire du français pendant six ans (groupe « intermédiaire ») ; (AV) des anglophones ayant bénéficié pendant six ans d'un programme d'immersion en français (groupe « avancé ») ; (NS) des francophones natifs. On peut résumer les résultats obtenus par le Tableau 6.1.

Tableau 6.1 : Valeurs des indices d'erreurs
pour les trois populations étudiées (d'après Cziko, 1980)

		Population		
		INT	AV	NS
Indice	G	82	76	64
	S	51	67	70
	O	5	14	20

On voit que les étudiants du groupe INT utilisent beaucoup les informations graphémiques, et que les faibles proportions de suppressions et d'insertions laissent supposer que ces lecteurs restent très proches du texte au cours de leur lecture ; ils utilisent d'ailleurs assez peu les contraintes contextuelles. Les étudiants AV restent assez sensibles aux contraintes graphémiques, mais se rapprochent notablement des étudiants NS pour ce qui concerne les contraintes contextuelles. Ceci laisse supposer l'existence d'un apprentissage : l'importance plus grande des indices graphémiques pour INT et AV n'est pas liée de manière intangible à la situation « L2 », mais sans doute à certaines conditions d'utilisation de la L2, qu'il reste à préciser. On ne peut savoir ici en effet si « apprentissage » signifie transfert progressif d'une langue à l'autre, ou exercice spécifique à la L2 ; il reste aussi à déterminer si un tel apprentissage est en tout état de cause nécessaire à la maîtrise de l'écrit en L2, ou si au contraire certains modes d'acquisition de la langue (l'immersion par exemple) sont susceptibles de favoriser le transfert L1-L2.

Le rôle du contexte dans la compréhension de la L1 écrite a fait l'objet d'une série de travaux réalisés par Bransford et ses collaborateurs (cf. notamment Bransford et Johnson, 1972 ; Bransford, McCarrell et Nitsch, 1976). C'est en s'inspirant de ces travaux que Carrell (1983) a cherché à tester, pour une L2 : (1) le rôle des indications données au lecteur sur le contenu du texte (« contexte ») ; (2) le rôle du degré selon lequel les items lexicaux permettent de repérer aisément le contenu du texte en cours de traitement (« concrétude », ou « transparence » selon les termes de Carrell) ; (3) le degré de familiarité du lecteur avec le champ couvert par le texte (« familiarité »).

Dans l'expérience de Carrell, la variable (1) « contexte » est relative à la présence/absence d'un titre et d'une image précédant le texte ; ces indices sont supposés définir le domaine sémantique du texte, et donc faciliter le traitement « haut-bas ». La variable (2) « transparence » est relative à la présence/absence d'indices textuels clairement spécifiques des contenus couverts par le texte ; il s'agit d'items lexicaux dont la présence doit faciliter les phases de validation des hypothèses interprétatives, autrement dit les traitements « bas-haut » impliqués dans la construction du sens. La variable (3) « familiarité » est reliée au contenu des deux textes utilisés : situation courante ou insolite. L'étude est menée de la même façon sur des anglophones natifs (NS) et sur des étrangers étudiant l'anglais, avec également deux niveaux : intermédiaire (INT) et avancé (AV). L'effet des différentes variables est estimé d'une part sur le rappel du texte présenté, d'autre part sur un jugement de difficulté des textes, émis par les lecteurs eux-mêmes.

Le profil des résultats est très différent, selon qu'il s'agit pour les lecteurs de leur L1 ou d'une L2. Pour les NS, les trois variables étudiées ont un effet (sans interaction entre elles) : le contexte et la transparence ont un effet positif ; la troisième variable joue en général au profit du texte « non familier », ce qui peut s'expliquer par un effet de surprise lié à l'originalité du contenu (effet peut-être dû aux conditions spécifiques de l'expérience). Pour les INT, aucune des variables étudiées n'a d'effet. Pour les AV, seule la variable « familiarité » joue un rôle, dans les mêmes conditions que pour les NS. Par ailleurs, l'examen des jugements subjectifs de difficulté des textes démontre une perception très défaillante de la part des INT et des AV : il n'existe pour eux, contrairement aux NS, aucune corrélation entre les jugements émis par chaque individu et les scores de rappel correspondant.

Le grand intérêt de cette recherche est de démontrer l'existence d'un problème qui semble relativement crucial : les processus dont on connaît classiquement la fonction dans la lecture en L1 sont tout simplement **absents** dans les activités de lecture en L2. Même chez les apprenants « avancés », des processus considérés comme fondamentaux, liés à l'interaction entre différents niveaux de traitement de l'écrit, ne peuvent être attestés, et le seul effet démontré, celui lié à la familiarité, peut être attribué à des caractéristiques de la compréhension beaucoup plus générales que celles qui sont impliquées dans l'activité de lecture. Pour la catégorie de sujets étudiés ici, la lecture en L2 semble donc bien liée, comme le suggéraient les résultats de Cziko, aux aspects linguistiques, littéraux du texte ; la référence au cadre sémantique, au repérage d'indices textuels induisant un contexte, y semblent en pratique inefficaces.

Deux questions restent cependant ici sans réponse, questions qui devraient, de notre point de vue, servir de guide à d'autres recherches de ce type : (1) On a ainsi détecté ce que les lecteurs en L2 **ne font pas** ; il faudrait aussi pouvoir dire quelque chose sur ce qu'ils **font réellement**, plus précisément sur d'éventuelles stratégies liées à l'utilisation des indices contextuels ou textuels, mais différentes de celles qui sont pertinentes en L1. (2) On ne sait rien de la nature des difficultés qui aboutissent au « **non-transfert** » des compétences de la L1 à la L2 (en admettant que le problème se pose effectivement en termes de transfert) : la réponse à cette question conditionne évidemment la mise au point de stratégies pédagogiques visant à exercer ou à transférer ces compétences spécifiques. Approfondir de telles questions nécessiterait sans doute de développer des méthodologies - assez délicates à mettre au point pour des raisons de comparabilité des matériaux et des situations - permettant de décrire les stratégies de lecture utilisées par les **mêmes sujets** dans leur L1 et en L2.

Un premier élément de réponse peut sans doute être trouvé dans le travail de Adams (1982), qui porte sur un aspect particulier de la compréhension en lecture, aspect effectivement crucial dans le cas d'une L2 : le « devinement » de la signification de mots inconnus ou peu familiers. Dans l'expérience de Adams, certains mots techniques des textes présentés étaient remplacés par des mots artificiels à consonance française (les sujets étant des anglophones apprenant le français). La variable étudiée était la présence/absence, au début du texte, d'une phrase définissant le contenu de ce texte (par exemple : « This passage is about playing tennis »). Cette phrase était considérée comme susceptible d'activer un « script » relatif au contenu du texte : par « script » on entend ici (cf. Schank et Abelson, 1977 ; Bower, Black et Turner, 1979) une structure cognitive qu'on a élaborée et stockée en mémoire, et qui porte sur la séquence d'événements, relativement stéréotypée, spécifique d'une certaine situation, d'un certain contexte. La présence d'une telle phrase est supposée faciliter la « mise en contexte » de l'activité de lecture.

Le critère étudié dans l'expérience de Adams était la **reconnaissance** ultérieure des « mots techniques » utilisés dans le texte. L'analyse des résultats démontre un important effet positif de la présence d'un « activateur de script ». Cette expérience démontre donc que les effets de contexte ne peuvent être considérés comme nuls en L2, mais qu'ils portent peut-être sur des variables plus spécifiques, ici par exemple le traitement du vocabulaire inconnu. Déterminer la nature de ces variables conduirait à préciser le rôle que peuvent jouer des exercices spécifiques de lecture dans la classe de L2.

2. Le rôle des « schémas »

Les connaissances préalables susceptibles d'avoir un effet sur la lecture d'un texte ont jusqu'ici été abordées sous leur aspect « contenu ». Un autre aspect de ces connaissances concerne les **structures** formelles, rhétoriques, organisationnelles relatives aux différents types de texte qui peuvent se présenter : de nombreux travaux sur la compréhension, le rappel, la production de textes permettent de penser que les utilisateurs du langage acquièrent et maîtrisent d'importantes connaissances sur les caractéristiques structurales des textes de différents genres (récits, textes scientifiques, articles de journaux...) et sur l'inscription de ces structures au travers du langage (cf. Mandler, 1978, 1981-82 ; Denhière, 1981-82, 1984 ; Fayol, 1985).

On a en particulier largement étudié l'effet de la violation de la structure rhétorique sur la compréhension d'un texte. Il s'agit de comparer deux situations : dans l'une on présente un récit simple, bien structuré selon un ordre canonique largement répandu (exposition, complication, résolution, conclusion) ; dans l'autre sont utilisés les mêmes éléments sémantiques dans un ordre violant délibérément la structure du récit.

L'expérience de Carrell (1984), par exemple, reprend le paradigme expérimental de Mandler (1978), utilisé pour étudier la compréhension et la mémorisation de récits en L1. Mandler analyse un récit en le décomposant en une « exposition » (relatant essentiellement des « états ») et une « structure événementielle », qui comprend un certain nombre d'« épisodes », connectés entre eux par des liens causaux ou temporels, selon les règles spécifiques d'une « grammaire de récit ». Chaque épisode est constitué d'un « début », d'un « développement » et d'une « fin ». Le développement se décompose en « réaction » et « but », qui lui-même est composé d'une « tentative » et d'une « issue » (cf. Figure 6.1 ; voir aussi Mandler et Johnson, 1977, traduction française in Denhière, 1984). Les travaux de Mandler portent sur le double rôle de telles structures : elles aident le lecteur à organiser les propositions au fur et à mesure qu'elles se présentent lors de la lecture (encodage du texte) ; elles procurent au sujet une séquence temporo-causale type à l'intérieur de laquelle des contenus spécifiques peuvent être replacés (recouvrement du texte).

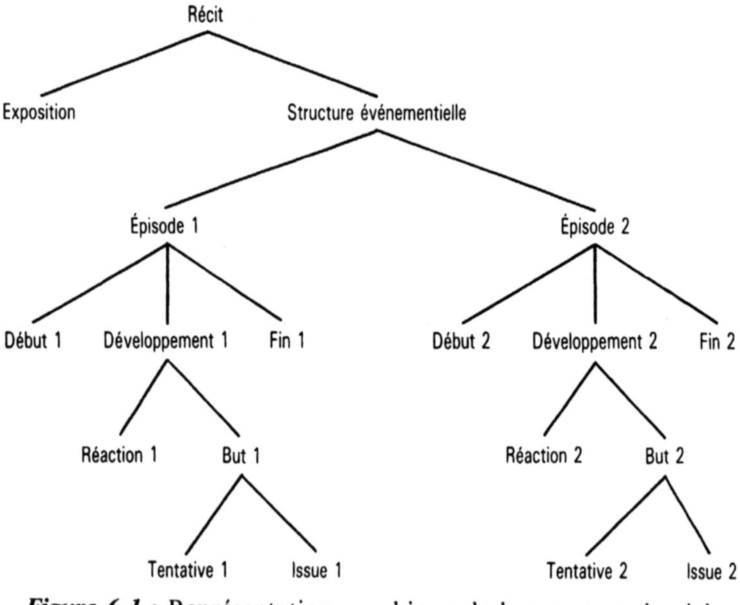

Figure 6.1 : Représentation graphique de la structure de récit (d'après Mandler, 1978)

Carrell utilise un matériel en anglais issu de trois récits simples : exposition + deux épisodes successifs connectés temporellement (condition « standard ») ; chacun de ces récits est manipulé par enchevêtrement des deux épisodes qui le composent : début épisode 1, début épisode 2, réaction 1, réaction 2, tentative 1, tentative 2, etc. (condition « enchevêtrée »). Les résultats portent sur le taux et l'ordre de rappel des trois récits (dans leurs versions standard ou enchevêtrée) 24 heures après leur présentation à des sujets adultes de différentes nationalités (niveau « intermédiaire » en anglais L2). On observe que :

- le nombre de récits rappelés (présence minimale d'un épisode) et le nombre moyen d'épisodes rappelés sont sensiblement identiques dans les deux situations ;
- le nombre moyen d'éléments rappelés à l'intérieur de chaque épisode (« nodes » dans la terminologie de Mandler) est significativement supérieur pour les récits standards ;
- le rappel des récits standards suit de très près l'ordre de présentation ; pour les récits enchevêtrés, les sujets tendent à établir, lors du rappel, un ordre plus proche de l'ordre canonique que de celui du récit présenté.

Les profils des résultats sont très proches dans le cas de la lecture en L2, étudié par Carrell, et dans celui de la lecture en L1 étudié par Mandler. Cependant, les adultes apprenant l'anglais L2 présentent deux particularités :

- le rappel des récits enchevêtrés est moins bon que dans le cas des locuteurs natifs adultes ; il se rapproche plutôt des rappels de sujets de dix ou douze ans (il est supérieur, cependant, au rappel d'enfants plus jeunes) ;
- les effets liés au caractère saillant de certains éléments (début, fin des épisodes) sont plus importants en L2.

Carrell explique ces différences en termes de compétition entre les contraintes liées aux caractéristiques particulières des récits enchevêtrés, et les contraintes liées aux difficultés proprement linguistiques des lecteurs en L2 : « Les adultes natifs n'ont pas besoin de consacrer beaucoup d'effort à l'encodage linguistique, et peuvent donc consacrer plus d'effort à encoder les récits enchevêtrés selon une structure canonique, en deux épisodes séparés, assortis d'un algorithme d'enchevêtrement. Les lecteurs non natifs, qui doivent consacrer plus d'effort au codage linguistique, ne peuvent consacrer qu'un moindre effort au classement des éléments enchevêtrés selon un schéma canonique » (Carrell, 1984, p. 104, notre traduction).

Nous préférerions quant à nous, dans une perspective cependant très proche de celle de Carrell, raisonner en termes d'**attention** affectée aux différentes contraintes de la tâche. C'est une interprétation en termes d'attention qui est illustrée au travers de ce qui suit.

3. Contrôle et automatisation des processus

Nous présenterons cette notion, aux aspects parfois complexes et techniques, à l'aide d'une recherche de Favreau et Segalowitz (1983), dont l'intérêt est de porter sur des bilingues « parfaits » (anglais/français), c'est-à-dire équilibrés quant aux performances linguistiques dans l'une et l'autre langue. Une des caractéristiques fréquentes de ces bilingues est de présenter néanmoins des déficits légers et souvent mal décelables dans l'une des deux langues : la vitesse de lecture, par exemple, est plus élevée dans une des deux langues, bien qu'elle se situe, pour l'un et l'autre cas, dans des limites de valeurs moyennes. On peut alors envisager de repérer de manière relativement pure les caractéristiques cognitives qui peuvent être à l'origine de ce déficit, d'autant que la possibilité de travailler dans l'une et l'autre langue avec les mêmes sujets permet de contrôler les différences interindividuelles. Sur la base d'une telle méthodologie, l'expérience de Favreau et Segalowitz permet de renforcer les interprétations selon lesquelles les difficultés de lecture en L2 proviendraient d'une plus grande dépendance par rapport aux données littérales du texte.

Les auteurs se fondent sur le postulat, déjà évoqué (cf. LaBerge et Samuels, 1974), que (1) les activités cognitives complexes supposent la mise en œuvre de nombreuses opérations, sinon simultanées, du moins se succédant très rapidement ; (2) certaines de ces opérations exigent beaucoup d'attention de la part du sujet alors que d'autres peuvent être accomplies de manière automatique ; (3) le défaut d'automaticité d'une opération peut être un handicap pour le déroulement d'autres opérations lorsqu'une interaction fonctionnelle existe entre elles.

Dans le domaine de la lecture, de nombreux travaux montrent que certaines opérations, y compris d'ordre sémantique, peuvent être automatisées (cf. par exemple Underwood, 1979). C'est le cas en particulier dans tous les phénomènes de « préparation » perceptive (priming) : on présente un mot (M1) dans des conditions subliminales (pendant un temps insuffisant pour être perçu de manière consciente, ou, en vision périphérique, pendant un temps insuffisant pour qu'un mouvement de l'œil puisse ramener le mot présenté en vision fovéale) ; on présente ensuite un autre mot (M2) dans des conditions normales, et on en mesure le temps de réaction de reconnaissance. On peut montrer ainsi que ce temps de réaction est plus court lorsqu'une relation sémantique existe entre les mots M1 et M2. Il semblerait donc que le mot M1, bien que non identifié, ait bénéficié d'un traitement automatisé, c'est-à-dire sans possibilité d'attention active de la part du sujet, et que ce traitement ait été cependant suffisamment élaboré pour atteindre un niveau sémantique.

Il est probable que de tels automatismes sont essentiels à une gestion efficace des mouvements oculaires. Il n'y a pas en fait, en lecture, de fixation de toutes les syllabes ni même de tous les mots, et l'on sait que la lecture efficace est liée à la capacité de cibler de manière prioritaire les éléments les plus pertinents (importants sémantiquement, ou critiques du point de vue de la segmentation). Les mouvements oculaires doivent donc, de manière apparemment paradoxale, aboutir à la fixation d'éléments jugés pertinents **avant** même que ces éléments aient été réellement « traités ». Il est alors logique d'invoquer différents niveaux de traitement : certains servent au ciblage ; ils opèrent en vision périphérique et sont sans doute peu coûteux du point de vue de l'attention active qu'ils nécessitent ; d'autres, plus coûteux, ont pour objectif un degré d'intégration sémantique plus élevé (cf. O'Regan et Levy-Schoen, 1978).

L'expérience de Favreau et Segalowitz (1983) reprend un paradigme expérimental étudié par Neely (1977). Il s'agissait d'une tâche de décision lexicale où, pour certains sujets, une facilitation sémantique était apportée par la présentation préalable de la catégorie sémantique du mot-cible : par exemple la présentation du nom d'un oiseau était précédée de la présentation du mot BIRD (condition 1). A l'inverse, pour d'autres sujets, le mot-cible était précédé du nom d'une catégorie sémantique sans lien avec lui (condition 2). Les sujets étaient prévenus, par la consigne, de l'existence ou de l'absence d'une liaison entre catégorie et items présentés. Mais, de manière imprévisible pour eux, certains items ne respectaient pas ces contraintes : on avait alors des mots non reliés sémantiquement dans la condition 1, et des mots reliés sémantiquement dans la condition 2. Certains mots étaient donc « attendus » (A), lorsqu'il s'agissait de mots reliés sémantiquement pour les sujets de la condition 1, ou de mots non reliés pour les sujets de la condition 2. D'autres mots, à l'inverse, étaient « non attendus » (NA), à savoir les mots non reliés pour la condition 1, les mots reliés pour la condition 2. On faisait varier également le temps séparant la présentation du mot-amorce et la présentation du mot-cible (long / court), et l'on mesurait le temps mis par le sujet pour identifier le mot-cible, temps que l'on pouvait comparer à celui obtenu dans une situation contrôle, sans préparation.

Les résultats montrent que, pour l'intervalle de présentation long, c'est la variable « attente » qui est pertinente : les mots A sont identifiés plus vite que les mots NA (la situation contrôle étant intermédiaire), que ce soit en condition 1 ou en condition 2. Par contre pour des intervalles de temps courts, c'est toujours la variable « relation sémantique » qui est pertinente : la préparation due à la présentation de la catégorie sémantique du mot-cible (condition 1) a toujours un effet positif, que cette préparation soit attendue ou non. Ces résultats sont interprétés en supposant que la nature du traitement réalisé par les sujets dépend de manière étroite du temps accordé à celui-ci :

- en vitesse lente il s'agirait d'un traitement « **contrôlé** » : le laps de temps entre les deux mots permet d'accorder suffisamment d'attention au développement d'une stratégie qui tient compte de la tâche définie par la consigne expérimentale ;

- en vitesse rapide il s'agirait d'un traitement « **automatisé** », indépendant d'une stratégie explicite, mais lié aux contraintes exercées par les caractéristiques prégnantes du matériel, ici la valeur sémantique des éléments.

Les modèles liés aux résultats de ce type prédisent que certaines **difficultés de lecture** en L1 tiennent à l'insuffisance des traitements automatisés, ce qui est confirmé par quelques résultats (cf. par exemple Stanovich, West et Feeman, 1981). Favreau et Segalowitz supposent que ce sont des difficultés du même ordre qui surgissent lorsque, chez des bilingues, une des deux langues n'est pas parfaitement maîtrisée. Ils ont comparé des bilingues ayant les mêmes capacité de lecture en anglais et en français (B+), et des bilingues ayant des capacités inférieures dans une des deux langues (B–). Ils ont observé que les variables « attente » et « relation sémantique » jouent de la même façon pour les deux langues chez les bilingues B+. Mais chez les bilingues B–, le traitement automatisé en vitesse rapide (effet de la variable « relation sémantique ») est absent ou considérablement amoindri quand ils travaillent dans leur langue non dominante ; par contre, l'effet de l'une et l'autre variables est conservé dans leur langue dominante.

Il faut rappeler que cette recherche porte sur des sujets dont le bilinguisme est totalement équilibré, à l'exception, pour certains (B–), de la **vitesse** de lecture dans une langue, et non du taux de compréhension dans cette langue (par ailleurs parfaitement maîtrisée au plan linguistique). Les différences observées peuvent donc être attribuées avec une certaine vraisemblance à la capacité spécifique de lecture efficace, alors même que les autres compétences linguistiques (expression écrite et orale, compréhension orale, lecture courante) sont parfaitement maîtrisées chez tous les sujets. Mais les bilingues B–, s'ils disposent apparemment de processus automatisés moins efficaces, ne semblent pas pour autant développer une stratégie compensatoire fondée sur des effets de contexte : les traitements « contrôlés » ne sont pas chez eux plus efficaces (pas moins non plus d'ailleurs) que chez les B+. Ceci nous rappelle que le déficit d'automatisation ne peut être considéré comme le seul élément d'appréciation des difficultés de lecture en L2, et que les effets liés au contexte ou aux structures textuelles y sont également souvent amoindris.

L'exercice de la lecture en langue étrangère

La difficulté majeure à laquelle se trouve en fait confronté l'apprenant de L2 semble donc être le caractère **interactif** de l'ensemble des processus qui doivent être mis en œuvre dans l'activité de lecture. C'est de ce caractère qu'il nous paraît primordial de tenir compte si l'on envisage la mise en œuvre d'une pédagogie de la lecture en L2 :

1. Si l'automatisation ne peut en soi faire l'objet d'exercice (on voit mal des apprenants d'un niveau intermédiaire ou avancé s'entraîner par répétition du décodage graphémique), il est cependant vraisemblable que seul un bon degré de familiarisation avec **tous** les aspects de la langue peut assurer de tendre vers une lecture efficace. De ce point de vue, certaines caractéristiques déterminant la **redondance** de la langue-cible mériteraient sans doute plus d'attention : les suites phonémiques ou graphémiques, l'organisation des champs sémantiques, la fonction de segmentation de certaines structures syntagmatiques, constituent des indices dont la **perception de l'écrit** fait un usage indissociable de celui que peut en faire la **compréhension de l'écrit** (cf. Pynte, 1983, pour ce qui concerne les relations entre identification, traitement et compréhension).

Les importants développements de la « pédagogie de l'écoute », souvent fondés sur des connaissances psychologiques ou psychophysiologiques précises, n'ont guère été envisagés au titre d'une « pédagogie de la perception visuelle », dont rien pourtant ne peut laisser penser ***a priori*** qu'elle n'est pas tout autant indispensable à la maîtrise d'une L2 dans ses différentes dimensions. Notons cependant les réactions salutaires face à la pratique de la lecture à haute voix dans la classe de L2, qui est une régression vers le déchiffrage : ce déchiffrage n'est d'aucune utilité pour l'exercice des compétences évoquées ici, puisqu'il se fonde en fait sur les connaissances implicites qu'a l'élève des caractéristiques de sa L1 (tout au moins tant que n'existe pas une familiarité suffisante avec la langue-cible) ; il est de plus en opposition aux stratégies adultes de l'activité de lecture. De ce point de vue, seul l'exercice d'activités réelles et spécifiques (lecture sélective, intégrale, critique, rapide, écrémage, balayage...) sont susceptibles de faire fonctionner **en tenant compte des spécificités de la langue-cible** des compétences maîtrisées (ou supposées telles ?) en L1 (cf. Moirand, 1979). L'explicitation de certaines caractéristiques peut d'ailleurs être envisagée, par l'analyse morphologique par exemple, ou par le repérage de traits organisationnels spécifiques, tel que la tendance de l'anglais à l'argumentation linéaire par phrases contiguës (cf. Clarke et Silberstein, 1977).

2. La perspective interactive que nous avons soutenue interdit également qu'on puisse envisager d'attendre que soit parfaite la maîtrise du code linguistique avant d'aborder des activités de lecture

« authentique ». Les déficits de fonctionnement des niveaux inférieurs du système sont sans doute une gêne pour la mise en œuvre des niveaux intégratifs, mais il semble bien aussi que le **transfert des compétences** de haut niveau de la L1 à la L2 (utilisation de l'arrière-plan contextuel ou des schémas structuraux) n'aille pas de soi.

Ce point de vue soulève un problème majeur quant à l'utilisation pédagogique classique de textes choisis en fonction d'un degré de lisibilité soigneusement calibré : on propose aux élèves des textes dont on a mesuré la « difficulté » en fonction de critères lexicaux ou syntaxiques, ou des textes arrangés pour correspondre à un degré de difficulté adéquat du point de vue de ces critères. Il resterait à prouver que la **simplicité** ou la **simplification** d'un texte constitue toujours réellement une aide pour le lecteur : les travaux sur l'intégration sémantique permettent de soutenir l'idée contraire, dans la mesure où la simplification peut faire décroître la cohésion du texte ; la suppression de connecteurs jugés formellement complexes, par exemple, aboutit à la juxtaposition d'énoncés dont le lecteur doit lui-même reconstruire le lien (cf. Bernhardt, 1984). La compréhension, du point de vue des travaux sur l'intégration sémantique (cf. par exemple Bransford et Johnson, 1973), est un processus de synthèse de propositions en unités conceptuelles plus grandes, plutôt que l'analyse d'unités complexes en propositions plus petites. La lisibilité d'un texte dépend pour beaucoup des indicateurs textuels relatifs à l'intégration sémantique.

Les difficultés de la lecture en L2 doivent cependant conduire à apporter à l'élève des aides ou des incitations préalables ou parallèles au texte (cf. Carrell, 1984 b) :

- tenir compte de l'arrière-plan culturel propre aux textes relevant d'une culture éloignée de celle de l'apprenant, ou même d'éléments de civilisation spécifiques d'une culture relativement proche (cf. Carrell et Eisterhold, 1983 ; Bernhardt, 1984) ;
- définir les connaissances préalables à la lecture d'un texte (la compétence contextuelle étant d'ailleurs sans doute très difficile à expliciter par celui pour qui elle ne pose pas problème...), et en vérifier la possession par les élèves ;
- définir **avant** l'activité de lecture le contenu thématique du texte, sa structure, les objectifs de sa lecture ; présenter des informations reliées, un résumé, des illustrations, le vocabulaire associé ; Hudson (1982) a clairement démontré l'effet positif de telles aides, y compris et même parfois davantage pour les **apprenants avancés** : disposer de ces informations permet à ces derniers de mieux mettre en œuvre leur connaissance du code linguistique, alors que chez les élèves débutants ou de niveau intermédiaire, cette connaissance est encore insuffisante pour que se déclenche une interaction positive entre les deux niveaux de traitement.

II. Les acquisitions dans « l'approche communicative »

Le champ notionnel relatif à la « communication » a fait l'objet de publications récentes (françaises ou traduites de l'anglais) qui présentent l'essentiel des théories en présence et des implications du point de vue de la classe de L2 (cf. Bachmann, Lindenfeld et Simonin, 1981 ; Widdowson, 1981 ; Moirand, 1982 ; Hymes, 1984 ; Kramsch, 1984). C'est là un premier élément d'appréciation de l'impact de ces notions dans le domaine de la didactique des L2, impact qu'on peut mesurer aussi à travers l'émergence d'une « méthodologie de la communication » (Courtillon, 1982), ou l'élaboration et l'analyse de « programmes communicatifs » (Moirand, 1982). Il est donc hors de propos de reprendre un examen des courants théoriques en jeu, ce qui ne serait d'ailleurs pas du ressort du psychologue. Notre préoccupation est d'examiner en quoi cette approche est susceptible de modifier le point de vue que le psychologue peut développer sur l'acquisition des langues.

Que le langage serve à communiquer n'est pas une idée vraiment neuve. Nous avons vu (Chapitre 1) que cet aspect n'était pas étranger au système développé par Skinner, bien que les composantes de la communication prises en compte par cet auteur soient sans aucun doute posssible très restreintes ; il n'en reste pas moins que les méthodes audio-orales, opposées à la pédagogie traditionnelle des L2, apparaissent bien orientées vers un usage communicatif du langage. La prise en compte de la « situation » dans la conception des matériaux linguistiques proposés par certaines méthodologies audio-visuelles (cf. Chapitre 3) correspond bien aussi à une « perspective communicative », au sens où l'on revendique ici que les activités langagières scolaires ne soient jamais exercées sans référence à un contexte, certes présenté artificiellement, mais visant à recréer tous les aspects d'une situation d'interlocution.

Il est clair cependant que, pour l'un et l'autre de ces courants théoriques, l'environnement (dans un sens très large) n'a absolument pas la même fonction quant au déroulement du processus d'apprentissage. Dans la prespective skinnerienne, le rôle attribué à l'environnement est massif et déterministe : le locuteur se trouve inséré, de par, entre autres, ses activités de langage, dans un réseau de relations avec son environnement ; ce sont ces relations qui suscitent l'émergence de « contingences de renforcement », contrôlant ainsi totalement le développement et le déroulement de ces activités. Dans la perspective structuro-globale, c'est au contraire l'activité du locuteur qui est déterminante, au sens où elle peut exercer une fonction structurante portant sur un ensemble de données : toute acquisition porte sur une situation globale, prenant en compte tous les aspects de l'activité exercée (linguistiques, para-linguistiques, contextuels...), parce que l'essence même du processus d'acquisition est de repérer et d'organiser les variables pertinentes de la situation (cf. Besse, 1985).

On voit ainsi que la référence au « communicatif » n'est pas **en soi** le garant d'un choix théorique qui se démarquerait de théories de l'apprentissage considérées commes dépassées. Si l'approche communicative en didactique des L2 est souvent associée à une prise de position cognitiviste dans le domaine de la psychologie (cf. Galisson, 1980), cette association ne nous semble pas aller de soi : peut-on d'ailleurs prétendre pouvoir établir actuellement une théorie cognitiviste de l'acquisition d'une L2 ?... Ce qui nous paraît nécessaire, par contre, est d'examiner, au travers des textes sur l'approche communicative, quels sont les processus d'acquisition invoqués, et surtout si cette référence au communicatif conduit à l'émergence d'une analyse spécifique des processus d'acquisition linguistique.

Cette tâche est lourde, car la notion de « communicatif » est actuellement trop souvent vécue comme œcuménique, transparente, voire innocente (cf. Coste, 1980), pour qu'on ne l'aborde pas, au plan scientifique, avec une certaine méfiance. Ce qui « va de soi » n'est pas forcément ce qui peut apporter le plus au progrès scientifique. Un de nos objectifs sera d'examiner ce que recouvre cet œcuménisme apparent.

La communication est, selon Moirand (1982), « un échange interactionnel entre au moins deux individus situés socialement, échange qui se réalise au travers de l'utilisation de signes verbaux et non verbaux, chaque individu pouvant être tour à tour (ou exclusivement) soit producteur soit consommateur de messages » (pp. 9-10). Si le terme « interaction » fait le plus souvent référence à des situations où les participants sont présents simultanément, rien n'empêche qu'une telle définition puisse s'appliquer à des échanges écrits : l'ouvrage de S. Moirand comporte une longue partie sur « l'approche communicative de l'écrit », et l'auteur précise en conclusion que la distinction oral/écrit est à ses yeux très artificielle, dans la mesure où, dans beaucoup de cas, les situations d'oral et d'écrit s'entremêlent de manière très étroite. Le découpage du présent chapitre n'échappe pas à cette artificialité : les contraintes cognitives de la lecture, que nous avons essayé d'analyser, sont souvent liées à des aspects « interactionnels ». La prise en compte de la visée de l'auteur, des contraintes discursives, de la structure textuelle (choisie de manière plus ou moins explicite par l'auteur, mais en tout état de cause nécessitant le partage d'un certain nombre de conventions), etc., sont bien du domaine de ce qu'on appelle la « compétence de communication ». Les stratégies de **repérage d'indices** peuvent être considérées comme des stratégies de communication, dans la mesure où elles consistent à élaborer des hypothèses qui sont supportées en fait essentiellement par des connaissances préalables (de contenu ou formelles) **supposées partagées** par l'auteur et le lecteur.

Les compétences de communication

Compte tenu du contexte épistémologique qui a conduit à la mise en exergue de la notion de communication, il n'est pas étonnant que celle-ci ait été le plus souvent présentée en opposition à des conceptions du langage ou de l'acquisition des langues qui ne prenaient pas en compte la dimension communicative, notamment en opposition à toute l'approche formalisatrice de la langue (cf. la controverse Chomsky / Hymes : Hymes, 1984). Le « communicatif » présente ainsi fréquemment une connotation oppositionnelle (sinon contradictoire) avec le linguistique. Ceci est particulièrement crucial lorsqu'on traite de la « compétence de communication », qui peut apparaître comme une compétence sans lien avec une compétence linguistique (c'est-à-dire portant sur le code linguistique).

Cette dichotomie pose problème au psychologue, tout d'abord sur un plan théorique très général. Si langage et communication sont ontologiquement liés, d'un point de vue fonctionnel, on ne voit pas ce qui peut justifier de les étudier séparément, de les mesurer séparément (tests de compétence de communication), de les enseigner séparément (exercices communicatifs). Il n'est d'ailleurs pas évident que cette dichotomie corresponde vraiment à un choix théorique de la part des auteurs concernés, mais le problème est que le statut du communicatif par rapport au linguistique ne nous apparaît pas toujours suffisamment explicité pour qu'on puisse percevoir clairement le **rôle fonctionnel** de la compétence de communication, notamment du point de vue des **acquisitions linguistiques**. Voici tout d'abord quelques aspects généraux liés à ces problèmes :

1. Quand on cherche à relever et à définir ce que la notion de communication apporte à la pédagogie des langues, on tend naturellement à insister sur les **spécificités** de cette notion, et non sur ce qu'elle peut apporter de neuf à des notions plus anciennes (le champ théorique de la didactique des L2 n'était quand même pas totalement vierge avant qu'ait été mise en avant la notion de communication !). Cette insistance, compréhensible du point de vue de la visée novatrice des courants théoriques impliqués, a pour consé-

quence une perception relativement spécifique et autonome des implications pédagogiques de « l'approche communicative » (ce qui ne rentre nullement d'ailleurs dans les intentions théoriques explicites des auteurs). Ceci n'est pas sans conduire à des malentendus sur l'intérêt des notions ainsi développées.

2. Il peut apparaître, à travers certaines recherches, que la compétence linguistique et la compétence de communication puissent être des entités séparées. C'est le cas, par exemple, dans certaines analyses des méthodes audio-orales ou audio-visuelles (cf. par exemple Gschwind-Holtzer, 1981) : on y considère certains exercices de ces méthodes comme « neutres » du point de vue des situations et du contexte, donc comme présentant à l'apprenant un matériau en quelque sorte « purement linguistique », et n'aboutissant qu'à une compétence linguistique.

On ne peut certes exclure que, dans certaines situations scolaires très formalisées, les exercices proposés puissent être effectués « à vide », c'est-à-dire à la limite en évacuant tout autant le sens que la situation. Mais on voit mal cependant qu'une situation puisse être réellement totalement « neutre » (ce qui est un reproche souvent exprimé envers le matériau des méthodes audio-visuelles) ; en dehors des circonstances artificielles très spécifiques que nous venons d'évoquer, peut-on réellement produire des phrases sans référence à un cadre de communication, quel qu'il soit : le cadre scolaire constitue, après tout, lui aussi, une situation comme une autre ; la référence à des situations issues de la culture propre de l'apprenant peut permettre la constitution d'un cadre de communication imaginaire.

La notion d'« authentique », quand on parle des situations ou des documents qui servent de support aux exercices scolaires, est de ce point de vue toute relative : pour qu'un **document authentique** (recueilli sur le terrain) fasse l'objet d'une **activité authentique**, encore faut-il que l'apprenant l'appréhende comme tel (cf. le rôle de l'arrière-plan contextuel, évoqué dans la première partie de ce chapitre) ; à l'inverse, rien n'empêche que l'apprenant construise un contexte « authentique » (pour lui) à partir d'un document apparemment sans odeur et sans saveur (ce qui ne signifie pas que cela aille de soi). Les caractéristiques des matériaux utilisés ont certes une influence importante sur la nature des activités de langage suscitées, mais ne peuvent en être considérées comme les seuls déterminants : c'est dans la tête des locuteurs que sont prises en charge les contraintes de ce qu'on appelle la communication.

3. Beaucoup des tests qui visent à mesurer la compétence de communication la considèrent, explicitement ou implicitement, comme relativement indépendante d'autres compétences, notamment lexicales ou syntaxiques, ou tout au moins estiment qu'on peut la mesu-

rer de manière indépendante. Joiner (1977), cherchant à comparer des groupes d'élèves soumis à des pratiques pédagogiques « communicatives » et « non-communicatives » en français L2, constitue à cet effet différents types de tests censés mesurer l'une et l'autre compétence, et conclut que le groupe « communicatif » réussit mieux aux tests communicatifs, et vice versa (cf. aussi Schultz, 1977). La cohérence méthodologique rassure ; la valeur heuristique de la notion, quant aux processus généraux d'acquisition du langage, est par contre loin d'être évidente... Ce qu'apportent indéniablement ces tests, c'est une estimation, le plus souvent positive, de leur validité interne et de la spécificité de ce qu'ils mesurent (cf. Hellgren, 1982 ; Fischer, 1984 ; cf. aussi Fröhlich, Spada et Allen, 1985, pour une estimation de « l'orientation pédagogique » des classes de L2). Ce qui reste à faire, éventuellement en se fondant sur ces instruments, c'est repérer les caractéristiques **fonctionnelles** des compétences ainsi invoquées, notamment du point de vue de la globalité des acquisitions.

4. Ce qui nous apparaît comme une ambiguïté majeure des textes didactiques se référant au communicatif, a trait à l'objectif même de la « communication » dans l'enseignement des L2. Beaucoup de ces textes mentionnent la communication comme étant **en soi** un objectif pédagogique : la classe de L2 doit avoir **aussi** comme objectif de favoriser l'acquisition des compétences de communication. Ceci explique d'ailleurs qu'on cherche à mesurer les effets de ces pratiques par rapport à l'objectif pédagogique ainsi défini, indépendamment d'autres objectifs pédagogiques. Prétendre que la communication est un aspect central, essentiel de l'enseignement d'une L2, devrait selon nous avoir une tout autre signification : il se peut que la communication constitue en fait la situation optimale d'acquisition, en ce sens qu'elle aurait une fonction effective et incontournable dans le **développement du processus d'acquisition** de la langue. Ce serait alors considérer que « la communication est centrale dans le processus d'apprentissage, c'est-à-dire que c'est par l'interaction avec une autre personne, en face à face ou de manière imaginaire à travers l'écrit ou un texte parlé préparé, par la négociation du sens de l'information échangée, que l'apprentissage significatif se produit. Cela ne suffit pas de proclamer que la communication devrait être nécessairement la notion centrale dans l'enseignement, mais aussi dans l'apprentissage » (Acton, 1983, pp. 196-197, notre traduction).

Il s'agit là d'un point de vue d'ailleurs parfaitement concordant avec celui développé par Hymes : « En tout état de cause, la "communication" n'est pas un tout mais un attribut du langage. Toute utilisation du langage met en jeu l'attribut de la communication » (1984, p. 192). « En somme, l'option communicative ne consiste pas en une simple mise en œuvre de compétences ou de structures connues séparément et a priori, mais plutôt en une intégration de ces compétences et de ces structures dans l'action. L'étude du langage d'un point de vue fonctionnel amène inévitablement à cette option. Et une fois qu'on l'a atteinte, elle révèle des relations et parfois des traits qui échappent à une démarche atomiste. Une option globaliste fait apparaître une sphère où compétences et structures s'articulent et évoluent en interdépendance à l'intérieur des conduites humaines ; et certains des traits de chaque domaine - traits présents mais aussi traits absents - trouvent leur explication dans cette interdépendance » (1984, p. 190).

Cette analyse implique bien que l'acquisition d'une compétence de communication ne signifie pas grand'chose en soi, mais que par contre l'analyse des processus d'acquisition et d'utilisation du langage doit nécessairement passer par la prise en compte de la dimension de communication.

Stratégies de communication et acquisitions

La notion de stratégie de communication a été développée pour rendre compte de productions langagières dans des situations où il existe un décalage entre les capacités proprement linguistiques de l'apprenant (exprimées par exemple en termes d'interlangue) et ses besoins de communication (cf. Porquier, 1979) : il s'agit en quelque sorte de résoudre un problème de communication avec « les moyens du bord » (linguistiques ou non), alors que les moyens linguistiques adéquats sont insuffisants pour établir une communication efficace.

La distinction souvent admise entre stratégie d'apprentissage (dont la visée serait de saisir et de traiter des informations sur le fonctionnement de la langue : cf. Chapitre 5) et stratégie de communication (dont la visée serait d'établir ou de maintenir une communication avec des moyens linguistiques défaillants) n'est pas forcément toujours aussi claire qu'il y paraît. Résoudre un « problème de communication » peut consister à utiliser des stratégies de reformulation (dire autrement ce qu'on ne peut formuler faute de moyens lexicaux ou syntaxiques adéquats), d'éludage (modifier la forme ou le contenu pour éviter une zone problématique), de sollicitation (faire appel à autrui, au dictionnaire). Mais ces stratégies, qui ont sans aucun doute un objectif de communication, jouent aussi un rôle au plan des acquisitions :

- parce qu'elles visent à maintenir un niveau suffisant d'interaction, ce qui constitue en tout état de cause une occasion d'apprendre ;

- parce qu'elles sont l'occasion de tester des équivalences, des proximités, des analogies au sein de la langue-cible (caractéristiques peut-être spécifiques de la langue-cible).

Qui pourrait prétendre, à l'inverse, que la surgénéralisation, considérée classiquement comme un processus résultant de la mise en œuvre de stratégies d'**apprentissage** est totalement indépendante d'une stratégie de **communication** : existe-t-il véritablement des situations où l'on teste le langage pour le langage, où l'on « joue » de manière gratuite à faire des hypothèses sur le langage ? Porquier (1979) fait observer que la « simplification » peut être soit le reflet de l'état de l'interlangue, soit une simplification de l'interlangue due à une stratégie de communication. Mais on peut aussi se demander, dans le cas où la première hypothèse serait la bonne, si la constitution même de l'interlangue est indépendante d'une perspective de communication : la simplification, à laquelle se réfère Porquier, ne s'opère pas à vide ; si ce qui est saisi et traité ne recouvre qu'une partie des traits du matériau linguistique appréhendé (cf. Chapitre 5), cette sélection s'opère sans doute en fonction des capacités cognitives du système, mais aussi probablement en fonction d'une optimisation de la **valeur communicative potentielle** des traits sélectionnés. L'idée même qu'on puisse réserver la notion de stratégie d'apprentissage aux situations de saisie et d'intégration des informations relatives à la langue-cible (cf. Porquier, 1979) est donc peut-être discutable : il ne peut être exclu en effet que le mode de traitement et de stockage des informations linguistiques soit en fait strictement dépendant des aspects communicatifs liés au matériau linguistique appréhendé ; serait constituée ainsi une sorte de **compétence de communication différée**, plutôt qu'une compétence linguistique formelle dont seule la mise en œuvre réelle serait du domaine de la compétence de communication.

Tarone (1980) croit cependant pouvoir distinguer : (1) des stratégies d'**apprentissage**, dont le but principal n'est pas de communiquer mais d'apprendre (par exemple répéter une structure grammaticale pour la mémoriser) ; (2) des stratégies de **production**, qui correspondent à des tentatives d'utiliser son système linguistique de manière efficace et claire, avec un minimum d'effort ; (3) des stratégies de **communication** : tentatives mutuelles de deux interlocuteurs de se mettre d'accord sur le sens dans des situations où les structures nécessaires ne semblent pas être partagées. On voit que ces définitions mettent en fait en jeu des **degrés de communication** plutôt que son absence ou sa présence, ou plus exactement des **degrés de « métacommunication »**, c'est-à-dire des activités orientées plus ou moins explicitement vers un problème de communication. Les stratégies d'apprentissage elles-mêmes sont considérées comme telles car n'ayant pas comme but **principal** de communiquer.

Au demeurant Tarone estime-t-elle que la question importante est de savoir en quoi les stratégies de communication sont liées à l'apprentissage. Relevant le fait que peu de données sont disponibles sur la question, elle propose, avec une certaine prudence, que les stratégies de communication **puissent** déboucher sur un apprentissage, mais que ce lien n'est pas une nécessité. Cette proposition est assortie d'une hypothèse cognitive importante : « Il doit être impossible pour un apprenant de se focaliser à la fois sur une stratégie d'apprentissage et sur une stratégie de communication, et il doit se produire dans le cours de la conversation des passages de la focalisation de l'une sur l'autre » (1980, p. 421, notre traduction).

Plusieurs modèles récents mettent d'ailleurs l'accent sur les caractéristiques multicomponentielles de la compétence de communication, au sein de laquelle on inclut la compétence linguistique proprement dite. Prenons-en deux exemples :

- Canale et Swain (1980) distinguent trois composantes :
1. Compétence grammaticale (connaissance des structures linguistiques) ;
2. Compétence sociolinguistique (connaissance de ce qui est acceptable du point de vue des usages d'une communauté linguistique) ;
3. Compétence stratégique (capacité à utiliser des stratégies de langage pour atteindre des objectifs de communication).

- Moirand (1982) distingue quatre composantes :
1. Compétence linguistique ;
2. Compétence discursive (connaissance des différents types de discours et de leur organisation, en liaison avec la situation) ;
3. Compétence référentielle (connaissance du monde) ;
4. Compétence socio-culturelle (règles sociales, normes d'interaction).

On retrouve un aspect essentiel de ce que nous avons proposé, dans la première partie du présent chapitre, comme constituant la principale contrainte cognitive liée aux caractéristiques spécifiques du langage : la multiplicité des aspects fonctionnels à prendre en compte de manière simultanée ou rapide. La « compétence stratégique » de Canale et Swain nous rappelle que l'on doit tenir compte de la limitation des capacités d'attention active du locuteur, et donc de la nécessité d'une gestion efficace de l'affectation des capacités d'attention. Du fait du déficit éventuel de **certains aspects** de ces compétences chez l'apprenant de L2, le problème de l'efficacité de cette gestion est probablement un des éléments essentiels à prendre en compte en ce qui concerne l'impact de ces théories en matière d'acquisitions.

L'acquisition des compétences de communication

Les « compétences de communication » sont acquises, en L1, de manière progressive à partir de deux ans : il s'agit de savoir entamer un dialogue, attirer l'attention de son interlocuteur, établir le thème d'une conversation, interrompre son interlocuteur, répondre à des questions de vérification (est-ce qu'on parle bien de la même chose ?), établir un accord sur un objectif conversationnel... (cf. Gleason et Weintraub, 1978). Les enseignants de L2 savent bien que les caractéristiques de ces « routines conversationnelles » peuvent différer d'une langue à l'autre (l'exemple des salutations en anglais est classique). La réciprocité ou non de la situation, la signification des choix parmi plusieurs formes, l'acceptabilité des variations de forme... sont les facteurs qui, dans le cadre d'une langue donnée, doivent être pris en compte pour gérer les échanges conversationnels. Chez l'adulte (cf. Ervin-Tripp, 1981), les facteurs impliqués peuvent être très nombreux : le réseau d'interaction au sein duquel on est impliqué, le type d'activités de langage auquel on participe, la structure locale du discours (cohérence obligée des phrases proches), les variations socio-linguistiques (liées au bilinguisme, à la présence de dialectes ou de registres de langue), l'existence d'attitudes prescriptives par rapport au langage... Le défaut d'observation de certaines de ces contraintes conduit à des difficultés de communication, à la rupture de celle-ci, ou aussi fréquemment à des situations sociales négatives : beaucoup d'étrangers paraissent « impolis » du fait de la non-maîtrise des compétences de ce type.

Les stratégies de ce type peuvent être relativement indépendantes d'une langue à l'autre chez un même locuteur. Walters (1979) l'a montré, chez des bilingues anglais-espagnol, malgré la proximité relative des formes adéquates en anglais et en espagnol. L'expérience portait sur les formulations par lesquelles on demande quelque chose à quelqu'un, avec toutes les nuances possibles permettant d'éviter un impératif vécu de manière agressive. On observe que les sujets tendent à utiliser davantage de formes « polies » en espagnol (langue dominante culturellement pour eux) qu'en anglais. Malgré le fort degré de bilinguisme des sujets, et notamment une bonne équivalence de l'usage des deux langues au plan lexico-sémantique, leur fonctionnement est assez différent au plan pragmatique, l'anglais restant pratiqué de manière assez « neutre ».

Ce résultat peut être rapproché d'un de ceux que nous avons analysés à propos de la lecture : le bilinguisme **apparent** peut cacher des déficits de certains aspects des compétences langagières ; la maîtrise du code linguistique n'est pas une condition suffisante pour assurer le développement de ces compétences, du fait de leur relative indépendance. On peut d'ailleurs sans doute expliquer ce type de déficit par une focalisation de l'attention de l'apprenant sur des aspects du langage, tel que la maîtrise du code linguistique, vécus comme plus importants, de par l'image qu'on se fait de ce qu'est apprendre une langue. L'approche métalinguistique est alors une des voies possibles pour compenser un tel déficit, en amorçant l'acquisition par la prise de conscience de l'existence même du déficit (cf. Bialystok, 1978 ; Sharwood Smith, 1980, sur les problèmes de l'explicitation).

Une des premières recherches sur le développement des compétences conversationnelles du type « prise de parole » (turn-allocation) a été menée par Keller-Cohen (1979), sur des enfants, pour l'anglais L2. Outre une description précise du développement quantitatif et qualitatif de ces compétences (la nature des formes utilisées), l'auteur met en exergue deux résultats intéressants quant à la liaison entre compétences conversationnelles et moyens linguistiques correspondants :

- la capacité à maîtriser les marques conversationnelles semble dépendre, plus que des capacités linguistiques proprement dites, de la capacité à **identifier** en quoi les moyens linguistiques disponibles en L1 et en anglais sont identiques, proches ou différents ;
- le fait que les moyens linguistiques liés aux compétences conversationnelles soient proches d'une langue à l'autre n'est pas forcément un facteur directement facilitateur : il semble par exemple que la congruence des marques structurales et des marques **prosodiques** soit nécessaire pour que cette proximité soit utilisée efficacement par l'enfant.

La nature des liens entre la compétence communicative et la maîtrise du code linguistique a fait l'objet de plusieurs recherches récentes, que nous présentons avant d'en tenter un résumé.

Politzer et McGroarty (1983) ont construit une batterie de tests destinés à mesurer plusieurs types de compétence communicative : active (organiser et transmettre des informations) ; réceptive (suivre des instructions) ; sociolinguistiques (savoir reconnaître des actes de parole explicites ou implicites). Les auteurs pensent ainsi éviter l'écueil que nous avons signalé plus haut : le fait que des différences observées entre compétence linguistique et compétence communicative soient dues plus à la méthode de test qu'à l'existence de caractéristiques psycholinguistiques différentes. Ils observent par cette méthode :

- que des niveaux très bas de compétence linguistique sont un handicap majeur à la compétence communicative ;
- mais que de hauts niveaux de compétence linguistique ne garantissent pas une bonne compétence communicative : pour des niveaux équivalents de compétence linguistique on peut observer des niveaux très différents de compétence communicative (malgré cependant la présence d'une corrélation statistiquement attestée).

Des résultats cohérents avec ceux-ci ont été retrouvés en analysant la relation entre capacités de communication et correction structurale des productions pour différents niveaux scolaires. Cette relation est faible ou nulle chez les enfants les plus jeunes (niveau élémentaire en L2) ; elle est forte et significative chez les élèves plus âgés (« High School »). Chez ces derniers cependant, des différences importantes sont observées quant à la compétence de communication ; mais, en tout état de cause, une quantité minimale de compétence grammaticale est nécessaire pour que soient acquis des niveaux élevés de compétence communicative (Politzer, Shohamy et McGroarty, 1983 ; McGroarty, 1984).

Nous avons tenté, dans deux recherches récentes, d'opérationnaliser la notion de « compétence communicative », l'objectif étant de préciser, chez des enfants francophones apprenant l'anglais, la nature des relations entre trois indices : la compétence communicative dans la L2 (CCE) ; la compétence communicative dans la L1 (CCM) ; la compétence grammaticale dans la L2 (CG). On présentait par écrit des dialogues, accompagnés d'images : dans ces dialogues avaient été introduites des « erreurs de communication », relatives à la cohérence thématique, à la cohésion des échanges conversationnels, à l'utilisation de la redondance, ainsi que des erreurs grammaticales. Les sujets devaient repérer (en les soulignant) les erreurs communicatives (dans les dialogues en français et anglais) et les erreurs grammaticales (dans les dialogues en anglais).

Une première recherche (Dechet et Gaonac'h, 1985) visait à étudier l'évolution de ces indices chez des élèves de 6e-5e (anglais 1re L2) et de 4e-3e (anglais 2e L2). La CCE observée est nettement meilleure chez les débutants en 4e que chez les débutants en 6e (malgré l'identité de la méthode pédagogique utilisée) : il existe un « saut » qualitatif important quand on passe d'une première L2 à une seconde L2. Si l'on tente d'estimer les liens qui peuvent exister entre la CCE et les autres indices, on note que les corrélations sont très faibles chez les plus jeunes (6e), que ce soit entre CCE et CCM ou entre CCE et CG. En 5e on observe surtout une relation entre CCE et CCM, bien que cette dernière ait peu augmenté de la 6e à la 5e : s'il existe donc un transfert des compétences communicatives de la L1 à la L2, il semble que soit nécessaire une maîtrise minimale du code linguistique pour que ce transfert soit amorcé (transfert « conditionnel »). En 4e et 3e, les indices de corrélation deviennent plus fortement positifs : les performances en CCM (probablement déjà correctement établie pour des enfants de cet âge) et en CG augmentent peu par rapport aux 6e-5e, mais elles deviennent des facteurs nettement facilitateurs de la CCE. Il est notable en particulier que la corrélation CCE × CG est la plus forte chez les élèves de 4e : on peut penser qu'au début de l'apprentissage d'une **deuxième** L2 les élèves sont davantage capables de réaliser une acquisition

fonctionnelle de la langue, en en reliant de manière étroite les aspects structuraux et les aspects communicatifs. La différence très nette des profils de corrélation entre 6e-5e et 4e-3e doit sans doute s'interpréter en termes de flexibilité et de métacognition : l'acquisition d'une deuxième L2 peut bénéficier de facteurs cognitifs (comment s'y prendre pour apprendre une langue, comment utiliser ses compétences en L1) ou attitudinaux (apprendre une langue, c'est aussi apprendre à communiquer), facteurs liés à l'expérience issue du premier apprentissage.

Dans une autre recherche (Le Torrec et Gaonac'h, 1985), une comparaison a été faite de trois méthodes d'anglais-débutants (classe de 6e en fin d'année scolaire). Si la méthode qui se réfère explicitement à une « approche communicative » aboutit bien à des performances nettement meilleures pour la CCE, la CG présente peu de variations d'une méthode à l'autre. L'approche communicative n'exclut donc pas les acquisitions proprement linguistiques, et surtout une telle approche semble être une condition nécessaire de l'interdépendance entre compétence communicative et compétence grammaticale (corrélation CCE × CG), et un facteur facilitant le transfert de la L1 à la L2 (corrélation CCE × CCM).

Dans une situation assez différente (production écrite chez des élèves de 5e en anglais L2), Bautier-Castaing et Bergeret (1984) ont montré la possibilité que la compétence discursive soit mise en place assez rapidement. Leurs résultats permettent de penser que la compétence ainsi développée peut l'être de manière relativement indépendante de la maîtrise du système linguistique (sous réserve d'une compétence grammaticale minimale), ainsi que des interventions pédagogiques des enseignants. Les auteurs insistent sur le rôle positif de la situation étudiée, la nécessité de cohérence et de cohésion liée à la production d'un discours écrit obligeant les élèves à mobiliser des compétences discursives minimales. Une telle attitude, liée à la mise en œuvre de « stratégies de communication » (d'une manière parfois très éloignée par rapport aux moyens linguistiques fournis par le manuel scolaire), exerce très probablement un effet positif sur d'autres acquisitions linguistiques : produire un discours est, d'une certaine façon, plus facile que de produire une phrase, les contraintes discursives, si elles sont maîtrisées suffisamment, pouvant constituer une aide dans la construction des phrases.

Quelques conclusions peuvent être tirées de l'ensemble de ces travaux :

1. Il existe une **relative indépendance entre les compétences communicatives de langues différentes**. L'absence de maîtrise de la compétence communicative dans une langue peut être due en particulier à des facteurs d'ordre socio-culturel (distance entre langues au plan pragmatique ; statut de chaque langue pour un bilingue).

2. L'acquisition des compétences de communication suppose une **maîtrise minimale du code linguistique**. Mais celle-ci ne peut être considérée comme suffisante : à compétence linguistique égale, la compétence communicative peut présenter des variations importantes. Une relation existe cependant entre les deux : la corrélation est plus forte quand la compétence linguistique augmente, et la maîtrise du code linguistique en L2 favorise le transfert de la compétence communicative de la L1 à la L2, et, de manière générale, l'acquisition des compétences communicatives en L2.

3. Plus encore qu'une liaison mécanique (il faut maîtriser le code pour pouvoir s'en servir...), il semble que l'existence d'une **relation fonctionnelle entre « communicatif » et code linguistique** soit un facteur déterminant d'une acquisition efficace de l'un et l'autre de ces aspects. Certaines conditions favorisent sans doute l'acquisition interdépendante des aspects structuraux et communicatifs de la langue : compétence métacognitive et métalinguistique, attitude par rapport au langage, matériau pédagogique.

4. La **congruence des marques linguistiques liées à la communication** (marques conversationnelles, marques de cohésion) joue un rôle positif important dans l'acquisition des compétences de communication. Sont pertinentes la congruence intra-linguistique (entre les différentes expressions des marques communicatives : linguistiques, para-linguistiques, extra-linguistiques), et la congruence inter-linguistique (identification de l'équivalence ou de la non-équivalence des marques d'une langue à l'autre, ce qui suppose aussi la capacité à en repérer l'existence...).

Interactions langières et acquisitions

Le problème des compétences communicatives nous paraît ainsi devoir se poser de manière centrale dans des termes que nous avons déjà eu l'occasion de présenter : s'agit-il là de compétences possédant une relative indépendance, qui justifient d'être exercées pour elles-mêmes, ou doit-on considérer qu'il s'agit de compétences qui sont une partie constituante essentielle, voire nécessaire, de l'acquisition du langage ? Plusieurs des résultats exposés ci-dessus montrent le caractère fonctionnel de l'interdépendance entre compétences communicatives et maîtrise du code linguistique. Cette maîtrise est un élément facilitateur, mais non déterminant, de la compétence communicative. De même, la mise en œuvre de compétences communicatives peut favoriser l'acquisition d'autres compétences linguistiques. C'est ce second volet que nous voulons illustrer pour terminer, l'idée centrale restant que des **activités** de langage (ici des interactions langagières) puissent être un élément sinon déterminant, du moins facilitateur de la maîtrise des **structures** de la langue.

Les travaux qui visent à analyser la structure des conversations dans les situations d'acquisition, explicite ou implicite, conduisent à émettre un certain nombre d'hypothèses sur la manière dont les interactions peuvent jouer un rôle effectif dans les acquisitions (cf. Larsen-Freeman, 1980, pour un recueil d'articles sur « l'analyse de discours » en L2). Hatch (1978) et Ervin-Tripp (1981) notamment, fondent leur argumentation sur ce qu'on peut observer des acquisitions « naturelles », en L1. C'est donc à celles-ci que nous nous intéresserons d'abord.

Interactions et acquisition de la langue maternelle

Beaucoup de travaux récents posent en effet en principe que l'interaction langagière constitue un contexte communicatif essentiel pour le développement de la L1. L'hypothèse est en particulier que l'« acte de parole » (Austin, 1962 ; Searle, 1969) serait l'unité linguistique primaire sur laquelle se fonderait l'ensemble des acquisitions linguistiques. Selon Dore (1975) par exemple, les « actes de paroles primitifs », constitués d'un seul mot, sont : nommer (un objet, un événement) ; répéter un mot entendu ; répondre à une question par un mot ; solliciter une action, ou une réponse verbale ; appeler quelqu'un ; attirer l'attention ; accueillir ; protester ; « pratiquer » un mot (sans lien apparent avec le contexte). On suppose, dans ce cadre, que les intentions pragmatiques des enfants sont progressivement **grammaticalisées** pour tendre vers des structures sémantiques et syntaxiques. L'hypothèse théorique la plus extrême et la plus ambitieuse en ce sens est celle de Halliday (1975) : les **fonctions** pour lesquelles le langage est utilisé détermineraient, selon lui, la **structure** de ce qui est acquis au plan linguistique.

Bruner (1975a, b ; cf. aussi 1983 pour une présentation française de ces textes) a développé un cadre théorique dont l'objectif est d'analyser l'ancrage des acquisitions linguistiques dans les communications pré-verbales. Il rejette l'idée que le langage humain soit une capacité innée, tout autant dans la perspective de Chomsky (innéité de capacités linguistiques proprement dites) que dans celle de Piaget (innéité de capacités cognitives générales). Le langage est, pour Bruner, un **outil** forgé par l'espèce humaine pour prolonger, amplifier ses capacités cognitives. C'est un outil au même titre que les outils physiques, qui amplifient les possibilités d'action directe, et au même titre que les représentations imagées, qui permettent une prise de distance par rapport au réel immédiat ; mais c'est un outil privilégié, car représentant le réel sous une forme symbolique particulièrement efficace (cf. Bruner, 1966a, pour une analyse des différents modes de représentation du réel et de leur rôle dans le développement). En tant qu'**outil**, le langage est indissolublement lié à l'action humaine :

1. Le langage s'ajuste à l'organisation du **traitement de l'information** par l'attention. Les phénomènes de topicalisation, la structure topique-commentaire, permettent le regroupement et l'organisation de l'attention perceptive. Le va-et-vient entre la sélection de caractéristiques et l'appréhension de la globalité est une caractéristique commune de la perception visuelle et des activités de langage (cf. aussi ci-dessus le traitement de l'information dans la lecture). La structure linguistique sujet-prédicat est, selon Bruner, la trace la plus flagrante de cette contrainte cognitive dans le fonctionnement du langage.

2. Le langage s'ajuste à la **structure de l'action** conjointe enfant-adulte. Les énoncés du jeune enfant sont orientés vers la poursuite et le commentaire de l'action entreprise conjointement par lui-même et un autre. Bruner note en particulier, à ce sujet, la capacité précoce qu'ont les jeunes enfants à distinguer les catégories « personne » et « chose » : un statut spécifique est accordé très tôt aux événements intersubjectifs, c'est-à-dire à cette catégorie d'informations qui ont comme caractéristique de venir d'autrui. Du point de vue de Bruner, des catégories linguistiques telles que celles définies par la grammaire des cas (agent, objet, action) sont sans doute des catégories universelles, car correspondant à des caractéristiques universelles de l'action humaine.

La conséquence majeure de cette analyse est que le **décodage du langage** par le jeune enfant ne peut se faire qu'au travers de ses utilisations dans l'action. La simple liaison signe-référent, contrairement à ce que l'intuition peut laisser croire, ne va pas de soi : la structure même du langage n'étant pas fondée sur elle, cette liaison ne peut servir de base à des activités qui amorceraient la maîtrise de cette structure. C'est sur la relation entre la **structure** et la **fonction instrumentale ou illocutoire** des énoncés qu'il faut se fonder pour amorcer le décodage.

Dès lors, on peut admettre que les acquisitions linguistiques ne sont en quelque sorte qu'une extension d'acquisitions plus précoces concernant l'action et l'attention (cf. Siguan Soler, 1977) : ces acquisitions ont pour caractéristique d'être établies en **interaction** avec des personnes qui **parlent la langue à apprendre** ; c'est cette conjonction qui permet l'émergence des acquisitions linguistiques. Chez l'enfant, le langage progresse dans des contextes familiers, fortement conventionnalisés ; il connaît beaucoup de choses sur ces contextes, sur les conventions qui leur sont liées. Il peut utiliser des moyens pré-linguistiques (cris, gestes) pour exprimer des intentions qui tiennent compte de ces contextes, mais l'efficacité de la communication est considérablement amplifiée par la maîtrise de moyens linguistiques qui s'insèrent dans ces contextes et ces systèmes de conventions.

L'acquisition du langage ne consiste donc pas à « apprendre à parler ». Il s'agit d'abord pour l'enfant d'apprendre les **usages** qu'il peut faire du langage dans son commerce quotidien avec le monde. Les **fonctions du langage** dans le déroulement des actions conjointes sont multiples : segmentation des activités ; marquage de début et fin d'action ; contrôle de la conjonction référentielle ; centration et déplacement de l'attention ; commentaire de l'activité ; mise en valeur de certaines phases de l'action ; marquage du rôle respectif des partenaires de l'interaction, notamment des échanges liés à l'activité. Les **moyens** linguistiques qui remplissent ces fonctions chez le jeune enfant sont, de manière privilégiée, les routines, les rituels liés à des objets, personnes, circonstances. Mais les marques phonologiques semblent là jouer un rôle important : on peut mettre en évidence la concordance de certaines configurations phonologiques avec des actes de langage (désignation, échange, fin d'action, etc.).

Comme il l'a fait dans beaucoup d'autres de ses travaux (cf. par exemple 1966b), Bruner considère que le **jeu** est le moyen privilégié par lequel l'enfant fait du langage et de ses règles l'objet de son attention. C'est une situation où l'enfant est protégé contre les conséquences éventuelles de l'action ; il peut alors porter son attention sur la communication elle-même, ses liens avec l'action, sur la structure des actes au sein desquels intervient la communication.

L'attitude de l'adulte est un élément important de l'efficacité des acquisitions : les progrès semblent liés en particulier à l'étendue des **interprétations** qu'il peut faire des intentions exprimées par l'enfant. Il s'agit pour l'adulte d'utiliser le plus grand nombre possible d'indices (intonation, objets et circonstances...) susceptibles d'aboutir à des interprétations en termes d'**états** et d'**actions** (et non seulement de désignations). C'est à cette condition que pourront se développer des formes linguistiques plus complexes, en correspondance avec l'appréhension par l'enfant d'aspects plus complexes de la réalité. Bruner (1975b) propose à ce sujet une notion qui nous paraît centrale pour ce qui concerne les processus d'acquisition linguistique : l'**étayage**. Lorsque l'adulte repère les intentions d'action de l'enfant, il restreint en partie la difficulté que présente pour celui-ci l'activité en cours, du point de vue de sa réalisation et de son contrôle. C'est en particulier l'adulte qui assure la gestion de l'attention conjointe : il contrôle en quelque sorte les exigences du milieu, et peut les ajuster aux capacités de traitement de l'enfant. Répéter, segmenter, commenter, varier, mettre en valeur... sont des activités didactiques de l'adulte, qui amplifient les occasions que peut avoir l'enfant de mettre en correspondance les structures de l'action et les structures du langage.

L'analyse que fait Bruner de l'acquisition du langage, s'éloigne considérablement, on le voit, de celle que nous avons présentée dans le cadre des premières théories cognitives (Chapitre 4). Elle s'en éloigne au moins sous deux aspects :

1. L'acquisition du langage ne se réduit pas à la **solution d'un problème formel**, dont les déterminants (les « données » du problème) seraient des événements survenant dans l'entourage de l'enfant. Sur ce plan, la théorie de Bruner fait un pas essentiel pour se démarquer à la fois de la perspective behavioriste et de ses contradicteurs cognitivistes : Skinner centrait son analyse sur la fonction communicative du langage, mais en laissant aux stimulations de l'environnement le total contrôle du développement des capacités linguistiques ; l'approche cognitive a mis l'accent sur l'activité organisatrice du sujet, mais en n'appliquant cette activité qu'aux aspects formels du langage. La dimension prise en compte par Bruner est l'**insertion** du langage dans des **activités orientées**, et le lien indissoluble entre les caractéristiques de ces activités et la structure du langage.

Que l'émergence d'une capacité ne puisse être comprise qu'en rapport avec la **totalité de l'activité** du sujet dans laquelle elle s'insère est une idée par ailleurs largement développée par la psychologie soviétique, souvent en réaction au caractère réducteur et segmentaire du cognitivisme américain (cf. par exemple la critique développée par A.-A. Leontiev, 1973-74, à propos de la théorie des « plans » de Miller, Galanter et Pribram, que nous avons exposée Chapitre 4). Pour Leontiev (1981), les choses et les événements ne sont pas seulement l'objet et le produit de l'activité humaine : ce sont surtout des **objets de relation**. L'homme ne se « comporte » pas, de manière abstraite, face aux choses et aux situations : il exerce une activité essentiellement **sociale**, donc structurée par ses **objectifs**. Dans cette perspective les comportements langagiers ne peuvent pas être considérés comme des **actes terminaux** : ils sont dirigés vers des objectifs non verbaux, ou vers la solution de problèmes pratiques ou théoriques, ils sont insérés dans une activité non exclusivement verbale.

La théorie de Bruner est donc très proche de celles de la tradition soviétique, marquée en particulier par Vygotsky (1962 ; cf. aussi Bronckart, 1977, Chapitre 3). La pensée, selon Vygotsky, a une origine sociale, externe ; le langage fonctionne comme un outil dans le développement des capacités cognitives individuelles à partir de cette origine externe. Ce qui est acquis, ce n'est pas le langage en tant que système autonome ; ce qui est acquis, c'est l'interaction entre les caractéristiques du système des moyens linguistiques dont dispose l'enfant, d'une part, et d'autre part les caractéristiques du fonctionnement de ces moyens lorsqu'ils sont utilisés pour connaître, communiquer, agir. Le langage ne peut être conçu comme une fonction psychique en lui-même : il est le résultat d'une interaction complexe entre les relations adulte-enfant, et un système fonctionnel spécialisé.

En ignorant les **objectifs** de l'activité humaine, la psychologie cognitive américaine rend donc le psychisme dépendant des seules **conditions externes** de l'activité, et non de la nature du problème que l'on cherche à résoudre à travers cette activité : elle ne diffère en cela nullement de la tradition behavioriste (cf. le rôle de l'environnement, notamment dans le cadre de la notion de contingence de renforcement : Chapitre 1). Dans la perspective vygotskyenne au contraire, la structure du comportement de langage est subordonnée à une organisation générale de l'activité liée à l'**orientation** de cette activité.

2. L'analyse de Bruner se démarque aussi, comme le faisait déjà celle de Vygotsky, de la position piagétienne, selon laquelle l'appel à la **fonction de représentation** pourrait suffire pour rendre compte de l'émergence du langage. Dès les premières manifestations systématisées de la théorie de Piaget (cf. Piaget, 1923), celle-ci inscrit le langage dans son fonctionnement individuel (langage égocentrique), le langage socialisé n'apparaissant que plus tard et en subordination à l'évolution des processus de la pensée, dans le cadre des capacités croissantes de décentration. Pour Bruner comme pour Vygostsky, c'est au contraire dans son fonctionnement social qu'est inscrit le développement du langage. L'« interactionnisme » piagétien concerne l'enfant et le monde qui l'entoure : la construction des connaissances (dont le langage) est liée aux transformations qui s'opèrent dans la relation entre l'enfant et le réel. L'apport essentiel de la théorie de Piaget est que l'enfant y soit considéré comme un être qui cherche à connaître le réel, se pose des problèmes et se crée des problèmes. Mais l'enfant semble là être en quelque sorte « seul au monde », les procédés de découverte qu'il est susceptible de mettre en œuvre n'étant nullement liés de manière spécifique au caractère social des activités qui leur servent de support. Le problème est alors de savoir si le caractère arbitraire et conventionnel des signes linguistiques peut être découvert et traité par l'enfant par des mécanismes relevant de l'équilibration piagétienne (ainsi que le défendent Sinclair et al., 1985), ou si cette découverte doit passer par l'insertion de l'enfant dans un système de **conventions sociales** qui prennent en compte la correspondance entre les structures lin-

guistiques et les structures de l'action. L'intérêt majeur de cette seconde perspective est que l'interaction langagière n'est plus alors pour l'enfant une simple **occasion** d'apprendre, par la confrontation à des objets linguistiques, mais bien le **déterminant** privilégié des acquisitions linguistiques du fait qu'elle est l'activité privilégiée où se réalise la correspondance entre structures linguistiques et structures de l'action.

Il faut admettre, en tout état de cause (cf. Dore, 1979), que le développement du langage ne peut pas s'établir sur la seule base de structures grammaticales, et qu'une base pragmatique est, sinon déterminante, du moins nécessaire pour respecter une contrainte essentielle du langage : mettre en œuvre des stratégies d'apprentissage n'a de sens que si l'on met aussi en œuvre une stratégie qui permette de savoir à la fois **ce qu'on peut faire du langage** et **comment le faire**. Une « stratégie d'apprentissage » a donc nécessairement pour objectif conjoint de déterminer les caractéristiques **fonctionnelles** et **formelles** du langage : ce serait sinon placer l'enfant ou l'apprenant dans la situation du chercheur qui ne sait pas même ce qu'il cherche.

Ce que nous évoquons là est une « métastratégie » (cf. ci-dessus la « compétence stratégique » de Canale et Swain), dont le rôle serait exactement d'établir le lien entre les propriétés fonctionnelles et les propriétés structurales du langage. Il s'agit là de la stratégie sans doute la plus vitale, celle qui permet de déterminer, avec un bon degré d'approximation, **à quels aspects du langage il faut s'intéresser pour tirer bénéfice de ses propriétés fonctionnelles et structurales**. Repérer des « traits pertinents » (cf. Chapitre 3) n'est pas un problème formel, mais une activité inscrite dans le repérage des pertinences fonctionnelles du langage, observées ou supposées. Dans ce cadre, les « stratégies d'apprentissage » au sens strict (voir plus haut) ne sont en fait que des stratégies de vérification de propriétés formelles de la langue, probablement sous le contrôle d'hypothèses fonctionnelles. Ces dernières, dans le cadre de l'acquisition d'une L2, peuvent être élaborées en se fondant sur les caractéristiques fonctionnelles de la L1, ou sur des caractéristiques déjà repérées au travers du fonctionnement de la langue-cible, ou encore sur des caractéristiques fonctionnelles supposées universelles.

Interactions et acquisition d'une langue étrangère

C'est à travers une analyse des différences interindividuelles que Wong-Fillmore (1979) a montré le rôle essentiel que peuvent jouer les capacités conversationnelles dans l'acquisition des structures de la langue. Il s'agissait de jeunes enfants (5-7 ans), hispanophones en situation d'acquisition de l'anglais par « immersion ». L'auteur a repéré l'émergence rapide de différences importantes entre les enfants, et a pu établir qu'elles correspondaient surtout à des capacités à établir et à maintenir des interactions langagières. L'observation systématique de ces enfants a permis à Wong-Fillmore de proposer un tableau de stratégies liées à ces capacités (cf. Tableau 6.2) ; ce tableau, sur le modèle des stratégies décrites par Slobin (1973 : cf. Chapitre 4), se présente sous la forme d'une liste de préceptes. Elle y distingue des stratégies **sociales**, liées au fonctionnement du groupe, et des stratégies **cognitives**, qui portent sur des problèmes de fonctionnement du langage. Mais, et c'est là un élément fondamental des hypothèses de Wong-Fillmore, elle établit une correspondance entre ces deux types de stratégies, montrant ainsi leur caractère indissociable : il n'existe pas, selon elle, de stratégies « cognitives » purement formelles, et il n'existe pas d'autre motivation à acquérir des informations sur le fonctionnement de la langue que celles relatives à l'interaction sociale.

Tableau 6.2 : Stratégies Cognitives et Sociales
(d'après Wong-Fillmore, 1979, p. 209, notre traduction)

Stratégies Sociales	Stratégies Cognitives
S1 : Joignez-vous à un groupe et faites comme si vous compreniez ce qui se dit, même si ce n'est pas le cas.	C1 : Supposez que ce qui se dit est en liaison directe avec la situation ou l'activité en cours. Métastratégie : devinez.
S2 : Donnez l'impression - par quelques expressions bien choisies - que vous êtes capable de parler la langue.	C2 : Repérez quelques expressions que vous comprenez, et commencez à parler. C3 : Repérez ce qui se répète dans les expressions que vous connaissez. C4 : Utilisez au maximum ce que vous avez acquis. C5 : Consacrez vos efforts au plus important ; gardez les détails pour plus tard.
S3 : Comptez sur vos amis pour vous aider.	

Ervin-Tripp (1981) considère que, plus encore que pour les enfants en L1, l'acquisition d'une L2 dépend de facteurs liés aux aspects communicationnels de la langue : le réseau d'interaction au sein duquel se développe l'activité de langage ; la nature de l'activité de langage qui sert de support à l'acquisition ; la structure locale du discours (les relations entre énoncés proches) ; les variations sociales de la langue. A travers des observations sur de jeunes enfants en L2, elle montre que l'implication dans certaines activités à haut degré d'interaction sociale (le jeu par exemple) constitue un facteur éminemment positif de l'acquisition. L'existence d'une interaction effective nécessite une négociation des rôles, l'annonce d'intentions, l'expression d'avertissements, la planification d'actions, la sollicitation d'informations, la persuasion ou la contradiction, l'expression de demandes indirectes. Elle est souvent liée (cf. Hatch, 1978) à la maîtrise de « rituels » qui permettent de retenir l'attention, de prendre la parole ou de la laisser, d'établir et de changer le thème de l'interaction, d'exprimer des demandes de répétition ou de clarification. Hatch montre que les rituels d'interaction subissent un réapprentissage en L2, et que ce réapprentissage permet en particulier de respecter les contraintes liées à la « structure locale » du discours.

L'intérêt pédagogique de telles activités de langage est qu'elles permettent rapidement d'établir une **relation** efficace entre les **contraintes linguistiques** et l'expression des **intentions de communication** : les situations de ce type permettent que soient reconnues rapidement des « significations » liées aux interactions, à partir d'un petit nombre d'indices linguistiques, qui peuvent être repris, adaptés, corrigés en relation avec l'action qui les sous-tend. Les moyens qui permettent le contrôle de l'interaction permettent aussi le maintien de la relation entre forme et sens. La négociation de rôles dans une situation de jeu serait donc une occasion très positive de repérer du vocabulaire ou des moyens d'argumenter, de prévenir, etc., bref de faire correspondre des énoncés à des fonctions. Le jeu n'est donc pas conçu là comme une **motivation** pour l'apprentissage d'une L2, mais comme une occasion facilement accessible de manipuler des actes de langage, sur quoi se fonderait l'ensemble des acquisitions linguistiques.

Ce sont des idées proches qui ont conduit Asher (cf. par exemple 1977, 1981) à proposer toute une méthodologie fondée sur la manipulation du comportement effectif des élèves par des commandes verbales dans la langue-cible, d'où l'usage intensif, au début de l'apprentissage, de la forme impérative. Il s'agit là d'accorder une grande importance : à la réponse physique effective (liée à des actes de parole), à la compréhension orale, plutôt qu'à la production (cf. aussi les travaux défendant une pédagogie fondée sur le développement prioritaire de la compétence de compréhension auditive : Benson et Hjelt, 1978 ; Gary et Gary, 1981). Les travaux d'Asher montrent l'efficacité de ce type de pédagogie (chez l'enfant et chez l'adulte), et l'existence d'un transfert positif à d'autres aspects du langage, y compris dans le domaine de l'écrit.

Les hypothèses liées à l'analogie entre le comportement du jeune enfant en L1 et l'apprenant de L2 sont, nous l'avons vu (Chapitre 5) souvent sujettes à caution. Il est indéniable cependant que, parmi les processus éventuellement communs aux deux situations, on peut envisager d'inclure des opérations fondées sur les caractéristiques des règles conversationnelles (cf. Hatch, Peck et Wagner-Gough, 1979) :

- l'interaction permet de contrôler la répétition de formes lexicales ou syntaxiques ;
- elle permet de contrôler ou de vérifier la thématisation du discours ;
- elle permet de réutiliser ce qui vient d'être entendu, ou de se fonder sur des indices physiquement présents, ce qui allège beaucoup la charge de la mémoire ;
- elle permet de ménager une activité de langage portant sur un matériau hautement prédictible, répétitif et bien contextualisé (si l'interlocuteur « joue le jeu »), ce qui peut être une situation idéale pour permettre à l'attention active de se porter sur d'autres aspects du langage ;
- elle permet éventuellement de contrôler (par la forme des questions par exemple) la forme des productions de l'interlocuteur, pour en assurer la redondance, ou au contraire pour en examiner la variabilité ;
- elle permet de tester les possibilités d'intégration des routines (cf. ci-dessus et Chapitre 5) dans des unités linguistiques plus importantes.

En d'autres termes, le type de langage qui apparaît de manière spécifique dans les interactions effectives, possède des caractéristiques dont le rôle pédagogique ne tient pas tellement à une éventuelle simplicité linguistique ; il s'agit aussi d'une situation facilitatrice au plan des activités cognitives sous-jacentes.

On peut analyser dans des termes assez proches les caractéristiques des énoncés de natifs s'adressant à des apprenants, dans les situations de communication « exolingue » (cf. Porquier, 1984) : les anglophones parlent de « foreigner-talk », par analogie avec le « baby-talk », c'est-à-dire le langage des mères s'adressant à leur jeune enfant (cf. McLaughlin, 1979, pour un examen des analogies possibles entre L1 et L2) ; on peut utiliser en français le terme de « langage modulé » (cf. Rondal, 1983). Il est possible que le langage modulé ait une fonction pédagogique, en sus de sa fonction communicative vraisemblable (maintenir l'interaction), mais on dispose de peu de preuves d'une telle fonction. Long (1981), qui fait une analyse détaillée des caractéristiques **linguistiques** du langage modulé (aux plans phonologique, lexical, syntaxique, discursif) estime que rien n'indique la nécessité de telles caractéristiques du point de vue du profit que l'apprenant peut en tirer pour ses acquisitions, mais qu'il est clair qu'un avantage essentiel qu'il peut en tirer est la possibilité accrue de participer à une conversation. Autrement dit, c'est aux caractéristiques interactionnelles plus qu'aux caractéristiques formelles de la communication exolingue, qu'il faut s'intéresser : détermination et centration de la thématique, maintien de l'interaction, procédures de clarification et de vérification.

Une telle perspective a d'ailleurs fait l'objet de tentatives de systématisation pédagogique, l'idée étant de fonder l'ensemble des acquisitions sur la pratique initiale d'énoncés très réduits (« the focus approach » : cf. Magnan, 1979) : il s'agit là en quelque sorte d'une pédagogie du type « moi - tarzan - toi - jane », qui n'est pas a priori dénuée d'intérêt, mais dont le caractère supposé « naturel » pose là encore question.

Quoi qu'il en soit de l'efficacité de telles pratiques, au demeurant difficilement comparables, à terme, avec d'autres méthodologies, un élément d'appréciation important est que les natifs pratiquant le « langage modulé » semblent le plus souvent accorder la primauté à des **critères interactionnels** plutôt qu'à des **critères formels** quand il réagissent aux énoncés des apprenants (cf. Chastain, 1980). On sait aussi que les natifs disposent (comme les mères avec leurs enfants) d'une adaptabilité importante par rapport aux caractéristiques du langage des apprenants, soit en fonction d'attentes liées à des facteurs extra-linguistiques, soit en fonction du feed-back utilisable durant la conversation (Warren-Leubecker et Bohannon, 1982). On rejoint là la notion d'**étayage** proposée par Bruner (cf. ci-dessus) : le maintien de l'interaction entre natif et apprenant est assuré sous la condition que le contrôle d'une partie des contraintes de cette interaction soit assumé par le seul natif, laissant ainsi à l'apprenant la possibilité de centrer son attention sur d'autres aspects de l'activité engagée. C'est une analyse que nous reprendrons dans la Conclusion de ce livre.

Conclusion

La référence à la notion de communication a conduit à d'importants développements méthodologiques et didactiques dans le domaine des L2. Elle est fondée sur des analyses linguistiques qui ont marqué, sans aucun doute, un tournant dans la perspective de beaucoup de didacticiens. Elle ne va pas sans poser problème quand on examine son impact du point de vue des processus d'acquisition.

La référence au « communicatif » va de pair, dans les écrits didactiques, avec la référence au constructivisme piagétien (Galisson, 1980 ; Courtillon; 1982 ; Besse, 1985). On y insiste sur l'activité de l'apprenant, qui construit lui-même sa compétence, à travers son propre parcours d'apprentissage. Cet impératif pédagogique est associé à l'exigence que l'apprentissage passe d'abord par une pratique intensive des interrelations, à travers des échanges où chacun s'engage pour communiquer quelque chose.

Il ne nous apparaît pas, à l'issue de l'analyse que nous venons de faire dans ce chapitre, que la référence au constructivisme piagétien soit véritablement pertinente si l'on veut rendre compte de la **spécificité** d'une « pédagogie des interactions » quant aux **processus d'acquisition** qu'elle met en œuvre. Une telle pédagogie n'est sans doute pas contradictoire (ainsi que le souligne Besse, 1985, p. 142) avec l'apport théorique du constructivisme piagétien, mais on voit cependant mal en quoi celui-ci contribue véritablement à l'analyse d'une situation pédagogique où c'est le caractère dialogique des comportements de langage qui est placé au centre du processus d'acquisition. L'interactionnisme piagétien (cf. Chapitre 4) porte sur la régulation des interrelations sujet-milieu, et non sur l'activité sociale de communication : la socialisation n'est qu'un des effets des processus de développement liés à cette régulation. L'intérêt, nous semble-t-il, de l'approche communicative en didactique des L2, est au contraire de considérer comme primordiaux les phénomènes d'interaction sociale (et non l'activité de représentation comme le fait Piaget), et donc d'accepter (il est vrai de manière souvent peu explicitée) l'hypothèse que les processus d'acquisition d'une langue sont indissolublement liés à sa fonction communicative.

Il ne doit pas s'agir, là encore, de chercher à calquer l'apprentissage d'une L2 sur des processus dont on entrevoit maintenant le caractère central pour l'acquisition de la L1 : on retrouverait alors la même impasse que celle où s'est engagée toute la théorisation fondée sur l'hypothèse d'un « processus naturel d'acquisition » (cf. Chapitre 5). Ce n'est pas le caractère « naturel » des interactions de langage qui peut séduire le psychopédagogue, et nous ne pouvons prétendre qu'il faille concevoir les processus d'acquisition d'une L2 sur le modèle de ceux qui président à l'acquisition de la L1.

Mais la pédagogie des interactions, en faisant référence au mode d'acquisition de la L1, et en particulier au rôle sans doute fondamental de la relation structure/fonction, possède l'avantage incontestable de confronter l'élève à un objet d'apprentissage (la langue-cible telle qu'elle est manipulée au plan pédagogique), dont le fonctionnement est **compatible** avec celui de la L1... Nous pouvons maintenant affirmer avec quelque certitude qu'une des acquisitions fondamentales liée à l'émergence de la L1 est la maîtrise de savoirs implicites concernant la **nature** de l'objet « langue », sa **fonction**, et la liaison entre sa **structure** et sa fonction. On peut, sans grand risque, avancer l'hypothèse qu'une pédagogie des L2 fondée sur des choix qui permettent à l'élève de travailler sur un objet possédant les mêmes caractéristiques fondamentales, ne peut que favoriser l'apprentissage de cet objet. C'est sans aucun doute un critère essentiel d'efficacité pédagogique que de lever, en manipulant l'objet même de l'apprentissage, ce qui peut faire obstacle à cet apprentissage.

Bibliographie sélective

Bruner, J. *Le développement de l'enfant : savoir faire, savoir dire*, Paris, P.U.F., 1983.

Denhière, G. *Il était une fois... : compréhension et souvenir de récits*, Lille, Presses Universitaires de Lille, 1984.

Fayol, M. *Le récit et sa construction : une approche de psychologie cognitive*, Neuchâtel, Delachaux & Niestlé, 1985.

Le Ny, J. F., Kintsch, W. (Eds). *Langage et compréhension*, n° spécial, *Bulletin de Psychologie*, 1981-82, *35*.

Moirand, S. *Enseigner à communiquer en langue étrangère*, Paris, Hachette, 1982.

Rondal, J. A. *L'interaction adulte-enfant et la construction du langage*, Bruxelles, Mardaga, 1983.

Conclusion

Activité et activités de langage

En examinant l'émergence et le développement d'une analyse cognitive de l'acquisition des L2, nous avons été à plusieurs reprises confronté au problème suivant. Cette analyse permet de mettre en évidence l'existence de processus d'acquisition dont certains pourraient relever d'une explication behavioriste : le transfert ou les interférences de la L1, la reproduction de données langagières auxquelles l'apprenant est confronté, l'utilisation de structures toutes faites ou de routines. Il s'agit là de phénomènes dans lesquels les facteurs externes à l'activité mentale de l'apprenant semblent jouer un rôle prépondérant.

Accepter une approche cognitive des acquisitions ne peut en effet impliquer qu'on néglige le rôle de tels processus. Mais ce que nous avons tenté de montrer, c'est que leur rôle ne peut être compris que dans un cadre beaucoup plus large : celui de stratégies qui font appel à des processus multiples et variés, et dont la mise en œuvre est liée à **l'activité** de l'apprenant. Le transfert de caractéristiques de la L1, par exemple, n'est pas un phénomène de reproduction passive, mais tient à une attitude active, dont l'objectif est l'utilisation optimale des données disponibles. Zobl (1980), Gass (1984) observent que le transfert L1/L2 ne survient que lorsque la L2 est suffisamment développée : on peut donc supposer qu'un tel processus doit pouvoir se fonder sur une maîtrise minimale de la L2 pour entrer dans une stratégie d'acquisition.

Autrement dit, le recours à la notion de créativité langagière n'implique pas qu'on rejette tout processus d'imitation (d'origine L1 ou L2) quand on cherche à rendre compte de l'acquisition d'une L2, mais conduit à exclure que ces processus soient sous le seul contrôle de déterminants externes. Constater qu'il existe une correspondance entre les données linguistiques de l'apprentissage et la nature des acquisitions ne permet pas d'établir que les premières soient la cause directe des secondes, l'activité de l'apprenant restant de toutes façons un facteur décisif quant à la fonction de tels processus dans le déroulement global des acquisitions (cf. Dulay et Burt, 1978).

Mais il découle de ceci que l'activité mentale de l'apprenant ne peut être considérée de manière abstraite, idéalisée, rationnelle : elle s'exerce sur quelque chose. On n'apprend pas une langue, mais des situations de langage : la variété **des activités** de langage conduit à la mise en œuvre d'une variété de compétences. L'efficacité des différents aspects de la compétence de communication n'est pas liée de manière absolue à une compétence abstraite, mais dépend largement des conditions dans lesquelles ils doivent être mobilisés, et tout particulièrement des objectifs visés dans le comportement global qui fait appel à eux. L'analyse précise des tâches en L2 et de leurs contraintes psycholinguistiques doit constituer un objectif primordial de la recherche en ce domaine. Analyser, du point de vue cognitif, des tâches comme la traduction simultanée ou consécutive, la compréhension orale ou écrite, la transcription, etc., doit permettre de mieux comprendre le rôle des composantes de la compétence de communication et leurs interrelations (cf. McDonald et Carpenter, 1981 ; Arditty, 1984 ; Diaz-Moreno et Gaonac'h, 1984 ; Lambert, 1984).

Du point de vue des acquisitions, l'analyse de systèmes de langue en termes d'états successifs n'a donc en fait guère de sens, puisque les compétences de l'apprenant sont à tout moment liées à la nature de l'activité langagière à laquelle il est confronté. Bialystok et Sharwood Smith (1985) estiment que la notion d'interlangue doit être révisée en tenant compte non seulement de la variabilité diachronique des systèmes, mais aussi de leur variabilité synchronique pour un même apprenant. La conception classique de l'interlangue rend difficilement compte en effet du caractère interactif des activités et des acquisitions langagières : les acquisitions sont largement déterminées par la nature des activités qui leur servent de support ; l'utilisation de ces acquisitions est elle-même soumise aux caractéristiques des activités au sein desquelles elles sont mises en œuvre. C'est sans doute là que réside l'impact majeur de l'« approche communicative » en didactique des L2 : la fonction communicative du langage y est considérée comme un déterminant des acquisitions, et non plus comme sous-produit d'acquisitions réalisées par ailleurs de manière abstraite (Gaonac'h, 1982). Que la maîtrise du code linguistique soit sous la dépendance des compétences de communication est sans doute l'hypothèse la plus féconde qu'on puisse faire à ce sujet ; elle implique notamment qu'on recherche l'explication des régularités observées dans les acquisitions (en L1, ou en L2 chez les enfants et chez les adultes), non dans les contraintes d'un système formel pré-construit, mais dans le caractère relativement universel d'un certain nombre de propriétés fonctionnelles du langage.

Orientation et contrôle des activités de langage

Ce que nous avons dit de la multiplicité et de la flexibilité des processus d'acquisition pourrait laisser penser qu'on admet ainsi un indéterminisme total, opposition confortable au déterminisme absolu du Behaviorisme. Le choix théorique du Cognitivisme n'est pas celui-là. En insistant sur la notion d'activité de langage, et sur l'insertion de cette activité dans les activités humaines en général, nous avons cherché à montrer que l'approche cognitive ne trouve véritablement son intérêt que si elle prend en compte les objectifs de ces activités, autrement dit la nature du problème que le sujet cherche à résoudre à travers elles. La rupture véritablement radicale d'avec le Behaviorisme tient à admettre que la planification de l'activité n'est pas sous la dépendance de stimulations externes, mais a comme point de départ une **activité d'orientation** (cf. Leontiev, 1966-1967 ; 1981), qui a une portée globale, stratégique, et non seulement ponctuelle, tactique. Les activités de langage sont en premier lieu structurées par leurs objectifs, et non par des caractéristiques locales, linguistiques ou cognitives.

Si l'on admet ainsi l'anticipation d'une totalité par le sujet actif, on en vient à poser (ainsi que l'avait fait la Gestaltpsychologie : cf. Chapitre 3) le problème des relations entre cette totalité et ses composantes. En rappelant que l'activité de langage est une activité orientée, vers la communication ou vers un objectif plus large, nous voulons défendre l'idée que le problème essentiel des acquisitions et du fonctionnement langagiers est celui du **contrôle** de l'ensemble des composantes de l'activité de langage, à différents niveaux, par l'activité globale dans laquelle le sujet est engagé. L'utilisation de « moyens de fortune » par l'apprenant de L2 (transfert de L1 par exemple) n'est viable que si elle participe à la solution du problème global de communication, et si elle ne nuit pas à la poursuite contrôlée de cette solution. C'est en ce sens que l'appel à des routines, répétitions, imitations ne peut en fait ressortir d'une explication behavioriste : elles ne trouvent leur fonction que sous le contrôle de processus plus larges, qui assurent que cet appel soit compatible avec le retour à un niveau de fonctionnement plus intégratif. De même, l'appel au métacognitif ou au métalinguistique dans le cours d'une activité (réflexion sur la tâche en cours, ou sur les moyens linguistiques de la mener à bien) peut jouer un rôle positif dans la mise en œuvre de cette activité, mais peut aussi interférer avec elle. On peut faire l'hypothèse que la capacité à mener à bien une activité de L2 tient pour beaucoup aux capacités du sujet à contrôler la mise en œuvre des différents aspects de cette activité dans les conditions imposées par la tâche à résoudre.

Les activités de langage sont sans doute, parmi les activités humaines, celles qui exigent le plus quant à l'intégration efficace d'opérations qui se déroulent à des **niveaux** très différents : des opérations de « haut niveau », sémantiques, socio-linguistiques, textuelles... ; des opérations de « bas niveau », référentielles, lexicales, morpho-syntaxiques, phonologiques, graphiques (Gaonac'h, 1982). On comprend que l'économie d'un tel système, eu égard à son caractère orienté, tient pour beaucoup à la capacité d'**automatiser** le plus possible les opérations de bas niveau pour accorder le maximum d'attention aux niveaux supérieurs, dont dépend le contrôle du système et son adéquation aux objectifs de la tâche (Levelt, 1976 ; van Parreren, 1978). L'analyse que nous avons faite de certains phénomènes liés à la lecture en L2 est une illustration des conceptions de ce type (cf. Chapitre 6).

On peut alors estimer que les objectifs d'apprentissage doivent être doubles :
- assurer au mieux l'automatisation d'un certain nombre d'opérations susceptibles d'être réalisées sans qu'une attention importante leur soit affectée ;
- respecter la hiérarchisation des différentes opérations : elle est liée à l'orientation de l'activité, à la nature de la tâche à résoudre lorsque sont mises en œuvre l'ensemble des opérations de différents niveaux.

La spécificité essentielle de la situation d'acquisition d'une L2 nous paraît être justement que plusieurs facteurs concourent à « casser » ce fonctionnement hiérarchisé :
- l'attention de l'apprenant est souvent attirée sur des opérations de bas niveau, en raison de ses attitudes d'apprentissage, ou de contraintes pédagogiques ;
- il se produit plus souvent des interruptions liées à l'insuffisance de certaines opérations, en particulier de bas niveau : les opérations de haut niveau sont alors plus sollicitées, sans que soit réalisée cependant une véritable interaction fonctionnelle entre les différents niveaux ;
- la mise en œuvre des opérations de haut niveau peut être elle aussi soumise à un réapprentissage : nous avons vu que le « transfert » des capacités de haut niveau de la L1 à la L2 n'allait pas toujours de soi.

L'intervention « pédagogique » (dans un sens très large : professeur, manuel, document de classe, condisciple, interlocuteur natif) a souvent comme objet de compenser, au moment voulu, les difficultés rencontrées dans le contrôle d'opérations de différents niveaux. C'est dire qu'alors une partie de l'activité de régulation est prise en charge par un « substitut » (cf. Frawley et Lantolf, 1985) qui possède, lui, la capacité de mener à bien les opérations impliquées par la tâche à résoudre. En l'absence de substitut suffisant peuvent apparaître des stratégies spécifiques, qui visent à maintenir l'autorégulation du discours. On sait que le « problème pédagogique » souvent posé par les enseignants de L2, au-delà de toute option théorique et méthodologique, est celui de l'opportunité, de la nature et du moment des interventions pédagogiques de ce type. La prise en chage d'un tel problème par la recherche psycholinguistique devrait conduire à s'intéresser, plus qu'aux erreurs liées à la structure de la langue, aux « erreurs » que constituent les hésitations, les ruptures, les interruptions, les reprises... dans la production en L2. Ces comportements peuvent servir d'indice des difficultés de mise en œuvre de cette compétence centrale qu'est la régulation du discours, lorsque les opérations langagières et leur contrôle sont mis en échec par les contraintes inhérentes à la tâche. L'intérêt de telles recherches serait d'éviter la réduction des activités de langage à tel ou tel aspect des compétences langagières, en visant en priorité ce qui est sans doute la difficulté majeure des acquisitions de L2 : la coordination de contraintes multiples, l'interaction entre les différents niveaux de fonctionnement des compétences de communication.

Références bibliographiques

Acton, W. R. (1983) : Second language interpersonal communication. Paradigm and Praxis. *Language Learning, 33*, 195-215.

Adams, S. J. (1982) : Scripts and the recognition of unfamiliar vocabulary : enhancing second language reading skills. *The Modern Language Journal, 66*, 155-159.

Adams, M. J., Collins, A. (1979) : A schema-theoretic view of reading. In R. O. Freedle (Ed.), *New directions in discourse processing*. Norwood, Ablex Publishing Co.

Adams, M. J., Starr, B. J. (1981-1982) : Les modèles de lecture. In J. F. Le Ny & W. Kintsch (Eds.), *Langage et compréhension*, n° spécial, *Bulletin de Psychologie, 35*, 695-704.

Adjemian, C. (1976) : On the nature of interlanguage systems. *Language Learning, 26*, 297-320.

Alvarez, G. (1981) : Niveau seuil et enseignement fonctionnel du français. *Le Français dans le Monde, 162*, 58-62.

Anglin, J. M. (1976) : Les premiers termes de référence de l'enfant. In S. Ehrlich & E. Tulving (Eds.), *La mémoire sémantique*, n° spécial, *Bulletin de Psychologie*, 232-240.

Arditti, J. (1984) : Interrogation sur des comportements d'étudiants en traduction. *Encrages*, n° spécial : Acquisition d'une langue étrangère III, 87-123.

Asher, J. J. (1977) : Children learning another language : a developmental hypothesis. *Child Development, 48*, 1040-1048.

Asher, J. J. (1981) : The total physical response : theory and practice. In H. Winitz (Ed.), *Native language and foreign language acquisition*. New York, The New York Academy of Sciences.

Asher, J. J., Garcia, R. (1969) : The optimal age to learn a foreign language. *The Modern Language Journal, 8*, 334-341.

Asher, J. J, Price, B. (1967) : The learning strategy of the total physical response. *Child Development, 38*, 1219-1227.

Austin, J. L. (1962, 1970) : *How to do things with words.* Oxford, Oxford University Press. (Traduction : *Quand dire, c'est faire*. Paris, Seuil, 1970).

Ausubel, D. P. (1963) : *The psychology of meaningful verbal learning*. New York, Grune & Stratton.

Bachmann, C., Lindenfeld, J., Simonin, J. (1981) : *Langage et communications sociales*. Paris, Hatier-CREDIF.

Bailey, N., Madden, C., Krashen, S. D. (1974) : Is there a natural sequence in adult second language learning ? *Language Learning, 24*, 235-243.

Bautier-Castaing, E., Bergeret, A. (1984) : Compétence linguistique et compétence de communication. Une pédagogie du discours écrit. Colloque International sur l'Acquisition d'une Langue Étrangère, Aix-en-Provence.

Bautier-Castaing, E., Hébrard, J. (1980) : Apprendre une langue seconde ou continuer à apprendre à parler en apprenant une langue seconde ? Une réponse psycholinguistique. In R. Galisson (Ed.), *Lignes de force du renouveau actuel en didactique des langues étrangères*. Paris, CLE International.

Beebe, L. M. (1983) : Risk-taking and the language learner. In H. W. Seliger et M. H. Long (Eds.), *Classroom oriented research in second language acquisition*. Rowley, Newbury House.

Benson, P. C., Hjelt, C. (1978) : Listening competence : a prerequisite to communication. *The Modern Language Journal, 62*, 85-89.

Bernhardt, F. B. (1984) : Toward an information processing perspective in foreign language reading. *The Modern Language Journal, 68*, 322-332.

Besse, H. (1974) : Signes iconiques, signes linguistiques. *Langue Française, 24*, 27-54.

Besse, H. (1980) : La question fonctionnelle. In H. Besse & R. Galisson, *Polémique en didactique. Du renouveau en question*. Paris, CLE International.

Besse, H. (1985) : *Méthodes et pratiques des manuels de langue*. Paris, Didier.

Besse, H., Porquier, R. (1984) : *Grammaires et didactique des langues*. Paris, Hatier-CREDIF.

Bialystok, E. (1978) : A theoretical model of second language learning. *Language Learning, 28*, 69-84.

Bialystok, E., Sharwood Smith, M. (1985) : Interlanguage is not a state of mind : an evaluation of the construct for second-language acquisition. *Applied Linguistics, 6*, 101-117.

Blancheteau, M., Eskhenazy, M. L., Muller, F. (1964) : L'orientation spatiale chez le rat : apprentissage de lieu ou de réponse ? *Psychologie Française, 9*, 181-203.

Bloomfield, L. (1933, 1970) : *Language*. New York, Holt & Co. (Édition anglaise : London, George Allen & Unwin, 1935 ; traduction : *Le Langage*, Paris, Payot, 1970).

Blumenthal, A. (1967) : Prompted recall of sentences. *Journal of Verbal Learning and Verbal Behavior, 6*, 203-206.

Blumenthal, A., Boakes, R. (1967) : Prompted recall of sentences. *Journal of Verbal Learning and Verbal Behavior, 6*, 674-676.

Bogaards, P. (sous presse) : *Aptitude et attitude en langues étrangères*. Paris, Hatier-CREDIF.

Bonnet, A. (1984) : *L'intelligence artificielle : promesses et réalités*. Paris, InterÉditions.

Bousfield, W. A. (1961) : The problem of meaning in verbal learning. In C. N. Cofer (Ed.), *Verbal Learning and Verbal Behavior*, New York, Mc Graw Hill.

Bower, G. H., Black, J. B., Turner, T. J. (1979) : Scripts in memory for text. *Cognitive Psychology, 11*, 177-220.

Bower, T. G. R. (1977) : *Le développement psychologique de la première enfance*. Bruxelles, Mardaga.

Bransford, J. D., Johnson, M. K. (1972) : Contextual prerequisites for understanding. Some investigation of comprehension and recall. *Journal of Verbal Learning and Verbal Behavior, 11*, 717-726.

Bransford, J. D., Johnson, M. K. (1973) : Considerations of some problems of comprehension. In W. G. Chase (Ed.), *Visual information processing*. New York, Academic Press.

Bransford, J. D., McCarrell, N. S., Nitsch, K. E. (1976) : Contexte, compréhension et flexibilité sémantique : quelques implications théoriques et méthodologiques. In S. Ehrlich & E. Tulving (Eds.), *La Mémoire sémantique*, n° spécial, *Bulletin de Psychologie*, 335-345.

Broadbent, D. E. (1958) : *Perception and communication*. Londres, Pergamon Press.

Broadbent, D. E. (1963) : Flow of information within the organism. *Journal of Verbal Learning and Verbal Behavior, 2*, 34-39

Bronckart, J. P. (1977) : *Théories du langage : une introduction critique*. Bruxelles, Mardaga.

Brooks, N. (1960) : *Language and language learning : theory and practice*. New York, Harcourt, Brace & World.

Brown, A. L. (1978) : Knowing when, where, and how to remember. In R. Glaser (Ed.), *Advances in instructional psychology*, vol. 1. Hillsdale, Lawrence Erlbaum.

Brown, R. (1973) : *A first language : the early stages*. Cambridge, Harvard University Press.

Brown, R., Fraser, C. (1963) : The acquisition of syntax. In C. N. Cofer & B. S. Musgrave (Eds.), *Verbal behavior and learning : problems and processes*. New York, Mc Graw Hill.

Bruner, J. S. (1958) : Les processus de préparation à la perception. In J. S. Bruner, F. Bresson, A. Morf & J. Piaget, *Logique et perception. Études d'épistémologie génétique*, Vol. VI. Paris, P.U.F.

Bruner, J. S. (1966a) : Patterns of growth. In J. S. Bruner, *Toward a theory of instruction*. Cambridge, Harvard University Press.

Bruner, J. S. (1966b) : On coping and defending. In J. S. Bruner, *Toward a theory of instruction*. Cambridge, Harvard University Press. (Version française : Affrontement et défense. *Journal de Psychologie*, 1961, *58*, 33-56).

Bruner, J. S. (1975a) : From communication to language : a psychological perspective. *Cognition, 3*, 255-287. (Traduction : De la communication au langage, in Bruner, 1983).

Bruner, J. S. (1975b) : The ontogenesis of speech acts. *Journal of Child Language, 2*, 1-19. (Traduction : L'ontogenèse des actes de langage, in Bruner, 1983).

Bruner, J. S. (1983) : *Le développement de l'enfant : savoir faire, savoir dire*. Paris, P.U.F.

Burmeister, H., Ufert, D. (1980) : Strategy switching ? In S. W. Felix (Ed.), *Second language development : trends and issues*. Tübingen, Gunter Narr Verlag.

Burt, M. K., Dulay, H. C. (1980) : On acquisition orders. In S. W. Felix (Ed.), *Second language development : trends and issues*. Tübingen, Gunter Narr Verlag.

Canale, M., Swain, M. (1980) : Theoretical bases of communicative approaches to second-language teaching and testing. Applied Linguistics, 1, 1-47.

Capelle, J, Cappelle G. (1969) : *La France en direct : introduction à la méthode*. Paris, Hachette.

Carrell, P. L. (1983) : Three components of background knowledge in reading comprehension. *Language Learning, 33*, 183-207.

Carrell, P. L. (1984 a) : Evidence of a formal schema in second language comprehension. *Language Learning, 34*, 87-113.

Carrell, P. L. (1984 b) : Schema theory and ESL reading : classroom implications and applications. *The Modern Language Journal, 68*, 331-343.

Carrell, P. L., Eisterhold, J. C. (1983) : Schema theory and ESL reading pedagogy. *TESOL Quarterly, 17*, 553-573.

Carroll, J. B. (1963a) : Research on teaching foreign language. In N. L. Gage (Ed.), *Handbook of research on teaching*. Chicago, Rand Mc Nally & Co.

Carroll, J. B. (1963b) : Primer of programmed instruction in foreign language teaching. *IRAL, 1*, 115-141.

Carroll, J. B. (1976) : Promoting language skills : the role of instruction. In D. Klahr (Ed.), *Cognition and instruction*. Hillsdale, Lawrence Erlbaum.

Centre de Documentation sur l'Enseignement Programmé (1969) : *Catalogue analytique des cours programmés*. Paris, Institut National pour la Formation des Adultes.

Champagnol, R. (1969) : La formation des structures sémantiques au cours de l'apprentissage d'une langue étrangère. Poitiers, Thèse pour le Doctorat de 3e Cycle.

Chastain, K. (1969) : The audio-lingual habit theory versus the cognitive code-learning theory : some theoretical considerations. *IRAL, 7*, 97-106.

Chastain, K. (1980) : Native speaker reaction to instructor-identified student second language errors. *The Modern Language Journal, 64*, 210-215.

Chi, M. T. (1976) : Short-term memory limitations in children : capacity or processing deficits ? *Memory and Cognition, 4*, 559-572.

Chi, M. T. (1977) : Age differences in memory span, *Journal of Experimental Child Psychology, 23*, 266-281.

Chi, M. T. (1985) : Changing conception of sources of memory development, *Human Development, 28*, 50-56.

Chomsky, N. (1957, 1969) : *Syntactic Structures*. La Haye, Mouton. (Traduction : *Structures syntaxiques*, Paris, Ed. du Seuil, 1969).

Chomsky, N. (1959, 1969) : A review of B. F. Skinner's « Verbal behavior ». *Language, 35*, 26-58. (Traduction : Un compte rendu du « Comportement verbal » de B. F. Skinner, *Langages*, 1969, *16*, 16-49).

Chomsky, N. (1965, 1971) : *Aspects of the theory of syntax*. Cambridge, MIT Press. (Traduction : *Aspects de la théorie syntaxique*. Paris, Seuil, 1971).

Chomsky, N. (1966) : La notion de « règle de grammaire ». *Langages, 4*, 81-104.

Chomsky, N. (1967, 1969) : The formal nature of language. In E. H. Lenneberg, *Biological foundations of Language*. New York, Wiley. (Traduction : *La nature formelle du langage*. Paris, Seuil, 1969).

Chomsky, N. (1968, 1970) : *Language and mind*. New York, Harcourt Brace Jovanovich. (Traduction : *Le langage et la pensée*. Paris, Payot, 1970).

Chomsky, N. (1975, 1981) : *Reflections on language*. New York, Pantheon Books. (Traduction : *Réflexions sur le langage*. Paris, Flammarion, 1981).

Clark, E. V. (1971) : On the acquisition of the meaning of « before » and « after ». *Journal of Verbal Learning and Verbal Behavior, 10*, 266-275

Clark, H. H., Murphy, G. L. (1981-1982) : La visée vers l'auditoire dans la signification et la référence. In J. F. Le Ny & W. Kintsch (Eds.), *Langage et compréhension*, n° spécial, *Bulletin de Psychologie, 35*, 767-776.

Clarke, M. A., Silberstein, S. (1977) : Toward a realization of psycholinguistic principles in the ESL reading class. *Language Learning, 27*, 135-154.

Cofer, C. N. (1963) : Comments on the paper by Brown and Fraser. In C. N. Cofer & B. S. Musgrave (Eds.), *Verbal behavior and learning : problems and processes*. New York, Mc Graw Hill.

Cook, V. J. (1973) : The comparison of language development in native children and foreign adults. *IRAL, 11*, 13-28.

Cook, V. J. (1977) : Cognitive processes in second language learning. *IRAL, 15*, 1-20.

Corder, S. P. (1967, 1980) : The significance of learner's errors. *IRAL, 5*, 161-170. (Traduction : Que signifient les erreurs des apprenants ? *Langages*, 1980, *57*, 9-15.)

Corder, S. P. (1971, 1980) : Idiosyncratic dialects and error analysis. *IRAL, 9*, 147-160. (Traduction : Dialectes idiosyncrasiques et analyse d'erreurs. *Langages*, 1980, *57*, 17-28.)

Corder, S. P. (1980) : Post-scriptum. *Langages, 57*, 39-41.

Coste, D. (1978) : Un niveau seuil. *Le Français dans le Monde, 126*, 17-22.

Coste, D. (1980) : Analyse de discours et pragmatique de la parole dans quelques usages d'une didactique des langues. *Applied Linguistics, 1*, 244-252.

Coste, D. et al. (1976) : *Un niveau seuil*. Paris, Hatier-CREDIF.

Courtillon, J. (1982) : Une méthodologie de la communication. *Revue de Phonétique Appliquée, 61-62-63*, 87-97.

Cram, D. (1961) : *Présentation des machines à enseigner et de la programmation pédagogique*. Paris, Gauthier-Villars.

Cromer, R. F. (1970) : « Children are nice to understand » : surface structure clues for the recovery of a deep structure. *British Journal of Psychology, 61*, 397-408.

Crothers, E., Suppes, P. (1967) : *Experiments in second language learning*. London, Academic Press.

Cziko, G. A. (1980) : Language competence and reading strategies : a comparison of first- and second-language oral reading errors. *Language Learning, 30*, 101-116.

Dechet, O., Gaonac'h, D. (1985) : Acquisition de la compétence communicative dans l'apprentissage d'une langue étrangère. Document dactylographié, Laboratoire de Psychologie du Langage, Université de Poitiers.

Denhière, G. (1981-1982) : Vous avez dit... schéma(s) ? In J. F. Le Ny & W. Kintsch (Eds.), *Langage et compréhension*, n° spécial, *Bulletin de Psychologie, 35*, 717-732.

Denhière, G. (1984) : *Il était une fois... : compréhension et souvenir de récits*. Lille, Presses Universitaires de Lille.

Diaz-Moreno, A. M., Gaonac'h, D. (1984) : De la compréhension à la transcription dans l'apprentissage d'une langue étrangère. Colloque International sur l'Acquisition d'une Langue Étrangère, Aix-en-Provence.

Dore, J. (1975) : Holophrases, speech acts and language universals. *Journal of Child Language, 2*, 21-40.

Dore, J. (1979) : Conversational acts and the acquisition of language. In E. Ochs & B. B. Schieffelin (Eds.), *Developmental pragmatics*, New York, Academic Press.

Dreyfus, H. L. (1979, 1984) : *What computers can't do. The limits of artificial intelligence.* New York, Harper & Row. (Traduction : *L'intelligence artificielle. Mythes et limites.* Paris, Flammarion, 1984).

Dulay, H., Burt, M. (1972) : Goofing : an indicator of children's second language learning strategies. *Language Learning, 22*, 235-252.

Dulay, H, Burt, M. (1973) : Should we teach children syntax ? *Language Learning, 23*, 235-252.

Dulay, H., Burt, M. (1974a) : Errors and strategies in child second language acquisition. *TESOL Quarterly, 8*, 129-136.

Dulay, H., Burt, M. (1974b) : Natural sequences in child second language acquisition. *Language Learning, 24*, 37-53.

Dulay, H., Burt, M. (1978) : Some remarks on creativity in language acquisition. In W. C. Ritchie (Ed.), *Second language acquisition research : issues and implications*. New York, Academic Press.

Ehrlich, S. (1968) : *Les mécanismes du comportement verbal*. Paris, Vrin.

Ehrlich, S. (1975) : *Apprentissage et mémoire chez l'homme*. Paris, P.U.F.

Ehrlich, S., Tulving, E. (Eds.) (1976) : *La mémoire sémantique. Bulletin de Psychologie*, n° spécial.

Ervin, S. M., Osgood, C. E. (1954, 1965) : Second language learning and bilingualism. In C. E. Osgood & T. A. Sebeok (Eds.), *Psycholinguitics : a survey of theory and research problems.* Bloomington, Indiana University Press (nouvelle édition : 1965).

Ervin-Tripp, S. M. (1973) : Some strategies for the first two years. In S. M. Ervin-Tripp (Ed.), *Language acquisition and communicative choice.* Stanford, Stanford University Press.

Ervin-Tripp, S. M. (1974) : Is second language learning like the first ? *TESOL Quarterly, 8*, 111-127.

Ervin-Tripp, S. M. (1981) : Social process in first- and second-language learning. In H. Winitz (Ed.) *Native language and foreing language acquisition*. New York, The New York Academy of Sciences.

Fathman, A. (1975) : The relationship between age and second language productive ability. *Language Learning, 25*, 245-266.

Favreau, M., Segalowitz, N. S. (1983) : Automatic and controlled processes in the first- and second-language reading of fluent bilinguals. *Memory and Cognition, 11*, 565-574.

Fayol, M. (1985) : *Le récit et sa construction : une approche de psychologie cognitive*. Neuchâtel, Delachaux & Niestlé.

Felix, S., Simmet, A. (1982) : L'acquisition des pronoms personnels en milieu scolaire. *Encrages*, n° spécial : Acquisition d'une langue étrangère II, *8-9*, 33-41.

Ferreiro, E. (1971) : *Les relations temporelles dans le langage de l'enfant.* Genève, Droz.

Fischer, R. A. (1984) : Testing written communicative competence in French. *The Modern Language Journal, 68*, 13-20.

Flavell, J. H., Wellman, H. M. (1977) : Metamemory. In R. V. Kail & J. W. Hagen (Eds.), *Perspectives on the development of memory and cognition.* Hillsdale, Lawrence Erlbaum.

Fraisse, P., Noizet, G., Flament, C. (1963) : Fréquence et familiarité du vocabulaire. In J. de Ajuriaguerra & coll., *Problèmes de psycholinguistique* (Symposium de l'APSLF). Paris, P.U.F.

Frances, R. (1962) : *Le développement perceptif.* Paris, P.U.F.

Frances, R. (1963) : L'apprentissage de la ségrégation perceptive. *Psychologie Française, 8*, 16-27.

Frawley, W., Lantolf, J. (1985) : Second language discourse : a Vygotskyan perspective. *Applied Linguistics, 6*, 19-44.

Fröhlich, M., Spada, N., Allen, P. (1985) : Differences in the communicative orientation of L2 classrooms. *TESOL Quarterly, 19*, 27-59.

Galisson, R. (1980) : *Didactique des langues étrangères : d'hier à aujourd'hui la didactique générale des langues étrangères ; du structuralisme au fonctionnalisme.* Paris, CLE International.

Galisson, R., Coste, D. (1976) : *Dictionnaire de didactique des langues.* Paris, Hachette.

Gaonac'h, D. (1982) : Psychologie cognitive et approche communicative en didactique des langues étrangères. *Revue de Phonétique Appliquée, 61-62-63*, 159-175.

Gaonac'h, D. (1983) : Contribution de la psychologie cognitive à l'analyse des processus d'acquisition d'une langue étrangère. *Les Langues Modernes, 77*, 327-338.

Garnica, O. K., Herbert, R. K. (1979) : Some phonological errors in second language learning : interference doesn't tell it all. *International Journal of Psycholinguistics, 6*, 5-19.

Gary, J. O., Gary, N. (1981) : Caution : talking may be dangerous to your linguistic health. The case for a much greater emphasis on listening comprehension in foreign language instruction. *IRAL, 19*, 1-14.

Gass, S. (1984) : A review of interlanguage syntax : language transfer and language universals. *Language Learning, 34*, 115-131.

Gavini, G. P. (1965) : *Manuel de formation aux techniques de l'enseignement programmé.* Paris, Éditions Hommes et Techniques.

Gibson, E. J. (1940) : A systematic application of the concepts of generalization and differenciation to verbal learning. *Psychological Review, 47*, 196-229.

Gibson, E. J. (1969) : *Principles of perceptual learning and development.* New York, Appleton Century Crofts.

Gibson, J. J. (1960) : The concept of the stimulus in Psychology. *American Psychologist, 15*, 694-703.

Gibson, J. J., Gibson, E. J. (1955) : Perceptual learning : differenciation or enrichment ? *Psychological Review, 62*, 32-41.

Gleason, J. B., Weintraub, S. (1978) : Input language and the acquisition of communicative competence. In K. E. Nelson (Ed.) *Children's language*, Vol. 1. New York, Gardner Press.

Goodman, K. S. (1971) : Psycholinguistics universals in the reading process. In P. Pimsleur & T. Quinn, *The psychology of second language learning*. Cambridge, Harvard University Press.

Goss, A. E. (1961) : Acquisition and use of conceptual schemes. In C. N. Cofer (Ed.), *Verbal learning and verbal behavior*. New York, Mc Graw Hill.

Gougenheim, G., Rivenc, P., Michéa, R., Sauvageot, A. (1956, 1964) : *L'élaboration du Français fondamental (1er degré). Étude sur l'établissement d'un vocabulaire et d'une grammaire de base*. Paris, Didier (nouvelle édition : 1964).

Graham, N. (1979) : *Artificial intelligence*. Blue Ridge Summit, Tab Books.

Gregg, K. R. (1984) : Krashen's monitor and Occam's razor. *Applied Linguistics, 6*, 79-100.

Gschwind-Holtzer, G. (1981) : *Analyse sociolinguistique de la communication en didactique. Application à un cours de langue : De Vive Voix*. Paris, Hatier-CREDIF.

Guberina, P., Skaric, I., Zaja, B. (1972) : *Case studies in the use of restricted bands of frequencies in auditory rehabilitation of deaf*. Zagreb, Institute of Phonetics.

Guglielmi, J. (1970) : *L'enseignement programmé à l'école*. Paris, P.U.F.

Guillaume, P. (1936, 1968) : *La formation des habitudes*. Paris, Alcan (nouvelle édition, Paris, P.U.F., 1968).

Guimelli, C., Rouquette, M. L. (1979) : *Problèmes psychologiques des méthodes audio-visuelles*. Paris, CLE International.

Hakuta, K. (1974) : Prefabricated patterns and the emergence of structure in second language acquisition. *Language Learning, 24*, 287-298.

Hakuta, K., Cancino, H. (1977) : Trends in second language acquisition research. *Harvard Educational Review, 47*, 294-316.

Hall, E. T. (1959) : *The silent language*. New York, Doubleday & Co.

Halliday, M. A. K. (1975) : *Learning how to mean : explorations in the development of language*. London, Edward Arnold.

Hatch, E. (Ed.) (1978) : *Second language acquisition research*. Rowley, Newbury House.

Hatch, E., Peck, S., Wagner-Gough, J. (1979) : A look at process in child second-language acquisition. In E. Ochs & B. B. Schieffelin (Eds.), *Developmental Pragmatics*. New York, Academic Press.

Hautekeete, M., Knidler, M. G. (1975-1976) : Pédagogie d'une langue étrangère : apprentissage d'une structure syntaxique avec variation systématique du contenu sémantique. *Bulletin de Psychologie, 29*, 131-136.

Heilenman, L. K. (1981) : Do morphemes mature ? The relationship between cognitive maturation and linguistic development in children and adults. *Language Learning, 31*, 51-65.

Hellgren, P. (1982) : Communicative proficiency in a foreign language, and its evaluation : an analysis of the concept and an experiment with oral proficiency. Research Report, Department of Teacher Education University of Helsinki.

Hilgard, E. R., Bower, G. H. (1966) : *Theories of learning*. New York, Appleton Century Crofts (3e édition).

Hilgard, E. R., Marquis, D. G. (1964) : *Conditioning and learning*. London, Methuen & Co.

Howes, D. H., Solomon, R. L. (1951) : Visual duration threshold as a function of word-probability. *Journal of Experimental Psychology, 41*, 401-410.

Hudson, T. (1982) : The effects of induced schemata on the « short-circuit » in L2 reading : non-decoding factors in L2 reading performance. *Language Learning, 32*, 1-31.

Hull, C. L. (1943) : *Principles of behavior*. New York, Appleton Century Crofts.

Hymes, D. H. (1984) : *Vers la compétence de communication*. Paris, Hatier-CREDIF.

Jackson, M. D., McClelland, J. L. (1979) : Processing determinants of reading speed. *Journal of Experimental Psychology : General, 108*, 151-181.

Jakobovits, L. A. (1970) : *Foreign language learning. A psycholinguistic analysis of the issues*. Rowley, Newbury House.

Jakobovits, L. A., Lambert, W. E. (1961) : Semantic satiation among bilinguals. *Journal of Experimental Psychology, 62*, 576-582.

Jakobson, R., Fant, C. G. M., Halle, M. (1952) : *Preliminaries to speech analysis*. Cambridge, M.I.T. Press. (Traduction partielle : Le concept de trait distinctif, in Mehler & Noizet, 1974).

Jakobson, R., Halle, M. (1956) : *Fundamentals of Language*. La Haye, Mouton. (Traduction partielle : Phonologie et phonétique, in R. Jakobson, *Essais de linguistique générale*, Paris, Éditions de Minuit, 1963).

Joiner, E. G. (1977) : Communicative versus non communicative language practice in the teaching of beginning college french. *The Modern Language Journal, 41*, 236-242.

Just, M. A., Carpenter, P. A. (1980) : A theory of reading : from eye fixations to comprehension. *Psychological Review, 87*, 329-354.

Kail, M. (1983a) : L'acquisition du langage repensée : les recherches interlangues. *L'Année Psychologique, 83*, 225-258.

Kail, M. (1983b) : L'acquisition du langage repensée : les recherches interlangues. Partie II : Spécificités méthodologiques et recherches empiriques. *L'Année Psychlogique, 83*, 561-596.

Karmiloff-Smith, A. (1977) : Développement cognitif et acquisition de la plurifonctionnalité des déterminants. In J. P. Bronckart & coll., *La genèse de la parole* (Symposium de l'APSLF). Paris, P.U.F.

Katona, G. (1940) : *Organizing and memorizing studies in the psychology of learning and teaching*. New York, Columbia University Press.

Keller-Cohen, D. (1979) : Systematicity and variation in the non-native child's acquisition of conversational skills. *Language Learning, 29*, 27-44.

Kintsch, W.. (1976) : Memory for prose. In C. N. Cofer (Ed.), *The structure of human memory*. San Francisco, Freeman.

Kintsch, W. (1981-1982) : Aspects de la compréhension de textes. In J. F. Le Ny & W. Kintsch (Eds.), *Langage et compréhension*, n° spécial, *Bulletin de Psychologie, 35*, 777-788.

Kintsch, W., van Dijk, T. A. (1975) : Comment on rappelle et on résume des histoires. *Langages, 9*, 98-116.

Kintsch, W., van Dijk, T. A. (1978, 1984) : Towards a model of text comprehension and production. *Psychological Review, 85*, 363-394. (Traduction : Vers un modèle de la compréhension et de la production de textes, in Denhière, 1984).

Koehler, W. (1969) : *The task of Gestalt Psychology*. Princeton, Princeton University Press.

Koffka, K. (1924) : *The growth of the mind.* London, Kegan Paul.

Koffka, K. (1935) : *Principles of Gestalt Psychology*. New York, Harcourt Brace.

Kramsch, C. (1984) : *Interaction et discours dans la classe de langue.* Paris, Hatier-CREDIF.

Krashen, S. D. (1976) : Formal and informal linguistic environments in language acquisition and language learning. *TESOL Quarterly, 10*, 157-168.

Krashen, S. D. (1978) : Is the « naturel order » an artifact of the bilingual syntax measure ? *Language Learning, 28*, 187-191.

Krashen, S. D. (1981) : *Second language acquisition and second language learning*. Oxford, Pergamon Press.

Krashen, S. D., Long, M., Scarcella, R. (1979) : Age, rate, and eventual attainment in second language acquisition. *TESOL Quarterly, 1*, 573-582.

Krashen, S. D., Scarcella, R. (1978) : On routines and patterns in language acquisition and performance. *Language Learning, 28*, 283-298.

Krashen, S. D., Sgerlazza., V., Feldman, L., Fathman, A. K. (1976) : Adult performance on the slope test : more evidence for a natural sequence in adult second language acquisition. *Language Learning, 26*, 145-151.

LaBerge, D., Samuels, S. (1974) : Toward a theory of automatic information processing in reading. *Cognitive Psychology, 6*, 293-323.

Lambert, M. (1984) : Approche cognitive de la traduction consécutive. Colloque International sur l'Acquisition d'une Langue Étrangère, Aix-en-Provence.

Lamerand, R. (1969) : *Théories d'enseignement programmé et laboratoires de langues*. Paris, Labor-Nathan.

Lane, H. L. (1964a) : Acquisition and transfer in auditory discrimination. *American Journal of Psychology, 77*, 240-248.

Lane, H. L. (1964b) : Programmed learning of a second language. *IRAL, 2*, 249-301.

Lane, H. L. (1965) : Programmed learning in second language. In R. Glaser (Ed.), *Teaching machines and programmed learning*, Vol. II. Washington, National Education Association of The United States.

Larsen-Freeman, D. E. (1976) : An explanation for the morpheme acquisition order of second language learners. *Language Learning, 26*, 125-134.

Larsen-Freeman, D. E. (1978) : An explanation for the morpheme accuracy order of learners of english as a second language. In E. Hatch (Ed.), *Second language acquisition research*. Rowley, Newbury House.

Larsen-Freeman, D. E. (Ed.) (1980) : *Discourse analysis in second language research.* Rowley, Newbury House.

Lehman, D. (1980) : Français fonctionnel, enseignement fonctionnel de français. In R. Galisson & al. *Lignes de force du renouveau actuel en didactique des langues étrangères : remembrement de la pensée méthodologique.* Paris, CLE International.

Lenneberg, E. H. (1967) : *Biological foundations of language.* New York, Wiley.

Le Ny, J. F. (1960) : Conditionnement et signification. *L'Année Psychologique, 60*, 71-86.

Le Ny, J. F. (1961, 1972) : *Le conditionnement.* Paris, P.U.F. (Nouvelle édition : *Le conditionnement et l'apprentissage.* Paris, P.U.F., 1972.)

Leontiev, A. A. (1973-1974) : Le principe heuristique dans la perception, la production et la compréhension du langage. *Bulletin de Psychologie, 26*, 260-269.

Leontiev, A. A. (1981) : *Psychology and the language learning process.* Oxford, Pergamon Press.

Leontiev, A. N. (1966-1967) : Le concept de reflet : son importance pour la psychologie scientifique. *Bulletin de Psychologie, 20*, 236-241.

Lesgold, A. M., Perfetti, C. A. (1978) : Interactive processes in reading comprehension. *Discourse Processes, 1*, 323-336.

Le Torrec, D., Gaonac'h, D. (1985) : Compétences communicatives et capacités linguistiques. Document dactylographié, Laboratoire de Psychologie du Langage, Université de Poitiers.

Levelt, W. J. M. (1976) : Skill theory and language teaching. In P. Corder & E. Roulet (Eds.), *Theoretical approaches in applied linguistics.* Paris-Bruxelles, Didier-AIMAV.

Le Xuan, Chassain, J. C. (1975) : *Analyse comportementale.* Paris, Nathan.

Lindsay, P. H., Norman, D. A. (1977, 1980) : *Human information processing : an introduction to psychology.* New York, Academic Press. (Traduction : *Traitement de l'information et comportement humain : une introduction à la psychologie.* Montréal-Paris, Éditions Études Vivantes, 1980.)

Long, M. (1981) : Input, interaction and second-language acquisition. In H. Winitz (Ed.), *Native language and foreign language acquisition.* New York, The New York Academy of Sciences.

Luria, A. R., Vinogradova, O. S. (1959) : An objective investigation of the dynamics of semantic system. *British Journal of Psychology, 50*, 89-105.

McDonald, J. L., Carpenter, P. A. (1981) : Simultaneous translation : idiom interpretation and parsing heuristics, *Journal of Verbal Learning and Verbal Behavior, 20*, 231-247.

McGroarty, M. (1984) : Some meanings of communicative competence for second language students. *TESOL Quarterly, 18*, 257-273.

McLaughlin, B. (1978a) : *Second language acquisition in childhood.* Hillsdale, Lawrence Erlbaum.

McLaughlin, B. (1978b) : The monitor model : some methodological considerations. *Language Learning, 28*, 309-332.

McLaughlin, B. (1979) : Linguistic input and conversational strategies in L1 and L2. Document dactylographié, University of California, Santa-Cruz.

McNeill, D. (1966) : Developmental psycholinguistics. In F. Smith & G. A. Miller (Ed.), *The genesis of language : a psycholinguistic approach*. Cambridge, MIT Press.

McNeill, D. (1970) : *The acquisition of language. The study of developmental psycholinguistics.* New York, Harper & Row.

Magnan, S. S. (1979) : Reduction and error correction for communicative language use : the focus approach. *The Modern Language Journal, 63*, 342-349.

Malandain, C. (1966) : *Utilisation des films fixes pour l'enseignement des langues vivantes aux enfants.* Paris, Didier.

Mandler, J. M. (1978) : A code in the node : the use of a story schemata in retrieval. *Discourse Processes, 1*, 14-35.

Mandler, J. M. (1981-1982) : Recherches récentes sur les grammaires de récit. In J. F. Le Ny & W. Kintsch (Eds.), *Langage et compréhension*, n° spécial, *Bulletin de Psychologie, 35*, 705-716.

Mandler, J. M., Johnson, N. S. (1977, 1984) : Remembrance of things parsed. Story structure and recall. *Cognitive Psychology, 9*, 111-151. (Traduction : A la recherche du conte perdu : structure de récit et rappel, in Denhière, 1984.)

Margerie, C. (de), Porcher, L. (1981) : *Des media dans les cours de langues.* Paris, CLE International.

Mauger, G., Bruezière, M. (1976) : *Le Français et la Vie : livret de présentation.* Paris, Hachette.

Mehler, J. (1963) : Some effects of grammatical transformations in the recall of English sentences. *Journal of Verbal Learning and Verbal Behavior, 2*, 346-351.

Mehler, J. (1968) : La grammaire générative a-t-elle une réalité psychologique ? *Psychologie Française, 13*, 137-156.

Mehler, J. (1969) : Psycholinguistique et grammaire générative : introduction. *Langages, 16*, 3-15.

Mehler, J., Noizet, G. (1974) : *Textes pour une psycholinguistique.* Paris-La Haye, Mouton.

Menahem, R. (1968) : Le différenciateur sémantique. *L'Année Psychologique, 68*, 451-465.

Miller, G. A. (1951, 1956) : *Language and communication.* New York, Mc Graw Hill. (Traduction : *Langage et communication*. Paris, P.U.F., 1956.)

Miller, G. A. (1962, 1969) : Some psychological studies of grammar, *American Psychologist*, 1962, *16*, 297-308. (Traduction : Quelques études psychologiques de la grammaire, *Langages*, 1969, *16*, 748-762.)

Miller, G. A. (1965) : Some preliminaries to psycholinguistics. *American Psychologist, 20*, 15-20.

Miller, G. A., Bruner, J. S., Postman, L. (1954) : Familiarity of letter sequences and tachistoscopic identification. *Journal of General Psychology, 50*, 129-140.

Miller, G. A., Galanter, E., Pribram, K. H. (1960) : *Plans and the structure of behavior.* New York, Holt, Rinehart & Winston.

Miller, G. A., Nicely, P. E. (1955) : An analysis of perceptual confusions among some english consonants. *The Journal of the Acoustical Society of America, 27*, 338-352. (Traduction : Analyse de confusions perceptives entre consonnes anglaises, in Mehler & Noizet, 1974.)

Miller, G. A., Ojemann, D., McKean, K. (1964) : Chronometric studies of some relations between sentences. *Quarterly Journal of Experimental Psychology, 16*, 297-308.

Moirand, S. (1979) : *Situations d'écrit : compréhension, production en langue étrangère*. Paris, CLE International.

Moirand, S. (1982) : *Enseigner à communiquer en langue étrangère*. Paris, Hachette.

Moreau, M. L., Richelle, M. (1981) : *L'acquisition du langage*. Bruxelles, Mardaga.

Mowrer, O. H. (1960) : *Learning theory and behavior*. New York, Wiley.

Mowrer, O. H., Miller, N. E. (1942) : A multi-purpose learning-demonstration apparatus. *Journal of Experimental Psychology, 31*, 163-170.

Natalicio, D. S., Natalicio, L. F. S. (1971) : A comparative study of english pluralization by native and non-native english speakers. *Child Development, 42*, 1302-1306.

Neely, J. H. (1977) : Semantic priming and retrieval from lexical memory : roles of the inhibitionless spreading activation and limited-capacity attention. *Journal of Experimental Psychology : General, 106*, 226-254.

Neisser, U. (1967) : *Cognitive psychology*. New York, Appleton Century Crofts.

Nemser, W. (1971) : Approximative systems of foreign language learners. *IRAL, 9*, 115-123.

Noble, C. E. (1952) : An analysis of meaning. *Psychological Review, 69*, 421-430.

Noizet, G. (1978) : Le traitement syntaxique au cours de la lecture. *Psychologie et Éducation*, n° spécial : Les processus psychologiques dans la lecture, 209-220.

Noizet, G. (1980) : *De la perception à la compréhension du langage. Un modèle psycholinguistique du locuteur*. Paris, P.U.F.

Noizet, G. (1981-1982) : L'activité opératoire lors de la lecture de phrases. In J. F. Le Ny & W. Kintsch (Eds.), *Langage et compréhension*, numéro spécial, *Bulletin de Psychologie, 35*, 607-620.

Oleron, P. (1963) : Les habitudes verbales. In J. de Ajuriaguerra & coll., *Problèmes de psycholinguistique* (Symposium de l'APSLF). Paris, P.U.F.

Olson, D. R. (1977) : The languages of instruction : on the literate bias of schooling. In R. C. Anderson, R. J. Spiro & W. E. Montague (Eds.), *Schooling and the acquisition of knowledge*. Hillsdale, Lawrence Erlbaum.

Olson, L., Samuels, S. J. (1973) : The relationship between age and accuracy of foreign language pronunciation. *The Journal of Educational Research, 66*, 263-268.

O'Regan, K., Levy-Schoen, A. (1978) : Les mouvements des yeux au cours de la lecture. *L'Année Psychologique, 78*, 459-492.

Osgood, C. E. (1953) : *Method and theory in experimental psychology.* New York, Oxford University Press.

Osgood, C. E. (1963) : Psycholinguistics. In S. Koch (Ed.), *Psychology : a study of a science*, Vol. 6. New York, Mc Graw Hill.

Osgood, C. E., Sebeok, T. A. (1954, 1965) : *Psycholinguistics : a survey of theory and research problems.* Bloomington, Indiana University Press (nouvelle édition : 1965).

Osgood, C. E., Suci, G., Tannenbaum, P. (1957) : *The measurement of meaning.* Urbana, The University of Illinois Press.

Pavlov, I. P. (1955) : Le réflexe conditionné. In *Typologie et pathologie de l'activité nerveuse supérieure.* Paris, P.U.F.

Pelfrène, A. (1982) : Informatique et D.L.E. : une rencontre mal engagée. In R. Galisson (Ed.), *D'autres voies pour la didactique des langues étrangères.* Paris, Hatier-CREDIF.

Perfetti, C. A. (1981-1982) : Contexte discursif, identification de mots et capacité de lecture. In J. F. Le Ny & W. Kintsch (Eds.), *Langage et compréhension*, numéro spécial, *Bulletin de Psychologie, 35*, 571-578.

Perriault, J. (1965) : L'adéquation des méthodes programmées à l'enseignement de l'allemand. *Le Courrier de la Recherche Pédagogique*, n° spécial, « L'enseignement programmé ».

Piaget, J. (1923) : *Le langage et la pensée chez l'enfant.* Neuchâtel, Delachaux & Niestlé.

Piaget, J. (1945) : *La formation du symbole chez l'enfant.* Neuchâtel, Delachaux & Niestlé.

Piaget, J. (1961) : *Les mécanismes perceptifs.* Paris, P.U.F.

Piaget, J. (1963) : Le langage et les opérations intellectuelles. In J. de Ajuriaguerra & coll., *Problèmes de psycholinguistique* (Symposium de l'APSLF). Paris, P.U.F.

Piaget, J. (1964) : *Six études de Psychologie.* Genève, Gonthier.

Piaget, J. (1967) : *Biologie et connaissance.* Paris, Gallimard.

Piaget, J., Inhelder, B. (1966) : *La psychologie de l'enfant.* Paris, P.U.F.

Piatelli-Palmarini, M. (Ed.) (1979) : *Théories du langage, théories de l'apprentissage : le débat entre Jean Piaget et Noam Chomsky.* Paris, Seuil.

Politzer, R. L. (1961) : *Teaching french : an introduction to applied linguistics.* Boston, Ginn & Co.

Politzer, R. L., McGroarty, M. (1983) : A discrete point test of communicative competence. *IRAL, 21*, 179-191.

Politzer, R. L., Shohamy, E., McGroarty, M. (1983) : Validation of linguistic and communicative oral language tests for Spanish-English bilingual program. *The Bilingual Review, 10*, 3-20.

Porquier, R. (1977) : L'analyse des erreurs. Problèmes et perspectives. *Études de Linguistique Appliquée, 25*, 23-43.

Porquier, R. (1979) : Stratégies de communication en langue non-maternelle. In *Travaux du Centre de Recherches sémiologiques.* Université de Neuchâtel, *n° 33*, 38-52. (Actes du Colloque Besançon-Neuchâtel : *Langue et discours*, Neuchâtel, 2-4 octobre 1978.)

Porquier, R. (1984) : Communication exolingue et apprentissage des langues. *Encrages*, n° spécial : Acquisition d'une langue étrangère III, 17-47.

Py, B. (1980) : Quelques réflexions sur la notion d'interlangue. *Tranel, n° 1*, 31-54.

Pynte, J. (1983) : *Lire, identifier, comprendre*. Lille, Presses Universitaires de Lille.

Renard, R. (1965) : *L'enseignement des langues vivantes par la méthode audio-visuelle structuro-globale de Saint-Cloud-Zagreb*. Bruxelles, Paris, Didier.

Renard, R. (1971) : *Introduction à la méthode verbo-tonale de correction phonétique*. Paris, Didier.

Renard, R. (1976) : *La méthodologie SGAV d'enseignement des langues : une problématique de l'apprentissage de la parole*. Paris, Didier.

Ricateau, M. (1972-1973) : L'associationnisme et l'étude du langage. *Bulletin de Psychologie, 26*, 287-296.

Richard, J. F. (1974) : Phénomènes de médiation et interprétations médiationnelles. *L'Année Psychologique, 74*, 239-267 et 565-582.

Richards, J. C. (1971a) : A non-contrastive approach to error analysis. *English Language Teaching, 25*, 204-219.

Richards, J. C. (1971b) : Error analysis and second language strategies. *Language Sciences, 17*, 12-22.

Richelle, M. (1971) : *L'acquisition du langage*. Bruxelles, Dessart.

Richelle, M. (1977) : *B. F. Skinner ou le péril behavioriste*. Bruxelles, Mardaga.

Rivers, W. M. (1964) : *The psychologist and the foreign language teacher*. Chicago, The University of Chicago Press.

Rondal, J. A. (1983) : *L'interaction adulte-enfant et la construction du langage*. Bruxelles, Mardaga.

Roulet, E. (1972) : *Théories grammaticales, descriptions et enseignement des langues*. Paris, Nathan.

Roulet, E. (1980) : *Langue maternelle et langues secondes, vers une pédagogie intégrée*. Paris, Hatier-CREDIF.

Rumelhart, D. E. (1977) : *An introduction to human information processing*. New York, Wiley.

Sampson, G. P., Richards, J. C. (1973) : Learner language systems. *Language Sciences, 19*, 18-25.

Saussure, F. (de) (1916) : *Cours de linguistique générale*. Paris, Payot (3e édition : 1965).

Savin, H. B., Perchonock, E. (1965, 1969) : Grammatical structure and the immediate recall of english sentences. *Journal of Verbal Learning and Verbal Behavior, 4*, 348-353. (Traduction : La structure grammaticale et le rappel immédiat de phrases anglaises. *Langages*, 1969, *16*, 91-99.)

Schank, R. C., Abelson, R. P. (1977) : *Scripts, plans, goals and understanding : an inquiry into human knowledge structures*. Hillsdale, Lawrence Erlbaum.

Scherer, A. C., Wertheimer, M. (1964) : *A psycholinguistic experiment on foreign language teaching*. New York, Mc Graw Hill.

Schneider, W., Shiffrin, R. M. (1977) : Controlled and automatic processing : I. Detection, search and attention. *Psychological Review, 84*, 1-66.

Schultz, R. A. (1977) : Discrete point versus simulated communication testing in foreign languages. *The Modern Language Journal, 61*, 94-101.

Schumann, J. H. (1974) : Implications of pidginization and creolization for the study of adult second language acquisition. In J. H. Schumann & N. Stenson (Eds.), *New frontiers in second language learning*. Rowley, Newbury House.

Schuman, J. H. (1977) : Second language acquisition : the pidginization hypothesis. In E. M. Hatch (Ed.), *Second language acquisition : a book of readings*. Rowley, Newbury House.

Schwebel, M., Raph, J. (1976) : *Piaget à l'école*. Paris, Denoël-Gonthier.

Searle, J. R. (1969, 1972) : *Speech acts : an essay in the philosophy of language*. Cambridge, Cambridge University Press. (Traduction : *Les actes de langage. Essai de philosophie du langage*, Paris, Hermann, 1972.)

Seliger, H. W. (1978) : On the evolution of error type in high and low interactors. *Indian Journal of Applied Linguistics, 4*, 22-30.

Selinker, L. (1972) : Interlanguage, *IRAL, 10*, 209-231.

Selinker, L., Swain, M., Dumas, G. (1975) : The interlanguage hypothesis extended to children. *Language Learning, 25*, 139-152.

Shannon, C. E., Weaver, W. (1949) : *The mathematical theory of communication*. Urbana, The University of Illinois Press.

Sharwood Smith, M. (1980) : Controverses sur la notion de connaissance explicite dans le domaine de l'acquisition d'une langue étrangère. *Encrages*, numéro spécial : Acquisition d'une langue étrangère, 91-96.

Shiffrin, R. M., Schneider, W. (1977) : Controlled and automatic human information processing : II. Perceptual learning, automatic attending, and a general theory. *Psychological Review, 84*, 27-190.

Siegler, R. S. (1978) : Cognition, instruction, development, and individual differences. In A. M. Lesgold, J. W. Pellegrino, S. D. Fokkema & R. Glaser (Eds.), *Cognitive psychology and instruction*. New York, Plenum Press.

Siguan Soler, M. (1977) : De la communication gestuelle au langage verbal. In J. P. Bronckart & coll., *La genèse de la parole* (Symposium de l'APSLF). Paris, P.U.F.

Sinclair, H. (1967) : *Acquisition du langage et développement de la pensée : sous-systèmes linguistiques et opérations concrètes*. Paris, Dunod.

Sinclair, H., Berthoud, I., Gérard, J., Veneziano, E. (1985) : Constructivisme et psycholinguistique génétique. *Archives de Psychologie, 53*, 37-60.

Skinner, B. F. (1938) : *The behavior of organisms ; an experimental analysis*. New York, Appleton Century Crofts.

Skinner, B. F. (1957) : *Verbal behavior*. New York, Appleton Century Crofts.

Skinner, B. F. (1968) : *The technology of teaching*. New York, Appleton Century Crofts. (Traduction : *La révolution scientifique de l'enseignement*. Bruxelles, Dessart, 1968.)

Skinner, B. F. (1974, 1979) : *About Behaviorism*. New York, Alfred A. Knopf. (Traduction : *Pour une science du comportement : le Behaviorisme*. Neuchâtel, Delachaux & Niestlé, 1979.)

Slobin, D. (1970) : Universals of grammatical development in children. In G. B. Flores d'Arcais & W. J. M. Levelt (Eds.), *Advances in psycholinguistics*. Amsterdam, North-Holland Publishing Co.

Slobin, D. (1973) : Cognitive prerequisites for the development of grammar. In C. Ferguson & D. Slobin (Eds.), *Studies in child language development*. New York, Holt, Rinehart & Winston.

Smith, F. (1971) : *Understanding reading : a psycholinguistic analysis of reading and learning to read.* New York, Holt, Rinehart & Winston.

Staats, A. W. (1968) : *Learning, language and cognition.* London, Holt, Rinehart & Winston.

Stanovitch, K. E., West, R., Feeman, D. (1981) : A longitudinal study of sentence context effects in second-grade children : tests of an interactive-compensatory model. *Journal of Experimental Child Psychology, 32,* 185-199.

Taggart, G. (1974) : L'utilisation de l'image dans les exercices structuraux. *Langue Française, n° 24,* 93-104.

Tarone, E. (1980) : Communication strategies, foreigner talk and repair in interlanguage. *Language Learning, 30,* 417-431.

Taylor, B. (1975) : The use of overgeneralization and transfer learning strategies by elementary and intermediate students in ESL. *Language Learning, 25,* 73-107.

Teplov, B. M. (1966) : *Psychologie des aptitudes musicales.* Paris, P.U.F.

Tolman, E. C. (1959) : Principles of purposive behavior. In S. Koch (Ed.), *Psychology : a study of a science, Vol. 2 : General systematic formulations, learning, and special purposes.* New York, Mc Graw Hill.

Tolman, E. C., Honzik, C. H. (1930) : Introduction to removal of reward, and maze performance in rats. *University of California Publications in Psychology, 4,* 257-275.

Torrey, J. W. (1971) : Second-language learning. In C. E. Reed (Ed.), *The learning of language.* New York, Appleton Century Crofts.

Troubetzkoy, N. S. (1949, 1957) : *Principes de phonologie.* Paris, Klincksieck (Traduction française, 1957).

Underwood, G. (1979) : Memory systems and the reading processes. In M. M. Gruneberg & P. E. Morris (Eds.), *Applied problems in memory.* New York, Academic Press.

Underwood, G., Holt, P. O'B. (1978) : Analyzing the reading process. In M. M. Gruneberg, P. E., Morris & R. N. Sykes (Eds.), *Practical aspects of memory.* New York, Academic Press.

van Parreren, C. (1978) : A building block model of cognitive learning. In A. M. Lesgold, J. W. Pellegrino, S. D. Fokkema & R. Glaser (Eds.), *Cognitive psychology and instruction.* New York, Plenum Press.

van Passel, F. (1970) : *L'enseignement des langues aux adultes.* Bruxelles-Paris, Labor-Nathan.

Vigner, G. (1980) : *Didactique fonctionnelle du français.* Paris, Hachette.

Vincent, M. (1982) : Les transferts : une stratégie acquisitionnelle provisoire dans l'acquisition d'une langue seconde. *Encrages,* n° spécial : Acquisition d'une langue étrangère II, *8-9,* 28-32.

Vurpillot, E. (1968) : The development of scanning strategies and their relation to visual differenciation. *Journal of Experimental Child Psychology, 6,* 632-650.

Vurpillot, E. (1972) : *Le monde visuel du jeune enfant.* Paris, P.U.F.

Vurpillot, E., Lécuyer, R., Moal, A., Pineau, A. (1971) : Perception des déplacements et jugements d'identité chez l'enfant d'âge préscolaire. *L'Année Psychologique, 71,* 31-52.

Vygotsky, L. S. (1962) : *Thought and Language*. Cambridge, MIT Press.

Walters, J. (1979) : Strategies for requesting in spanish and english : structural similarities and pragmatic differences. *Language Learning, 29*, 277-293.

Warren-Leubecker, A., Bohannon III, J. N. (1982) : The effects of expectation and feedback on speech to foreigners. *Journal of Psycholinguistic Research, 11*, 207-215.

Waterson, N. (1971) : Child phonology : a prosodic view. *Journal of Linguistics, 7*, 179-211.

Wertheimer, M. (1945) : *Productive thinking*. New York, Harper & Bros.

Widdowson, H. G. (1981) : *Une approche communicative de l'enseignement des langues*. Paris, Hatier-CREDIF.

Wode, H. (1981) : Language acquisitional universals : a unified view of language acquisition. In H. Winitz (Ed.), *Native language and foreign language acquisition*. New York, The New York Academy of Sciences.

Wode, H. (1982) : Langue de l'apprenant et typologie des langues. *Encrages*, n° spécial : Acquisition d'une langue étrangère II, *8-9*, 14-27.

Wong-Fillmore, L. (1979) : Individual differences in second language acquisition. In C. J. Fillmore, D. Kempler & W. S.-Y. Wang (Eds.), *Individual differences in language ability and language behavior*. New York, Academic Press.

Yavuz, H. S., Bousfield, W. A. (1959) : Recall of connotative meaning. *Psychological Reports, 5*, 319-320.

Zobl, H. (1980) : The formal and developmental selectivity of L1 influence on L2 acquisition. *Language Learning, 30*, 43-57.

Index des auteurs

Index des matières

LA COLLECTION LAL

La collection **Langues et apprentissage des langues** propose des travaux originaux ou inédits en français) qui peuvent, directement ou indirectement, intéresser les enseignants, étudiants, chercheurs, concernés par les phénomènes d'apprentissage et d'usage des langues.

Les problèmes touchant au langage sont aujourd'hui au centre de nombreux champs de réflexion, de pratique et de polémique. S'y mêlent souvent les questions relatives à l'acquisition et à l'enseignement, elles-mêmes objet de travaux et de débats multiples. Il est ainsi de plus en plus clair que l'observation et l'apprentissage d'une langue ne sauraient seulement relever de la linguistique, la psychologie et la pédagogie, quelque mouvants et variés que soient les territoires de ces dernières. Clair aussi que toute entreprise didactique présente des dimensions et des variables qu'on a trop longtemps négligées : si une didactique des langues doit se construire sur des bases solides, il lui faut bien désormais prendre en compte cette complexité et ne pas s'en tenir à de trop commodes et trop dangereuses simplifications.

Pour autant, l'enjeu d'une collection comme **Langues et apprentissage des langues** n'est certainement pas, face à la richesse du domaine où elle s'inscrit, d'y appliquer d'hypothétiques modèles intégratifs qui, tout à la fois, donneraient cohérence à l'ensemble et éclaireraient les choix de ceux qui doivent agir. Outre qu'on ne voit pas très bien où cette éventuelle intention éditoriale trouverait matière à publication un tant soit peu régulière, l'heure n'est sans doute pas aux théorisations globales mais, plus modestement et peut-être plus utilement, à des explorations partielles et à des suggestions régionales, là en particulier où paraissent s'ouvrir des perspectives nouvelles ou s'étaler des zones encore en friche.

Les ouvrages publiés dans la série LAL sont donc autant d'**apports d'informations** ou de **points de vue**, de **prises de position** ou d'**expériences**. Aucun n'a la prétention de constituer une synthèse ni une somme, tout comme aucun ne prend l'allure d'un recueil de préceptes méthodologiques. **Ouverture** et **diversité** doivent marquer la collection, à l'image même du temps et du lieu où elle se situe.

Ouverture

- à différentes disciplines : linguistique, psychologie, sémiotique, histoire ;
- à différents courants pédagogiques ayant cours ou ayant eu cours en didactique des langues ;
- à des réflexions et à des tentatives théoriques et méthodologiques sortant des sentiers battus.

Diversité

- quant aux objets : langue maternelle ou langues étrangères, français ou autres langues, problèmes généraux touchant au langage ;
- quant aux types d'intervention : analyses, critiques, comptes rendus, introduction à de nouvelles approches, bilans de recherches, propositions pédagogiques ;
- quant aux origines : contributions originales en français, traductions d'ouvrages étrangers, réédition d'études importantes aujourd'hui et difficilement accessibles malgré leur éventuelle actualité.

Avec sa vocation propre, **Langues et apprentissage des langues** vise à contribuer à la constitution d'une bibliothèque d'information, de réflexion et d'innovation pour la didactique des langues et certains aspects des disciplines qu'elle met en jeu.

Titres parus dans la même collection

Cette collection a été dirigée jusqu'en 1984 par H. Besse et D. Coste ; depuis cette date, elle est dirigée par H. Besse et E. Papo (École Normale Supérieure de Saint-Cloud - CREDIF).

Linguistique textuelle et enseignement du français. *H. RÜCK (traduit de l'allemand et présenté par J.-P. COLIN)*

Des éléments d'initiation à la linguistique textuelle et à sa mise en œuvre possible dans divers aspects de la classe de français langue étrangère. Quelques pistes nouvelles pour l'emploi didactique des textes.

Langue maternelle et langues secondes. Vers une pédagogie intégrée. *E. ROULET*

Développer la compétence de communication par une extension active et réfléchie des capacités langagières : une approche intégrée qui met en cause les cloisonnements habituels entre pédagogie de la langue maternelle et pédagogie des langues secondes.

Analyse socio-linguistique de la communication et didactique. Application à un cours de langue : *De Vive Voix. G. GSCHWIND-HOLTZER*

Quelle place l'enseignement des langues fait-il aux diverses composantes de la communication ? Une description sociolinguistique des situations et dialogues d'un cours audio-visuel.

Langage et communications sociales. *C. BACHMANN ; J. LINDENFELD ; J. SIMONIN, préface de J.-C. CHEVALIER*

Une introduction systématique et critique aux travaux récents sur la place du langage dans les communications sociales (Hymes, Goffman, Labov, Bernstein, etc.).

Description, présentation et enseignement des langues. *Sous la direction de R. RICHTERICH et H. G. WIDDOWSON*

Rencontre d'anglophones et de francophones pour un colloque de linguistique appliquée sur la description et la présentation pédagogique des langues : progression, manuels, interaction langagière, etc.

Une approche communicative de l'enseignement des langues. *H. G. WIDDOWSON, traduit de l'anglais et annoté par K. et G. BLAMONT*

Ouvrage considéré comme un « classique » dès sa parution originale en anglais. Rigoureux et didactique, il fait des propositions concrètes pour une « approche communicative » qui prenne pleinement en compte le linguistique.

D'autres voies pour la didactique des langues étrangères. *Sous la direction de R. GALISSON*

Des voies à « rouvrir », des voies à « élargir », des voies à « ouvrir »... De la réhabilitation de la pédagogie en didactique des langues étrangères aux interrogations sur l'informatique et les langages documentaires dans leurs relations possibles à l'enseignement des langues.

Littérature et classe de langue — français langue étrangère. *Sous la direction de J. PEYTARD*

Un livre qui interroge et s'interroge sur la présence insistante des produits littéraires dans le domaine du français langue étrangère. Pourquoi le texte littéraire ? Quelle est sa place et sa fonction ? Comment le situer sémiotiquement sans oublier la didactique ?

Grammaires et didactique des langues. *H. BESSE et R. PORQUIER*

Fait le point sur l'enseignement/apprentissage des régularités morpho-syntaxiques et discursives d'une langue étrangère, en traitant, à partir d'observations et d'exemples concrets, de la connaissance grammaticale, des pratiques et des exercices grammaticaux, ainsi que des grammaires d'apprentissage.

Pour un apprentissage interactif des langues. *L. SCHIFFLER (traduction de J.-P. COLIN)*

A partir d'une analyse socio-psychologique du rôle de l'interaction sociale dans l'acquisition des langues, cet ouvrage propose une approche de l'enseignement/apprentissage, en contexte scolaire, centrée sur l'apprenant et les interactions dans le groupe-classe.

Vers la compétence de communication. *Dell H. HYMES (traduction de F. MUGLER)*

Deux inédits (à un chapitre près) de celui qui est considéré comme « l'inventeur » de la notion de compétence de communication. Il y critique le modèle Chomskyen et son propre modèle *(speaking)* en en proposant une actualisation.

Interaction et discours dans la classe de langue. *C. KRAMSCH*

Une synthèse très actualisée des travaux et expériences portant sur la communication et les interactions en classe de langue, et illustrée par de multiples pratiques et exercices interactifs en anglais allemand et français.

La fuite du sens — La construction du sens dans l'interlocution. *B.N. GRÜNIG et R. GRÜNIG*

Un essai — abondamment exemplifié — sur l'articulation théorique de la diversité des contraintes qui pèsent sur la production et l'interprétation du dire, et qui sont souvent plus conflictuelles que ne le supposent nombre d'hypothèses actuelles. Un modèle pragmatique complexe en ce qu'il tente d'intégrer l'ensemble des processus qui sont à l'œuvre dans l'interlocution, et un modèle ouvert sur ce qu'il y a d'illimité et de proliférant dans la construction du sens.

Argumentation et conversation — Éléments pour une analyse pragmatique du discours. *J. MOESCHLER*

Une introduction à la pragmatique conversationnelle qui présente les résultats — illustrés par l'étude de nombreux exemples — de la recherche récente en pragmatique, argumentation et conversation, avant de proposer une analyse du rôle que joue l'argumentation dans la dynamique de la conversation.

Évaluation de la compétence communicative en langue étrangère. *S. BOLTON*

Une synthèse sur la typologie des tests et l'évolution des critères docimologiques compte tenu de la prise en compte, dans l'enseignement-apprentissage, de la pragmatique et de la compétence de communication.

à paraître en 1987

Théories d'apprentissage et acquisition d'une langue étrangère. *D. GAONAC'H*

Une synthèse des théories psychologiques de l'apprentissage qui ont marqué la didactique des langues étrangères durant les cinquante dernières années (associationnisme et behaviorisme, néo-behaviorisme et théories médiationnelles, Gestalt-Psychologie et théories cognitives, psycholinguistique et études sur l'acquisition des langues).

à paraître en 1987

A paraître :

Aptitudes et affectivité dans l'apprentissage des langues étrangères. *P. BOGAARDS*

La rencontre. Formes de parole, formes de rencontre. *G.D. de SALINS*

Gestes et communication. Analyse sémiotique et perspectives didactiques. *G. CALBRIS, L. PORCHER*

Achevé d'imprimer sur rotative numérique par Book It !
dans les ateliers de l'Imprimerie Nouvelle Firmin Didot
Le Mesnil-sur-l'Estrée

Dépôt légal : Mai 2005
Code 7820/éd. 08
N° d'impression : 73926

Imprimé en France